KB220115

허브와 커넥터

독점과 배제의 네트워크

이 도서의 국립중앙도서관 출판예정도서목록(CIP)은 서지정보유통지원시스템 홈페이지(http://seoji.nl.go.kr)와
국가자료공동목록시스템(http://www.nl.go.kr/kolisnet)에서 이용하실 수 있습니다.
CIP제어번호: CIP2019025827(양장), CIP2019025832(무선)

허 브 와 커 넥 터

최영 지음

독점과 배제의 네 트 워 크

한울
아카데미

머리글

새로운 세상이 다가온다. 네트워크 세계가 펼쳐지고 있는 것이다. 잘 느끼지도, 보지도 못 한다. 페이스북에서 가볍게 누르는 '좋아요' 한 번이 세상을 바꾸는 동력이 될 줄 어찌 알겠는가. 물론 눈에도 안 보인다. 온라인상에서 벌어지는 현상은 우리의 가시적 감각과는 별도로 은밀히 진행된다. 우리는 비커 속의 개구리마냥 그저 두리번거릴 뿐이다. 물론 상황을 파악하고, 재빠르게 튀어나가기도 한다. 다가올 세상을 미리 보고, 느끼고, 예상하면서 걸음을 재촉하는 이들이다.

이 책은 산업사회에서 네트워크 사회로 이행하는 과정에서 나타나는 다양한 현상에 대한 논의이다. 정보사회가 아닌 네트워크 사회에 대한 이야기다. 정보와 정보가 연결된, 인간과 인간이 연결된, 그리고 인간과 정보가 연결된 네트워크 사회에 초점을 맞춘다. 한마디로 네트워크의 시각으로 세상을 바라보고자 했다. 1장에서 소개된 지하철의 세상처럼 네트워크 세계에서는 새로운 규칙이 나타난다. 기존 규칙이 아닌 네트워크의 법칙을 따라야 개인이 행복하고, 기업은 성공한다. 네트워크 법칙은 미래 네트워크 사회를 지배하는 코드로서, 새로운 힘과 권력의 지형도를 그려낸다. 이 책에서는 네트워크 법칙에 따라 새롭게 나타나는 사회의 변화를 이야기했다. 이러한 변화 과정에는 힘과 권력의 이동, 지배계급의 배반, 개인 삶의 변화, 그리고 불균형과 불평등의 심화가 포함된다.

네트워크 사회를 관통하는 키워드는 연결과 신뢰이다.

연결은 네트워크 사회를 산업사회, 더 나아가서 정보사회와 구별 짓게 하는 중요한 개념이다. 연결에 의해 새로운 세상인 네트워크 세계가 열린다. 개인의 뉴스 읽기가 과거에는 그야말로 개인적 행위였다면, 네트워크 사회에서는 이른바 사회적 소비social consumption로 전환된다. 개인은 홀로 뉴스를 접하지만, 이러한 개개인의 작은 행위가 트윗 한 번으로 때로는 거대한 사회 변혁을 가져온다. 서로 연결되었기에 가능한 것이다. 소비 역시 같은 맥락으로 해석되고 진행된다. 개인이 필요에 따라 상품을 구입하는 단순한 소비 행위가 네트워크 사회에서는 새로운 모습으로 다가온다. 개인이 소비하지만, 그 결과는 사회적이다. 협동소비, 공유경제 등 새롭게 떠오르는 경제 현상이 이를 잘 보여준다. 소비하면서 자아를 실현하고, 공동체를 형성하는 것이다. 산업시대에서는 생각할 수도, 볼 수도 없었던 모습이다.

한편 신뢰는 네트워크 사회를 유지하는 최고의 수단이자 정신적 인프라이다. 물리적 네트워크 인프라가 아무리 잘 구축되어도 신뢰에 기반을 둔 커뮤니케이션, 소통, 거래가 일어나지 않으면 진정한 네트워크 사회로의 진입이 불가능하다. 사회자본의 핵심 요소로 여겨지는 신뢰는 미래 사회의 주춧돌인 셈이다. 신뢰가 없으면 개인의 삶은 팍팍해지고, 기업은 불필요한 거래비용을 지불해야 한다. 제도를 향한 신뢰가 없으면 언론을 믿지 않으며, 사법부의 판결을 불신한다. 개인 혹은 제도에 대한 신뢰는 한 나라의 수준을 평가할 수 있는 최상의 잣대이기도 하다. 이 책에서는 신뢰가 네트워크 사회에서 어떻게 힘을 발휘하고, 작동하고, 악용되는지를 살펴보고자 했다. 글로벌 플랫폼 기업의 신뢰 획득에서부터 네트워크의 길목을 지키고 있는 커넥터의 신뢰를 져버린 모습까지 미래 네트워크 사회의 빛과 그림자를 살펴보았다.

네트워크 사회에 대한 핵심 논의를 이끌기 위해 허브hub와 커넥터connector라는 개념에 초점을 맞추었다. 허브는 바퀴 축이나 구심점을 의미하는 개념으로, 다수의 링크를 보유하고 있으며 네트워크 중심에 위치한 노드node이다. 센터center라고도 불리는 허브는 중심에 위치하면서 네트워크에서 위치적 권력을 행사한다. 이들 허브는 개인이나 기업 혹은 컴퓨터 서버 등, 상황에 따라 여러 모습으로 존재한다. 이들은 다양한 네트워크에서 영향력 있는 노드로 자리매김하며 상업적 이익을 취하기도 한다. 물론 최고의 허브는 전 인류가 모여드는 구글, 아마존, 페이스북과 같은 플랫폼 기업들이다. 개개인의 온라인 활동을 통해 생산되는 데이터를 기반으로 비즈니스를 이끌어가는 이들 플랫폼 기업은 미래의 네트워크 사회를 이해할 수 있는 최적의 이야깃거리를 제공한다. 한편 커넥터는 다양한 계층의 사람들과 연결되어 있는 노드를 뜻한다. 허브와 커넥터 모두 네트워크의 중심에 위치하지만, 커넥터는 말 그대로 연결을 담당하는 노드를 의미한다. 이들 커넥터는 네트워크의 중심 권력을 떠받치는 시스템의 조력자들로, 언론인이나 대학 교수 등 다양한 전문가 집단을 아우르는 네트워크 사회의 지배계급이다. 허브와 커넥터는 네트워크 시스템의 주인공들로서 네트워크 세계의 현실을 가장 잘 보여줄 수 있는 실마리를 제공한다.

산업사회의 모습을 평균으로 접근했다면, 네트워크 사회는 허브와 커넥터로 설명이 가능하다. 산업사회를 정규분포로 접근했다면, 네트워크 사회는 멱함수의 법칙으로 이해할 수 있다. 이러한 멱함수 법칙의 중심 개념이 센터, 즉 허브와 커넥터이다. IQ 검사에서부터 여론 조사에 이르기까지 개인의 속성attribute에 바탕을 둔 서베이는 산업사회에 나타나는 여러 현상을 손쉽게 파악할 수 있는 효율적인 방법이었다. 서베이를 통해 평균을 얻었고, 평균은 해당 사회를 대변하는 중요한 지표 그리고 표준으로서의 역할을 담당했다. 키나 몸무게와 같은 개인 신체 치수에서부터, IQ나 수능 점수는 물론이고 방송 채널이나 정당 선호도 등 수많은 사회적·문화적 현상의 지표로서 평균은 훌륭한 역할을 해왔다. 그러나 네트워크 사회에서는 센터 혹은 허브가 평균의 역할을 대신한다. 네트워크 시스템의 고유 성격이라 할 수 있는 집중 현상은 결국 센터를 낳게 되었고, 이러한 센터가 전체 네트워크의 성격을 대변하는 것이다. 평균은 그야말로 중간에 위치한 다수의 구성원을 대표하지만, 센터는 한쪽으로 치우쳐진 소수 집단이다. 산업시대를 중산층이 대표했다면, 네트워크 시대에는 센터가 대표성을 갖는다. 네트워크 시대에는 중산층이 사라지기 때문이다. 중산층이 없으니 대표할 집단도 없고, 평균이라는 개념도 설 자리가 없다.

우리를 둘러싼 생태계의 많은 부분에서 이미 나타나고 있는 집중과 양극화 현상은 네트워크 사회에 다가가면 갈수록 그 모습을 더욱 선명히 드러낸다. 양극화는 어느 한쪽으로 기울어진 상황으로, 극단주의와도 연결된다. 부의 편중에서부터 이데올로기의 극단화에 이르기까지 양극화는 불편한 모습으로 우리에게 다가오지만, 멱함수로 설명되는 네트워크의 세계에서는 자연스러운 현상이다. 문제는 이러한 상황을 우리가 계속 지속할 수 있는지의 여부이다. 양극화가 심화되면 사회는 당연히 혼란스러워지고, 결국에는 샤이델Walter Scheidel의 이야기처럼 원치 않는 자극에 의해서 불평등과 양극화는 교정될 것이다. 원치 않는 자극이라 함은 전쟁이나 혁명과 같이 끔찍한 후유증을 동반하는 외부의 충격이다.

이 책은 머리글과 3부로 구성되었다.

1부는 네트워크에 대한 일반적인 논의를 통해 미래 네트워크 사회의 특성을 설명했다.

1장 도입 글에서는 네트워크 사회의 도래와 함께 급격한 변화가 한 순간, 그리고 불평등하게 일어나는 모습을 설명했다. 네트워크라는 새로운 시스템의 도입과 함께 따라오는 새로운 규칙은 삶의 양식, 기업의 비즈니스 모델, 그리고 권력의 지형도를 변화시킨다. 새로운 규칙과 문법으로 무장한 FAG Facebook, Amazon, Google의 등장으로 기존 산업은 대체되거나 사라지면서 새로운 질서를 만들어간다. 2장은 네트워크를 이해하기 위한 기본적인 안내의 장이다. 다양한 네트워크 모델과 함께 네트워크를 관통하는 법칙을 소개하며 선(링크)과 점(노드)이라는 매우 단순한 요소에 의해 만들어지는 네트워크의 본질에 대한 이해를 도모했다. 또한 네트워크의 핵심 개념인 센터, 그리고 센터의 기반이 되는 '척도 없는 네트워크'에 대해 설명했다. 3장에서는 네트워크의 핵심인 허브와 커넥터의 역할과 자질에 대해 네트워크 자본의 개념을 빌려 비판적 시각으로 접근했다. 그리고 네트워크 시스템의 정점에 위치한 소수의 센터와 함께, 네트워크 시스템을 떠받치고 있는 전문가 집단을 다루었다. 특히 소수 전문가 집단의 일탈을 소시오패스와 노모패스의 개념으로 접근했다. 4장은 네트워크 사회의 특성을 설명했다. 연결과 접속이라는 키워드를 바탕으로, 네트워크를 관통하는 다양한 법칙과 감정의 전염 등을 통해 네트워크 세계의 이해를 구하고자 했다.

2부는 FAG의 등장에 따라 변화하는 네트워크 사회의 전반적 환경에 대해 논의했다.

5장은 대표 플랫폼 기업인 아마존, 구글, 페이스북의 서비스 전략에 대해 이야기했다. 이용자의 데이터를 근간으로 비즈니스를 하는 이들 기업의 다양한 고객 접근 방법에 대한 논의이다. 구체적으로는 개인화 서비스 전략, 섀도 프로파일링을 통한 이용자의 정체성 만들기, 간단한 요소를 통해 인간의 행위와 패턴을 유추하는 사회물리학, 대량살상무기로 변할 수 있는 빅데이터의 오남용 등에 대해 설명했다. 이들 기업에 의한 지식의 사유화에 대해서도 언급했다. 6장은 모두가 연결되는 네트워크 사회에서 더 외로워지는 역설적인 상황을 소셜미디어로 극복할 수 있는지 살펴보았다. 스낵으로 식사를 대체하듯이 소셜미디어를 통해 인간관계를 유지할 수 있다는 소셜스낵킹의 가능성과 한계를 짚어보았다. 관음증, 노출증, 패러소셜, 소셜미디어 중독 등 소셜미디어 환경의 다양한 부작용을 소셜스낵킹과 연계해서 거론했다. 또한 외로움의 해소를 위해 소셜미디어에 의지하는 우리의 상황이 페이스북과 같은 기업에 어떠한 이익을 가져오는지 설명했다. 7장은 네트워크 시스템 자체가 지닌 한계에 대해 논의했다. 기술의 이중성이나 독점 현상이 일어날 수밖에 없는 네트워크 고유의 원리 등과 함께 다양한 불평등이 어떻게 일어나고 영향을 미치는지 고찰했다. 특히 새로운 기술과 혁신의 과정에서 반드시 뒤따르기 마련인 그림자를 짚어보고자 했다.

3부는 네트워크 시스템에서 일어나는 불균형과 불평등을 바로잡기 위한 대안을 모색했다.

8장은 왜곡되어 가는 네트워크 시스템의 교정 작업에 대한 논의이다. 데이터 뉴딜을 통한 개인정보 통제권 되찾기를 시작으로, 거시적 차원에서 블록체인을 이용한 새로운 신뢰 시스템 구축을 통해 권력의 집중화를 해소할 수 있는 방법을 논의했다. 9장은 불안정한 미래 환경에 대처할 수 있는 방안으로서 기본소득 도입에 대해 고민했다. 기본소득의 의미와 실현 가능성에 대한 논의를 바탕으로, 새로운 삶의 방식 그리고 잉여인간에 대한 재해석을 시도했다. 10장은 사고의 전환을 통해 불균형과 불평등의 한계를 넘어설 수 있는 방안을 모색하고자 했다. 기존 세계의 설명 방식이었던 평균이라는 개념이 지니는 문제점과 한계를 설명하고, 평균과 표준에 근거한 정답 찾기를 넘어서는 사고의 전환, 그리고 교육의 필요성에 대해 이야기했다.

이 책은 '네트워크 사회와 인간'이라는 사이버 강의를 위해 작성한 강의노트가 밑거름이 되었다. 해당 사이버 강의는 대학의 일방적인 폐과 결정으로 중단되었고, 강의노트는 한동안 책상 속에 그대로 방치되어 있었다. 그사이 촛불혁명이 일어났고, 우리는 네트워크 사회로 한걸음 더 다가갔다. 새로운 세계가 열린다고 했지만, 집필을 완료하고 보니 네트워크 사회의 변혁 역시 역사의 한순간에 펼쳐지는 작은 소용돌이에 지나지 않는다는 생각이 든다. 세상은 구성원들의 갈등과 협력 속에서 진화한다. 역사가 그래왔다. 오래전 농업사회에서 부의 축적은 불평등을 낳았고, 이는 사회 속 긴장을 불러일으켰으며, 전쟁과 같은 폭력적이고 압축적인 방법으로 진정되었다. 이후의 역사도 마찬가지다. 네트워크 사회에서도 규모를 달리하면서 불평등한 부와 권력의 축적이 이루어질 것이다. 역사 속의 수순은 모두가 아는 바이다. 다만 우리는 폭력적인 방법이 아닌 다른 수단을 강구할 수 있는 여력이 있다.

학술저서이긴 하지만 쉽게 읽을 수 있는 대중 교양서의 역할을 할 수 있지 않을까 하는 얄팍한 욕심이 일을 그르친 것 같다. 쉽게 다가갈 수 있도록 노력했지만 대중서로 읽히기에는 전문적이고, 학술저서로 보기에는 세태에 대한 비판도 많이 들어 있다. 책에서 소개되는 전문가 집단의 일탈은 어쩌면 내 이야기이기도 하다. 논의가 때론 두서없고 자의적이며, 너무 비판적인 시선으로 세상을 바라본 것은 아닌가 하는 생각이 들기도 한다. 당연히 세상은 이 책에서 이야기한 것보다 밝고, 깨끗하고, 선명하다.

초고를 읽고 귀중한 조언을 해주신 김병철 교수님, 김민정 교수님 그리고 윤용필 대표님께 감사드린다. 또한 2장의 네트워크 이론 관련 강의노트를 같이 작성한 김윤환 박사께도 고마움을 전한다. 꼼꼼한 팩트 체크는 물론, 세심하게 원고를 수정해주신 한울엠플러스 임혜정 편집자께 큰 도움을 받았다. 깊은 감사의 마음을 전하고 싶다. 더불어 나를 존재하게 하는 모든 이에게 감사하다.

2019년 6월

최영

차례

2부 FAG(Facebook, Amazon, Google)의 시대

3부 불균형 바로잡기

1 네트워크 세상

01
새로운 세상

새로운 규칙이 등장한다

늦은 모임이 끝나고 귀가할 때 가장 먼저 살피는 것이 지하철 노선이다. 어디에서 타느냐에 따라 귀갓길이 편하기도 하고, 때로는 불편을 감수하기도 한다. 한 번에 갈 수 있는지 혹은 한두 번 갈아타야 되는지가 귀갓길의 편리함을 결정한다. 거리가 멀어서 피곤한 게 아니라 갈아타니 고단하다. 지하철의 세계에서는 거리가 아니라 어떻게 연결되는지가 중요하다. 땅 위를 지배하는 법칙이 사라지는 것이다. 풍경이 사라지고 거리의 의미가 없어진다. 오직 선과 점의 세계가 존재할 뿐이다. 네트워크의 세상인 것이다. 이곳에서는 네트워크의 법칙이 가동된다. 네트워크 법칙은 지하철의 세계는 물론, 우리들이 매일 이용하는 스마트폰 세계를 지배한다. 네트워크 법칙은 미래 사회를 관통하는 상식이자 규칙이다.

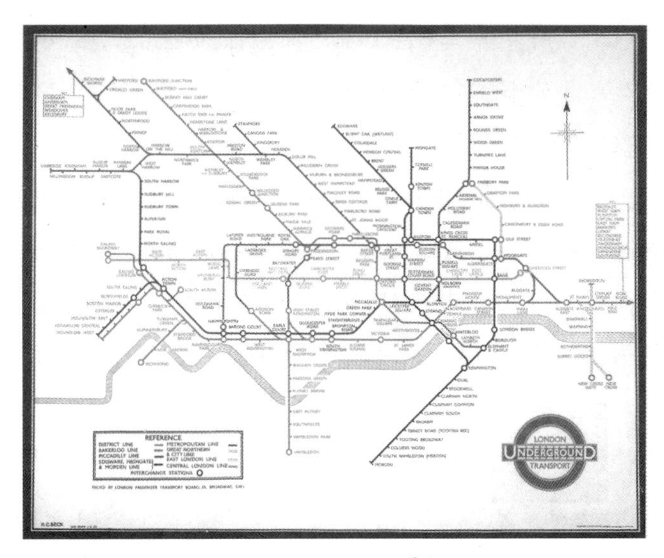

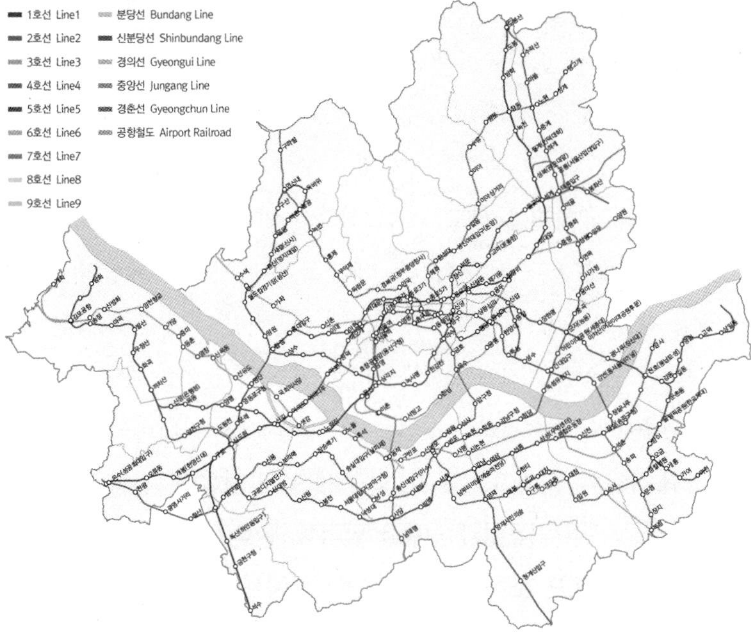

그림 1-1

런던 지하철과 서울 지하철 노선도

자료: London: the underground railway, "Map: Graphical Approach," https://metropolitantojubilee.wordpress.com/map-graphical-approach/(위); 서울연구데이터베이스,"데이터로 본 서울", http://data.si.re.kr/node/103(아래)

〈그림 1-1〉의 위쪽 그림은 1930년대 런던 지하철 노선도이다. 영국에서 전기로 움직이는 지하철이 본격적으로 구축된 시점이 1890년이었으니, 1930년대에는 지하철이 이미 많은 지역을 통과하고 있었다. 이 노선도를 그린 사람은 해리 백Harry Beck(Henry Charles Beck)이라는 지하철 전기 기술자였다.[1] 1927년에 프레드 스팅모어Fred Stingemore가 그린 지하철 노선도가 있었지만, 현대 지하철 노선도의 특징을 보여준 것은 해리 백의 노선도가 첫 사례라 할 수 있다. 실제 거리와 상관없이 노선과 역만 표시함으로써 지하철을 이용하는 데 필요한 최소한의 정보만 제공한 것이다. 아래쪽 그림은 국내 지하철 노선도이다. 실제 거리를 적용한 자세한 노선도이지만 복잡하고 이해하기 어렵다. 지하철을 이용하는 승객에게 지상에서의 거리는 큰 의미가 없다. 목적지까지 몇 정거장을 지나가야 하는지, 혹은 환승을 해야 하는지가 주된 관심사이기 때문이다. 지상의 세계에서는 볼 수 없는 사고와 행위가 뒤따른다. 네트워크 법칙이 가동되는 것이다.

해리 백의 지하철 노선도는 네트워크의 의미가 무엇인지를 우리에게 단적으로 보여준다. 네트워크로 세상을 본다는 것은 세상의 복잡한 관계들을 점과 선으로 단순화시켜 세상에 접근하는 것이다. 지하철 노선도가 지하철 시스템의 전체 상황을 핵심적인 노선과 역을 통해서만 단순하게 보여주듯이, 네트워크의 시선은 시스템 내에서 나타나는 연결에 초점을 맞춰 각각의 구성 요소의 기능과 역할을 탐지한다. 전체 구조를 바탕으로 상호작용의 역동성과 영향을 탐색하고, 숨겨진 밑그림을 찾아내는 것이다. 겉으로는 보이지 않지만, 엑스레이처럼 시스템의 속살이 연결을 통해 선명히 드러난다. 이것이 네트워크 과학의 목표이다.

네트워크 과학은 쾨니히스베르크Königsberg(현 칼리닌그라드) 지방의 오래도록 풀리지 않았던 질문에서 시작되었다.[2•] 같은 다리를 두 번 이상

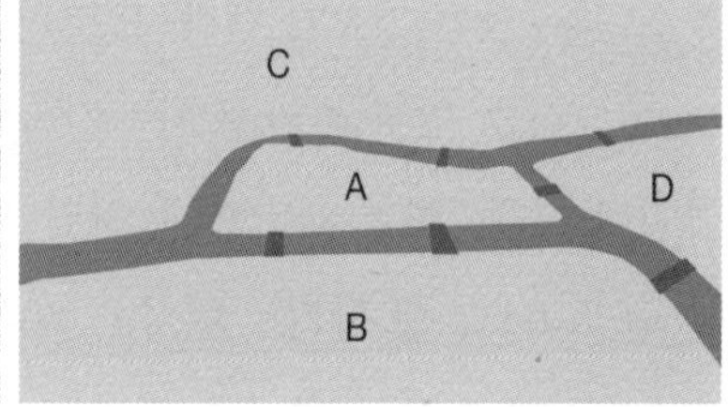

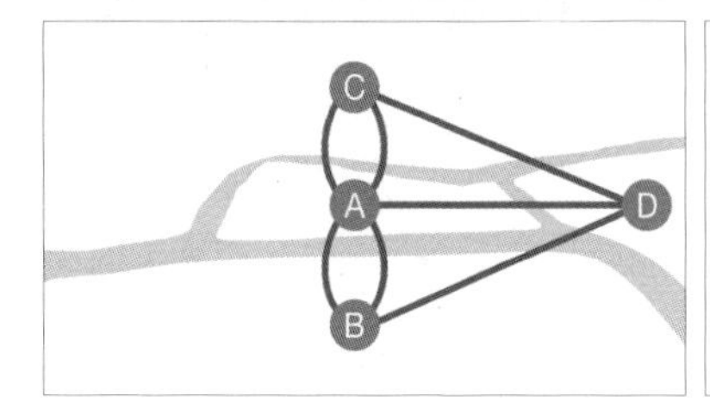

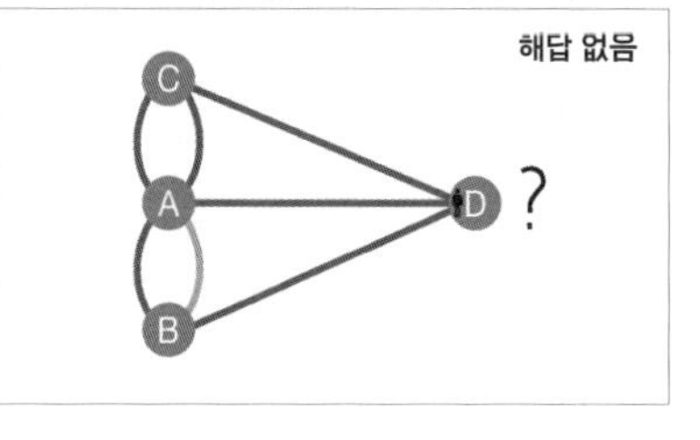

그림 1-2

쾨니히스베르크 다리의 그래프화

자료: Wikimedia Commos, "Koenigsberg, Map by Bering 1613," https://commons.wikimedia.org/wiki/File:Koenigsberg,_Map_by_Bering_1613.jpg(왼쪽 위); Barabási Albert-László, Network Science, http://networksciencebook.com/chapter/2#bridges

건너지 않으면서 일곱 개의 다리들을 모두 건널 수 있을까? 상트페테르부르크에서 멀지 않은 곳에 있는 쾨니히스베르크는 〈그림 1-2〉처럼 강이 도심을 가로지르는 전형적인 도시의 모습이다. 베르누이의 제자인 스위스 수학자 레온하르트 오일러Leonhard Euler는 도시의 지형을 단순화된 그림을 사용해 쾨니히스베르크의 다리 문제에 대한 증명을 시도했다. 오일러는 변수와 상수 그리고 연산 기호 등을 이용한 방정식 f(x)라는 표현을 처음 사용해 근대적 함수 개념의 틀을 잡은 학자로도 유명하다. 〈그림 1-2〉의 상단 왼쪽은 도시의 실제 모습을 그림으로 표시했다. 상단 오른

• 논의의 배경이 된 쾨니히스베르크(칼리닌그라드)의 일곱 개 다리 중 두 개는 제2차 세계대전 당시 폭격으로 사라졌고, 두 개는 고속도로 공사로 철거당해 현재는 세 개만 남아 있다.

쪽 그림은 많은 정보가 생략되었지만, 강의 모습이 잘 드러나 있다. 하단 왼쪽 그림은 도시를 관통하는 강줄기 위에 링크link(선)와 노드node(점)를 삽입해 그래프화를 시도했다. 하단 오른쪽 그림은 강줄기도 생략하고 오직 링크와 노드만 남겨서 현상을 최대한 단순하게 표시했다.

오일러가 문제 해결을 위해 제시한 논리는 다음과 같다. 홀수의 링크를 가진 노드는 출발점이거나 종착점이어야 한다. 그리고 모든 다리들을 거쳐가는 연속적 경로는 오직 하나의 출발점과 종착점만을 가질 수 있다. 이 두 가지 논리를 바탕으로, 다리가 일곱 개 있을 경우에는 같은 다리를 두 번 이상 건너지 않으면서 모든 다리를 지나갈 수 있는 경로가 존재하지 않는다는 사실을 수학적으로 증명한 것이다. 논리가 다소 어렵지만 증명 자체가 중요한 것은 아니다. 이러한 증명 과정은 그래프 이론graph theory이라 불리는 수학의 한 분과를 창조하고, 네트워크에 대한 사고의 기초가 되었다. 증명 자체보다는 문제를 풀기 위한 사고방식이 중요한 것이다. 쾨니히스베르크 다리 문제는 그래프를 통해서, 즉 네트워크의 시각으로 현상을 바라보는 계기가 되었다. 가장 중요한 함의는 네트워크의 구조적 속성은 개별 개체의 능력을 제약 혹은 향상시킬 수 있다는 점이다. 개별 개체의 능력이 아니라 '그래프의 속성'에 따라 한 지점에서 다른 지점으로 이동할 수 있는 가능성이 결정된다는 것이다. 즉, 어떤 네트워크에 속해 있느냐가 개인의 행위와 결과에 중요한 영향을 미치는 것이다. 마치 귀갓길의 편리함이 어느 지하철역에서 타느냐에 따라 결정되는 것과 같다.

그래프의 속성을 설명하는 그래프 이론은 쾨니히스베르크의 다리들을 하나의 그래프로서, 즉 링크들에 의해 연결된 노드들의 집합으로 파악하는 것에서 시작한다. 세상의 복잡함을 점과 선이라는 단순함으로 추상화abstraction하는 것이다. 링크가 '연결되는 것'을 의미한다면, 노드는 '연

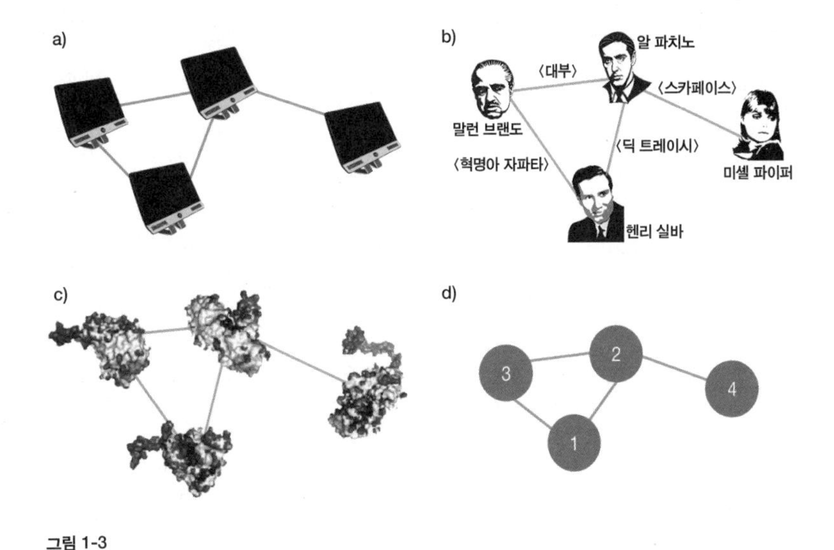

그림 1-3
다양한 현상에서의 동일 네트워크
자료: Barabási Albert-László, Network Science, http://networksciencebook.com/chapter/2#networks-graphs

결되는 실체'이다. 링크는 개인 간 전화 통화에서부터 페이스북에서 '좋아요'를 클릭하는 것처럼 노드들이 서로 연결되는 것을 표시한 것이다. 노드는 사회 속의 개인, 네트워크에 연결된 컴퓨터, 세포 조직 속 각각의 세포 등, 네트워크 시스템의 개별 요소들을 의미한다. 링크는 선, 노드는 점으로 간단하게 표시하는 것이다. 이처럼 링크와 노드는 현실에서는 각각 다른 현상이지만, 네트워크의 시각에서 보면 동일한 속성을 가진 대상이 된다. 단순하면서도 우아하게 현상을 설명함으로써 구조 안에 숨겨진 네트워크를 가시화하는 것이다. 당연히 복잡한 세상의 모든 현상을 적은 수의 노드와 링크로 단순화해 설명할 수도 있다. 이처럼 네트워크 과학은 복잡한 세상의 모습을 링크와 노드로 구성되는 그래프 이론을 통해 접근하는 것이다. 〈그림 1-3〉은 컴퓨터의 연결, 세포의 연결, 그리고 영화 〈대부The Godfather〉의 주인공 알 파치노가 각기 다른 영화에서 다른 배우들과 어떻게 연결되어 있는지를 보여준다. 매우 다양한 현실 세계의 모습이지만, 모두 노드와 링크로 형성된 같은 모습의 네트워크라는 것을 알 수 있다.

쾨니히스베르크 문제로 네트워크의 중요성이 대두되었고, 이윽고 네트워크 과학으로 발전하게 되었다. 네트워크 과학은 사회 구성원들의 개별적이고 이성적인 행위 과정에 대한 탐구에서 벗어나 전체적이며 구조적인 접근을 가능하게 한다. 통상적인 사회 현상의 탐구 방법은 개인의 태도나 행위에 대해 관찰하는 것이다. 응답자의 의견이나 태도를 묻는 서베이survey가 대표적이다. 반면에 네트워크 방법론은 연결을 통해 이루어지는 네트워크를 하나의 시스템으로 간주해, 그 안에서 나타나는 다양한 행위와 현상을 설명한다. 전체 집단의 구조적 문제를 통해 개인의 행위를 설명하는 것이다. 집단 따돌림을 예로 들어보자. 기존의 방법론으로 접근하면 가해자와 피해자를 파악하기 위해 학급 전체 학생들을 대상으로 서베이를 할 것이다. 누가 누구를 괴롭히는지 개인의 태도와 행위에 초점을 맞춘다. 반면에 네트워크 방법론에서는 학급 학생들의 전체 네트워킹을 조사해 누가 중심인물인지, 누가 왕따인지를 밝혀내어 현상에 접근한다. 학급 전체의 구조적 문제에 초점을 맞추는 것이다.

네트워크 세계의 중요한 속성 중의 하나는 네트워크에서의 위치가 개인의 속성attributes 이상의 영향력을 발휘한다는 점이다. 일반적으로 태도나 능력과 같은 개인의 속성이 일상 행위에 절대적인 영향을 미치지만, 네트워크 환경에서는 네트워크 자체가 개인의 행위나 결과에 많은 영향을 준다. 이것은 네트워크 과학의 효시라 할 수 있는 수학자 오일러가 쾨니히스베르크의 다리 건너기 문제를 증명하면서 나온 결론의 일부분이기도 하다. 즉, 네트워크의 어느 위치에 있느냐에 따라 개인의 행동(여기서는 다리를 이동하는 것)이 제약을 받는다는 것이다.

앞서 이야기한 지하철의 사례처럼 실제 거리와 상관없이 환승역 같은 특정 위치에 따라 이동이 쉬워질 수도 있고, 짧은 거리임에도 불구하고 갈아타야 하는 불편함을 겪을 수도 있다. 온라인 활동을 포함한 실생활의 경우에도 마찬가지로 네트워크상의 위치에 따라 영향을 받거나 혹은 영향을 주는 정도가 달라진다. 네트워크 분석 방법에서는 영향력을 측정하기 위해 중심도centrality를 측정하는데, 이러한 중심도의 개념들 중에 아이겐벡터 중심도eigenvector centrality가 있다. 아이겐벡터 중심도는 자신의 능력(중심도)보다 자신과 연결된 사람의 능력(중심도)에 따라 자신의 영향력이 결정되는 정도를 의미한다. 나의 능력보다는 내가 누구와 연결될 수 있는지가 중요한 것이다. 연줄, 인맥 혹은 휴민트HUMINT 같은 용어도 아이겐벡터 중심도와 관련 있는 개념으로, 네트워크 세계의 한 단면을 잘 보여준다. 러시아 혁명은 1억 8000만 명 인구 전체가 일으킨 것이 아니라 2만 3000명의 공산당원에 의해 일어났다고 한다. 니콜라이 2세의 구체제와 임시 정부의 권력이 느슨해졌을 때, 적재적소에 배치된 조직력을 바탕으로 공산당은 적은 숫자로 권력을 재빠르게 낚아챈 것이다.[3] 이처럼 네트워크의 힘은 숫자가 아니라 위치에서 나온다. 누가 누구하고 연결될 수 있는지, 누가 제일 많이 연결되어 있는지, 누가 네트워크의 중심인지가 네트워크 세계의 힘과 권력의 지형도를 보여준다.

농경시대의 전제군주는 수력을 통제해서 권력을 유지할 수 있었다. 기원전 중국의 우왕은 예측 불가능한 양쯔강을 다스리는 능력 덕분에 권력을 얻었다고 한다. 수심, 수량 그리고 강물의 속도를 측정할 수 있는 '수력학 관료'들의 조력에 힘입어 권력을 거머쥔 것이다.[4] 네트워크 시대에도 마찬가지로 네트워크를 움직이는 전문가가 힘을 발휘한다. 네트워크 전문가들에 의해 새로운 법칙이 탄생하고, 새로운 세상이 탄생하는 것이다. 새로운 토폴로지topology의 등장이다. 토폴로지는 네트워크의 구성 방식, 즉 네트워크의 요소들(링크, 노드 등)을 물리적으로 연결해 놓은 것, 또는 그 연결 방식을 의미한다.[5] 점과 선의 결합 방식인 토폴로지는 다양한 함의를 내포한다. 새로운 토폴로지에 의해 새로운 모습의 공간이 탄생하고, 새롭게 탄생한 공간에는 새로운 규칙과 권력이 등장한다. 새로운 공간에서는 기존 유클리드 기하학 세계에서 유용했던 선형적 담론들은 힘을 잃는다. 지하철의 세계에서처럼 거리가 중요한 것이 아니라, 위치가 중요해지는 것이다.

토폴로지는 설계에 따라, 연결된 사람에 따라, 그리고 연결의 속도와 밀도에 따라 즉각적으로 변할 수 있다. 네트워크의 세계에서는 수많은 토폴로지가 존재하고, 다양한 권력이 탄생한다. 네트워크를 새롭게 연결함으로써 특정 사물을 소유하지 않고 그 사물을 통제할 수도 있다.[6] 공유와 협력의 대표 기업인 에어비앤비나 우버 같은 회사는 호텔과 자동차를 통제하지만 그것들을 소유하지 않는다. 다양한 연결이 가치를 끌어내는 것이다. 새로운 토폴로지의 설계자이자 지배자인 구글은 검색으로 지식과 정보를 손아귀에 넣었고, 페이스북은 사람들을 조직해 페이스북 공동체를 만들었다. 한편 아마존은 온라인 거래 시장을 장악해 모든 사람들의 비즈니스 활동 무대를 거머쥐었다. 이들은 새로운 연결 방식을 통해 자기들만의 네트워크 사회를 만들어가고 있는 것이다. 센터가 없고 중개인의 역할이 미미한, 그래서 평등하고 민주적인 네트워크 사회가 될 것이라는 예상과는 거리가 멀다. 오히려 중심부로 모여드는 네트워크 고유의 특성으로 인해 소수의 권력은 더욱 강화되고 집중된다. 이와 같은 새로운 토폴로지의 탄생은 새로운 관점과 사고를 요구한다. 물론 급변하는 환경에 대한 새로운 시각의 형성은 쉽지 않은 작업이다. 보이지도 않고, 예측하기도 힘들며, 무엇을 모르는지도 인지하기 어렵기 때문이다.

변화는 한순간에 갑자기, 그리고 불평등하게 다가온다

0과 1 혹은 on과 off의 단순한 구분으로 이루어지는 디지털 세계처럼 네트워크 세계 역시 선과 점으로 매우 단순하게 구성되지만, 그 결과물은 거대하다. 미래 사회는 정보의 시대가 아니라 네트워크의 시대이다. 네트워크로 연결된 세계의 지식과 정보는 개인의 머릿속이나 도서관에 있는 것이 아니라 네트워크 자체에 있다. 네트워크 자체가 게임 체인저game changer의 역할을 하는 것이다. 어떤 일의 결과나 판도를 뒤바꿔 놓을 만큼 중요한 자를 의미하는 게임 체인저, 그리고 게임 체인저를 도맡은 네트워크가 등장함에 따라 기존 세계의 법칙은 사라지고 새로운 규칙이 등장한다. 운동장이 바뀌는 것이다. 이러한 변화의 특성은 두 가지로 설명할 수 있다. 하나는 변화가 순식간에 일어난다는 것이고, 또 다른 하나는 변화의 혜택이 극소수에게 돌아간다는 점이다.

특정한 짧은 시기의 역사적 변화들은 다른 일상적인 순간들과 달리 인류 역사에 커다란 족적을 남긴다. 인류학자 스티븐 제이 굴드Stephen Jay Gould가 주장한 단속평형설punctuated equilibrium에서는 진화가 다윈이 생각했던 것처럼 일정한 속도로 서서히 진행하는 것이 아니라 짧은 기간에 급격한 변화로 이루어지고, 그 후 오랜 기간 변화가 없는 상태로 다시 유지된다고 설명한다. 이처럼 변화는 한순간에 짧게 일어난다. 단속평형설은 진화론의 많은 학자들이 종과 종 사이에 중간 모습을 발견하지 못한 것에서 시작되었다. 즉, 진화를 설명하기 위한 화석 연구에서 중간 단계 없이 갑자기 급격한 변화가 이루어지는 사례가 많이 나타났고, 이를 설명하기 위해 단속평형설이 등장한 것이다.[7]

단속평형설은 하나의 가설이지만 많은 학자들이 공감하고 있고, 우리 주변에서도 비슷한 특성을 많이 발견할 수 있다. 사춘기 때 아이들이

자고 일어나면 몇 센티미터씩 자란다는 과장 섞인 말을 하는데, 실제로도 매우 짧은 기간에 키가 자란다. 식물의 성장에서도 유사한 사례가 많이 보인다. 우후죽순이라는 표현처럼 대나무는 비가 많이 오는 늦은 봄과 여름에 집중적으로 자란다. 주식 시장에서도 사례를 찾아볼 수 있다. 주식 시장에서 높은 수익률은 매우 짧은 기간에 이루어진다고 한다. 주식 시장에서 장기 투자를 권하는 이유 중 하나는 언제 주식이 급등할지 모르기 때문이다. 장기 투자를 하면 언제 올지 모르는 상승장에 대비해 불확실성을 줄일 수 있다. 2007년 아이폰 출시로 스마트폰이 확산되면서 소셜미디어 환경이 매우 짧은 기간에 형성된 것도 좋은 사례이다. 아이폰이라는 혁명적 기제를 통해 관련 산업 전체가 급속히 재편되고, 우리 삶의 모습도 바뀌게 된 것을 모두가 경험했다. 과학의 발전에서도 같은 모습이 보인다. 대학생들의 필독서로도 유명한 토머스 쿤의 『과학 혁명의 구조Structure of Scientific Revolution』에서도 진화evolution가 아니라 혁명적 변화revolution를 통해서 과학은 발전한다고 설명한다.[8] 기존에 진리로 받아들여졌던 이론들이 더 이상 현상을 제대로 설명하지 못하고 문제가 발생하면서 과학 혁명의 싹이 트고, 이러한 사례들이 축적되면서 순식간에 혁명적으로 새로운 이론이 탄생한다. 과거의 이론과는 전혀 다른 새로운 패러다임이 탄생하는 것이다. 새로운 패러다임은 한동안 세상을 설명하는 이론의 근거로 유지되다가 전임자가 그랬던 것처럼 문제가 생기면서 또 다른 패러다임에 의해 순식간에 교체된다. 물리학에서 아리스토텔레스, 갈릴레이, 뉴턴, 아인슈타인 등으로 이어지는 급격한 이론의 교체가 좋은 예이다. 이처럼 변화는 서서히 진화의 모습으로 다가오는 것이 아니라 혁명과 같이 급속하게, 그리고 압축적으로 이루어진다.

인류 역사의 황금기였던 르네상스가 21세기에 다시 도래한다고 이야기하는 『발견의 시대Age of Discovery』의 저자 이언 골딘Ian Goldin과 크리스

쿠타나Chris Kutarna는 15, 16세기 유럽이 르네상스를 맞이할 수 있었던 이유를 세 가지로 제시한다.[9] 첫째는 아이디어의 다양성과 이동 속도 및 양에서 일어난 일대 도약이다. 인쇄 기술의 발명으로 아이디어의 확산 속도가 획기적으로 높아졌다. 둘째는 교육 기회의 확대와 영양 개선으로 인재 집단이 늘어났다는 것이다. 베니스와 같은 부유한 도시는 항해에 필요한 경도 계산 등 상업적으로 중요한 문제를 해결하고자 새로운 학교와 대학을 설립해 전문가 집단이라 할 수 있는 교수들을 충원했다. 또한 소수의 부유한 가문은 예술가와 과학자를 전폭적으로 지원해 르네상스의 꽃을 피웠다. 셋째는 위험을 감수할 때 돌아오는 강력한 개인적 혹은 사회적 인센티브의 탄생이다. 특허법은 1474년 베니스에서 처음 제정되어 16세기 유럽 전역으로 퍼졌는데, 이 같은 제도와 환경이 많은 사람을 자극해 창조성을 발휘할 기회를 만들었다.[10] 이러한 르네상스의 환경은 현재 벌어지고 있는 상황과 매우 유사하다. 더 나아가 사람들은 디지털 기술의 영향력을 인쇄 기술 이상으로 평가하기도 한다. 디지털 기술의 발달에 따라 모든 정보가 융합되는 멀티미디어가 확산되고, 이에 따라 매체 산업은 융합되며, 우리의 삶도 융합되어 간다. 노동과 여가, 교육이 혼재된 삶이다. 다양한 온라인과 오프라인에서 펼쳐지는 교육 기회의 확대는 역사상 유례를 찾아볼 수 없다. 기존의 교육 패러다임이 송두리째 바뀔 정도이다. 또한 수많은 전문가들이 모여드는 대도시의 확산과 함께, 우주 개발이나 생명 연장 같은 극소수 슈퍼 리치의 꿈을 향한 투자 등도 활발히 이루어진다. 게다가 위험 감수에 따른 보상도 그 어느 때보다 높은 수준이다. 그리고 변화와 혁신의 과실을 극소수만이 가져감에 따라 오히려 양극화 문제가 발생하고 있는 실정이다. 디지털 르네상스(?) 시대가 열리고 있는 것이다.

변화의 두 번째 특성은 앞서 말했듯 네트워크의 설계자인 소수의 전문가에 의해 변화가 이루어지고, 변화의 혜택 또한 소수가 대부분 가져간다는 점이다. 현재 전 세계 거의 모든 인류가 소셜미디어를 사용함으로써 네트워크 사회에 성큼 진입했다. 소셜미디어는 21세기 뉴미디어로서 많은 기대 속에 등장했다. 새로움을 뜻하는 '뉴new'라는 단어에는 '전과 달리 생생하고 산뜻하게 느껴지는 맛이 있다'라는 사전적 의미가 내포되어 있다. 기존의 것은 불만의 시선으로, 새로운 것은 관심을 갖고 희망 섞인 기대감으로 바라보는 것이다. 소셜미디어도 예외는 아니다. 소셜미디어는 역사상 그 어떤 미디어보다도 높은 기대와 많은 관심을 받고 있다. 미디어 생태계를 지배해 왔던 기존 가치를 전복시키고 공유, 협력, 분산, 개방 등 새로운 가치를 전파하기 때문이다. 그러나 소셜미디어를 통한 네트워킹의 확산으로 인해 기존 오프라인에서는 나타나지 않았던 새로운 공간과 규칙이 등장한다. 이처럼 새롭게 탄생한 공간에는 새로운 역학관계에 따라 새로운 위계질서가 나타난다. 권력의 재편이 이루지는 것이다. 이러한 권력 재편의 핵심은 네트워크의 중심이 되는 소수에게 모든 힘과 권력이 쏠린다는 점이다. 르네상스 문화의 찬란한 꽃이 피었다고 해서 모두가 부유하고 배불렀던 것은 아닌 것처럼, 디지털 르네상스에서도 힘과 권력의 불평등이 나타난다.

물리학자로서 소셜 네트워크를 연구하는 버러바시 얼베르트 라슬로Barabási Albert-László는 서로 다른 다양한 시스템(예를 들면 식물계와 동물계, 교통망과 같은 복잡한 시스템, 다양한 유전인자로 구성된 신경 시스템, 컴퓨터들의 연결 모임 혹은 웹 등)을 관통하는 동일한 구성 원리가 내재되어 있다는 것을 밝혀냈다.[11] 허브hub, 즉 센터의 존재이다. 40억 년 전부터 이어져 온 세포 네트워크에서부터 20여 년밖에 안 된 웹에 이르기까지 센터는 자연스럽게 생겨난다. 결국 모든 네트워크는 '척도 없는 구조scale-free structure' 상태에 다다른다. 2장에서 자세히 설명하겠지만 척도 없는 구조의 가장 큰 특성은 센터가 전체를 대표한다는 점이다. 즉, 소수 집단에 의해 전체의 변화가 설명된다. 이러한 특성은 이미 우리 주변에서 많이 나타나는 현상이기도 하다. '20 대 80 법칙'으로 대표되는 불균형이 대표적인 사례이다. 소득 분포 상위 20%가 전체 소득의 80%를 가져간다는 파레토의 법칙이다. 콩깍지 중에서 실제로 콩이 들어 있는 경우는 20~30%에 지나지 않는다는 것에서 기인한 20 대 80의 법칙은 땅을 소유한 사람들의 분포에서부터 백화점에 수익을 가져다주는 VIP 고객의 비율 등 매우 다양한 현상에서 발견할 수 있다. 20이나 80의 숫자가 중요한 것이 아니라, 소수가 전체를 대표하고 힘과 권력의 상당 부분을 소수가 갖는다는 것에 방점이 찍힌다. 사실 현재는 불균형이 점점 더 심해져서 10 대 90 혹은 1 대 99의 현상을 우리 주변에서 쉽게 볼 수 있다.

소수의 독점 현상은 네트워크의 세계인 온라인에서도 쉽게 찾아볼 수 있다. 극소수의 기업에 의해 소셜미디어 플랫폼은 유지되고, 수익 또한 그들이 대부분을 가져간다. 페이스북, 구글 그리고 아마존이 소수의 그들이다. 대표적인 네트워크 플랫폼인 페이스북의 가입자 수는 전 세계에 걸쳐 15억 명에 이르는 것으로 알려져 있다. 주요 소셜미디어 플랫폼의 규모와 실적에 관한 통계치는 다양하게 제공된다. 주요 소셜 플랫폼 사업자의 실시간 사용량을 집계하는 '더 인터넷 인 리얼타임The Internet In Real Time'에서 제공하는 2018년 8월의 하루 실적을 살펴보자.[12] 페이스북을 하루 동안 적극적으로 사용하는 사람은 5500만 명, 하루 로그인 횟수는 10억 회, 하루 동안 '좋아요'를 누른 횟수는 60억 회로 나타났다. 산하 기업인 인스타그램에서 '좋아요'를 누른 횟수는 40억 회에 달한다. 구글의 경우 하루 검색은 40억 회에 달하고, 매일 35만 명의 신규 이용자가 탄생한다. 구글의 산하 기업인 유튜브는 110억 회의 비디오 시청을 기록한다. 한편 아마존은 하루 매상이 3억 달러이고, 신규 출시한 아마존 프라임의 콘텐츠 판매는 820만 달러이다. 참고로 동영상 서비스의 강자 넷플릭스는 하루에 1360만 달러의 매출을 올리는 것으로 나타났으니, 아마존이 바짝 추격하는 모양새이다. 네트워크 트래픽 역시 이러한 서비스를 위해서 점령당한다. 2016년 1월과 2월의 인터넷 트래픽 조사에 의하면 페이스북의 뉴스피드는 추천 온라인 뉴스 사이트 트래픽의 41%를 차지했다. 구글은 39%, 이어서 야후가 4%를 차지하고 있다.[13] 온라인 뉴스의 흐름에서 페이스북과 구글은 절대적인 지배자이다. 한편 구글 서버들이 서로 통신할 때 내부의 트래픽 총량은 전체 인터넷 트래픽의 10%에 해당한다.[14] 이들 삼형제는 실로 네트워크의 지배자라 할 수 있다.

한편 이러한 네트워크 세계의 불균형과 불평등은 전 지구적 차원에서 또 다른 모습으로 다시 나타난다. 예를 들어, 이들 선도 IT 기업의 소득이 세금이 적은 해외로 나가면서 그 소득의 출처가 된 기본 인력에 대한 혜택은 사라진다. 세계화의 부작용이자 현대 자본주의의 허점이다. 이러한 세계화와 기술 혁명으로 수많은 프리캐리엇prekariat이 탄생하고, 이들 일용직 노동자들은 자신들이 누려야 할 권리를 갖지 못하게 된다. 프리캐리엇은 '불안정한precarious 프롤레타리아proletariat'라는 의미로, 임시직으로 전락한 노동자들을 뜻한다. 우버 운전기사나 택배 기사처럼 유연한 독립적 계약자가 알고 보면 저임금 비정규직 노동자에 불과한 것은 아닌지 우려를 낳고 있다. 이러한 현실은 공유와 협력을 바탕으로 조성되는 공유경제의 그림자를 여실히 보여준다. 모두에게 이익이 될 수 있다고 생각한 미래의 경제 시스템인 공유경제에서도 경제 활동의 모든 과실을 새로운 독점적 매개자인 이 기업들이 독차지하기 때문이다. 비판적 시선으로 바라보면, 독점적 지위를 지닌 공유경제의 매개자들(예를 들면 우버나 에어비앤비)은 자기자본도 없이 공유와 협력이라는 선의의 경제 활동을 통해 발생하는 거의 모든 이익을 가져간다. 공유경제로 탄생하는 막대한 경제적 이득은 우버의 운전기사가 아니라 우버의 창업자나 주주 등 소수가 모두 가져가는 것이다. 좋은 비즈니스 모델, 시대를 앞서가는 혜안, 위험을 감수하는 도전자 정신을 가진 성공한 IT 벤처 사업가들의 모든 노고와 시대 상황을 감안하더라도, 불평등의 감정을 머릿속에서 지울 수 없다. 이런 상황은 기존의 산업자본가들이 자신의 자본을 통해 기업을 일구고, 때로는 노동자를 착취하면서 이익을 얻던 상황보다 더 심한 경제 왜곡의 한 모습이라고도 할 수 있다.

네트워크의 본질

네트워크 사회는 연결에 의해 힘과 권력의 주도권이 결정된다. 연결의 패러다임으로 무장한 소수의 네트워크 센터들에 의해 변화는 순식간에, 그리고 불균형적으로 일어난다. 앞에서 소개한 아마존, 구글 그리고 페이스북이 네트워크 사회의 센터들로 각각의 제국을 구축하고 있다. 이들 세 기업은 기타 IT 기업과 달리 전형적으로 네트워크 시스템에 의존하는 기업들이다. 애플처럼 제조업에, 혹은 마이크로소프트처럼 소프트웨어 생산에 기반을 둔 것이 아니라 네트워크에 의해, 네트워크를 통해, 네트워크 자체로 부가가치를 일으켜 사업을 유지해 가는 네트워크 기반 플랫폼 기업들이다. 이 책에서는 미래 네트워크 사회의 모습을 가급적 이들 세 기업을 중심으로 그려가고자 한다. 이들 기업은 네트워크의 센터로서 네트워크 전체를 대표하고 있으며, 이들을 통해 네트워크 사회의 속살을 들여다볼 수 있다. 이제 네트워크의 본질에 대한 논의를 위해 네트워크 사회의 근간이라 할 수 있는 인터넷의 구축 원리에 대해 먼저 이야기해 보자.

미래 사회의 근간이 되는 커뮤니케이션 네트워크는 인터넷에서 출발했다. 1960년 말 군사망의 일부인 알파넷ARPAnet으로 시작된 인터넷은 교육망(NSFnet)의 가세로 초기 확산을 이루었고, 1990년대 초 상업망(PSInet 등)이 연결되면서 본격적인 네트워크 사회의 인프라로 성장하게 되었다. 인터넷의 최대 장점은 분산의 원리에 따라 다양한 네트워크들이 자유롭게 연결될 수 있는 구조에 있다. 핵전쟁의 위협으로부터 탄생한 인터넷은 어느 한 곳이 파괴되어도 살아남을 수 있는 네트워크 구조로 고안되어 센터를 필요로 하지 않았고, 자연스럽게 정보는 아무런 통제 없이 자유롭게 흘러 다닐 수 있게 되었다. 인터넷에서 돌아다니는 정보에 아무런 규제나 차별을 가해서는 안 된다는 이른바 망 중립성network neutrality도 이러한 초기 인터넷 목표에 부합하는 정책이라 할 수 있다. 정보를 보낸 쪽과 받는 쪽 이외에는 누구도 그 정보에 접근하지 못하게 한 것이다. 이른바 '엔드 투 엔드 원리end-to-end principle'이다. 이러한 원리를 채택한 이유는 모든 콘텐츠가 아무런 제약 없이 네트워크를 돌아다닐 수 있는 환경을 제공하기 위함이었다. 물론 엔드 투 엔드 원리는 기술적으로도 견고해서 외부의 충격으로부터 자유로우며, 누구나 다양한 어플리케이션을 개발하고, 더 나아가 정보의 자유로운 유통을 통해 사상의 자유도를 확보할 수 있었다. 그러나 망 중립성 원칙은 2000년대 초반에 망 사업자들 간의 갈등으로 인해 흔들리기 시작했고, 현재에는 물리적인 네트워크를 소유하고 또한 계속 구축해야 하는 망 사업자와 네트워크를 이용해서 콘텐츠 비즈니스를 하는 사업자 간의 싸움으로 확대되었다. 망 중립성 원칙의 유지 여부는 결국 미래 네트워크 사회의 주도권을 누가 갖는가에 대한 이슈이기도 하다.

2019년 현재에는 구글, 아마존, 페이스북 등 플랫폼 사업자가 압도적 우위를 지키고 있다. 사회적 영향력은 물론 경영지표에서도 네트워크 사업자는 플랫폼 사업자를 따라가지 못한다. 구글과 페이스북의 시가총액은 2019년 5월에 각각 7800억, 5200억 달러로 집계되었다.[15] 참고로 삼성전자의 2019년 5월 시가총액은 약 300조 원으로, 2800억 달러를 약간 밑돌고 있다. 이에 비해 미국 최대의 네트워크 사업자는 가입자 8000만 명을 보유한 이동통신 회사인 버라이즌Verizon으로, 시가총액은 2300억 달러에 지나지 않는다. 1970년대 세계 최대 기업이 네트워크 사업자인 AT&T였던 것을 감안하면 세상이 많이 바뀌었다. 비운의 AT&T는 결국 독점기업으로서 국가와 사회에 폐해가 크다는 이유로 일곱 개의 베이비벨baby bell 회사로 해체된다. 거대 전화 네트워크 제국이 지역 전화 사업자로 전락한 것이다. 물론 구글이나 아마존 역시 독점적 지위를 이용해 시장을 왜곡한다는 비판에서 벗어날 수 없다. 실제로 2018년 7월 EU는 구글이 시장의 독점적 지위를 남용했다고 판단해 50억 5000만 달러의 벌금을 부과했다. 구글이 안드로이드 스마트폰 제조사들에게 구글 검색엔진과 브라우저를 사전 탑재하도록 강제한 것을 반독점 규정 위반이라고 판단한 것이다. 마치 20년 전 개인용 컴퓨터의 운영체제OS 환경을 지배하고 있던 마이크로소프트가 컴퓨터의 모든 소프트웨어를 자사의 제품으로 탑재하도록 유도한 것과 똑같은 일이 벌어진 것이다. 독점 규제에 대한 해석과 실효성은 다양하게 논의될 수 있지만, 이 사건 자체는 거꾸로 구글의 힘과 권력을 보여주는 상징적 사례라 할 수 있다.

앞에서 이야기한 것처럼 인터넷의 출발점은 그야말로 평등하고 중심이 없는 분산화된 네트워크의 구축이었다. 당연히 센터는 물론 중개인의 역할도 미미한, 그야말로 개인 대 개인의 커뮤니케이션이 가능한 민주적 네트워크의 모습이었다. 그러나 현재의 인터넷은 초기 목표와는 다른 길을 가고 있다. 특히 팀 버너스리Tim Berners-Lee에 의해 WWWworld wide web가 도입된 이후 인터넷은 네트워크 시스템의 고유 원리를 충실히 따라가는 모양새이다. 중심부가 생기고, 중심부와 주변부가 벌어지는 모습을 보이고 있는 것이다. 초기에 구축된 환경에 가장 적합한 노드에 다른 노드들이 연결되어 센터가 생긴다는 네트워크의 기본 원리가 발현되는 것이다. 물론 이러한 센터들은 네트워크의 중심이자 미래 네트워크 사회의 지배자로 성장하게 된다. 글로벌화가 가미된 자본주의 환경은 네트워크 고유의 특성을 강화한다.

네트워크로 모든 것이 연결되면 모든 것이 해결될 것 같은 유토피아가 쉽게 그려지지만, 실제로 서로가 연결된다는 것은 예측하기 힘든 긴장 상태에 둘러싸이는 것을 의미한다. 네트워크 사회의 도래에 대한 밝은 이야기가 많이 나오지만 그림자도 늘 뒤따라온다. 사실 네트워크가 우리에게 주는 교훈은 민주적 분산이 아니라 힘이 한 곳으로 모이는 집중에 있다. 네트워크 자체는 속성상 집중하게 되어 있다. 네트워크를 통한 평화로운 권력 배분은 시간이 지나면서 결국 또다시 중앙에 위치한 센터로의 집중으로 이어진다. 물리학에서는 강력한 원자 에너지가 엄청난 전기력의 균형에서 온다는 사실을 확인했다. 원자핵 내부의 강력한 힘은 주변의 양전자들로 균형이 맞춰진다. 즉, 외부의 장치가 많을수록 중앙의 핵이 더 강력해지면서 서로 균형을 이루는 것이다. 네트워크도 강력한 핵을 바탕으로 수많은 주변부와의 관계가 설정된다. 구글의 경우, 서버들이 서로 통신할 때 구글 서버 내부의 트래픽 총량은 전체 인터넷 트래픽의 10%를 차지한다. 연결된 수십억 개의 노드가 중앙의 핵을 끌어당기고 있는데, 그것들을 모두 처리해야 하기 때문이다.[16] 연결된 노드가 많을수록 중심핵이 더 강력해진다. 그렇지 않으면 그 네트워크는 소멸되고 말 것이다. 연결과 분산을 통해 네트워크가 성장하지만, 동시에 분산이 이루어지면서 핵 또한 자라고 있는 것이다. 이것이 네트워크의 특성이자 본질이다.

네트워크 외부효과에 따르면 네트워크에 새로운 사용자가 추가될수록 네트워크의 유용성과 가치는 증가한다. 그러나 네트워크가 확산되는 만큼 이용자들이 네트워크에 종속될 가능성도 높아진다. 모두가 하니 안 하면 손해이고, 하면 코가 꿰이는 것이다. 카카오톡(이하 카톡)을 예로 들어보자. 카톡은 이제 국민 커뮤니케이션 도구가 되었다. 이것으로 일상적 대화는 물론 업무도 진행한다. 그래서 업무 외 카톡 금지법을 추진하자는 이야기도 나오는 것이다. 과연 이러한 환경에서 카톡으로부터 자유로운 사람은 얼마나 될지 궁금하다. 그렇다면 구글의 환경은 어떠한가. 구글은 우리의 정보를 통제하고, 우리의 지식 세계를 지배하려 한다. 구글이 의도적으로, 혹은 나쁜 마음을 먹어서가 아니라 알고리즘이 그렇게 만드는 것이다. 인터넷법 전문가 로런스 레시그Lawrence Lessig는 "선량한 사람들이 확신범이 된다. 자신이 선하다고 확신한 나머지 눈이 멀어버리는 것이다. 오늘날 구글이 그럴지도 모른다"[17]라고 경계한다. 사람들이 검색하면 할수록 더 많은 데이터가 생산되며, 네트워크 효과에 따라 더 많은 가치와 힘이 구글에 부여되는 것이다(물론 카톡과 네이버가 마이너리그라면 구글과 페이스북은 메이저리그 플레이어들이다).

네트워크의 이러한 특징은 기업의 발전 과정에서도 드러난다. 두 대의 전화로는 하나의 연결이 가능하지만 100대가 있으면 4950번의 연결이 가능하다. 이러한 확대를 비선형 성장 혹은 블록 성장convex growth이라고 한다. 이러한 확대 과정은 페이스북, 구글, 아마존에서 볼 수 있는 성장 패턴이다. 물론 블록 파멸convex collapse도 나타난다.[18] 블랙베리 플랫폼의 붕괴가 대표적인 사례이다. 2017년 이후로는 기사회생하는 것처럼 보이지만 한때의 영광은 사라졌다.• 비선형의 네트워크 세계에서 기업은 지

• 블랙베리의 모기업인 리서치 인 모션(Research In Motion)의 2016년 자산 가치는 40억 달러로, 정점에 있을 때 770억 달러였던 것에 비해 95%나 줄어들었다(Google, "NYSE: +BB," https://www.google.com/search?q=NYSE:+BB).

수 성장의 패턴으로 급격히 성장해 거대한 단일 플랫폼을 형성한다. 플랫폼 전체를 동일함으로써 창구가 단일화되는 것이다. 정보와 지식 플랫폼인 구글, 유통 플랫폼 아마존, 연결과 소통의 플랫폼 페이스북이 탄생하는 것이다. 온라인의 거대한 운동장인 플랫폼을 지배하면 모든 거래와 정보의 유통을 통제할 수 있다. 최대 미디어 기업인 페이스북은 콘텐츠를 생산하지 않고, 최대 정보 기업인 구글은 정보를 만들지 않는다. 다만 플랫폼을 소유할 뿐이다. 신격화된 플랫폼 기업의 위험성을 설파한 조지 다이슨George Dyson은 그의 저서 『튜링의 성전Turing's Cathedral』에서 페이스북은 우리의 존재를 규정하고, 아마존은 우리가 원하는 바를 규정하며, 구글은 우리가 생각하는 바를 규정한다고 단언한다.[19]

페이스북, 구글, 아마존: 신뢰로 성장한 네트워크 강자

네트워크에 기반한 이들 플랫폼 기업의 힘은 결국 신뢰와 평판에서 나온다. 신뢰는 상대방에 대한 믿음의 정도를 의미한다. 서로가 기대를 저버리지 않았을 때 신뢰가 싹튼다. 기대하는 서비스를 차질 없이 제공함으로써 이용자의 신뢰를 구축하고, 앞서가는 비즈니스 모델로 이익을 증대함으로써 투자자의 신뢰를 얻는 것이다. 사실 신뢰의 구축은 오늘의 시민사회를 가능하게 한 힘의 원천이자 근간이다. 근대 국가 탄생의 밑거름이었던 사회계약은 신뢰를 기반으로 구축된다. 상대방을 믿는다는 의미에서 악수를 했고, 이를 통해 거래가 성사되었다. 물론 사회 구성원이 많아짐에 따라 서로 간의 암묵적 계약을 중재하고 보장하기 위해 왕이나 전제군주, 입법기관 혹은 오늘날의 대통령에 이르기까지 중재의 권력이 존재하게 된다. 이러한 권력은 사회 구성원 서로가 배신하지 않고 신뢰를 유지하도록 강제한다. 사회의 규모가 커지면 커질수록 신뢰가 그 사회를 지탱하는 비중은 더욱 거대해진다. 신뢰가 없으면 정상적인 사회로서의 제 기능을 다할 수 없을뿐더러 사회의 발전도 불가능하다.

실제로 로버트 퍼트넘Robert David Putnam, 프랜시스 후쿠야마Francis Yoshihiro Fukuyama 등 수많은 학자들은 사회 발전의 가장 큰 요소로 사회자본을 꼽고 있으며, 사회자본의 형성에서 신뢰는 가장 중요한 핵심이다. 신뢰는 다양한 형태로 나타날 수 있다. 개인 간의 신뢰도 있고, 제도에 대한 신뢰도 있다. 이웃끼리 서로 믿어야 편안하고 안전하게 살 수 있고, 판사가 공정하게 재판을 해야 제도를 향한 신뢰가 쌓인다. 신뢰가 높으면 높을수록 그만큼 사회가 건강하고, 경제적으로도 나아진다. 공동체의 붕괴를 경고한 『나 혼자 볼링Bowling Alone』의 저자 퍼트넘은 이탈리아 북부와 남부의 경제적 격차를 사회자본의 유무, 즉 신뢰의 정도로 설명했다.[20] 이탈리아 남부도 일정 부분 사회자본이 형성되어 있었지만 진정한 의미의 신뢰가 있는 것은 아니기에 발전하지 못했다는 것이다. 이른바 마피아식 신뢰이다. 끼리끼리는 신뢰하지만 전체 공동체 내에서의 신뢰 수준은 빵점이다. 가족 혹은 네트워크에 연결된 사람끼리는 신뢰하지만, 타자의 등에는 무자비하게 칼을 내리꽂는 것이다. 이는 진정한 사회자본이라 할 수 없다. 그러니 사회가 부패하고 발전하지 못했다는 것이다.

지금 우리의 현실도 과거 이탈리아 남부와 사정이 별반 다른 것 같지 않다. 개인 간의 신뢰보다 제도에 대한 신뢰가 급속히 추락하고 있다. 특히 사법부에 대한 신뢰가 급격히 떨어지는 추세이다. 검찰에 이어 법원도 신뢰도 추락에 가세하는 형국이다. 국회나 정부, 언론, 대학에 이어 최후의 보루라 할 수 있는 사법부마저도 무너지고 있는 것이다. 한국언론진흥재단이 2018년에 전국 성인 남녀 1050명을 대상으로 조사한 우리 사회의 부문별 신뢰도 조사에 따르면 우리 사회 전반에 걸쳐 '신뢰한다'

라고 답변한 사람은 32.3%로 나타나, 낮은 신뢰도를 보이고 있다. 부문별로 살펴보면 교육계를 신뢰한다는 응답이 전체의 52.9%로 나타나 가장 높고, 이어서 공무원 37.2%, 종교계 35.9%, 언론계 35.5%, 법조계 34%, 경제계 17.9%의 순으로 신뢰하는 것으로 나타났다. 한편 응답자의 약 7%만 정치계를 신뢰하는 것으로 드러났다.[21] 이처럼 정치 영역에 대한 신뢰는 어제오늘의 일이 아니지만 법조계에 대한 신뢰 수준도 낮은 것을 알 수 있다. OECD의 발표 자료에서도 사법 제도에 대한 신뢰도는 한국이 27%로, 조사 대상국 중 최하위권인 39위인 것으로 나타났다. 덴마크와 노르웨이는 83%로, 우리와 상당한 격차를 보이고 있다. 사법 제도에 대한 신뢰도가 한국보다 낮은 나라는 콜롬비아(26%), 칠레(19%), 우크라이나(12%) 등 3개국뿐인 것으로 나타났다.[22]

한편 구글과 페이스북의 고향인 미국의 경우 가장 신뢰하는 기관은 군대, 경찰 등으로 나타났고, 가장 신뢰하지 않는 기관으로는 의회, 언론 등이 꼽혔다. 한국과 다소 차이를 보이지만 대체로 정치 영역에 대한 신뢰가 낮고, 군대나 경찰에 대한 신뢰가 비교적 높은 것으로 나타난다. 제도신뢰가 없어지면 사회에 대한 불만과 의구심이 늘어난다. 이런 현상은 선거 기간 때 정치광고에서도 드러난다. 미국의 2016년 대선 정치광고 중 90%가 네거티브 정치광고인 것으로 나타났다. 2000년에 30%, 2004년에 40%, 2008년에 50%, 2012년에는 60%가 부정적 광고임을 감안하면, 해를 거듭할수록 부정적 정치광고가 늘어나는 것을 알 수 있다. 결국 그만큼 미국이 신뢰할 수 없는 사회로 가고 있다는 것을 반증하는 것이다. 실제로 미국 의회의 지지도는 10%이고, 법원이나 국가에 대한 신뢰도도 낮아지고 있다. 한국과 미국의 공통점은 공적 영역의 다양한 부문에서 신뢰도가 점점 낮아진다는 점이다. 한마디로 제도신뢰의 추락이다. 이러한 현상은 제도 자체의 문제에서 오기도 하고, 환경의 변화에서도 기인한다.

제도신뢰는 한마디로 권력에 대한 믿음의 정도이다. 사람들이 싸우지 않고 평화롭게 살아갈 수 있는 환경을 만들고 갈등이 있을 경우 중재를 해주며 배신하는 사람은 벌하라고 권력을 주었는데, 권력을 지닌 이들이 역할을 못 하고 있는 것이다. 정치인이나 고위 공무원, 언론인과 교수를 포함한 지식인 집단, 판검사 등 모두가 권력자 혹은 전문가로서의 제 역할을 못 하니 제도신뢰가 낮아질 수밖에 없다. 사회에서 중추적 역할을 하는 이른바 지배 계층에 대한 신뢰가 없다는 것이다. 신뢰가 없으면 거래비용이 늘어나고, 삶이 팍팍해진다. 당연히 사회의 발전 속도도 느려진다. '민중은 개돼지'라고 하는 공무원에서부터 '이기적 국민' 운운하는 판사들이 자리를 잡고 있으니 제도신뢰가 높아질 턱이 없다. 재벌이 죄를 지으면 벌을 줘야 하는데 집행유예로 풀어주니 판사들이 신뢰를 받지 못하는 것이다. 오죽하면 '승포판(승진을 포기한 판사)'을 늘려야 한다고까지 이야기한다. 승포판들은 전관예우 등 비정상적 관행을 따르지 않고 재판에 임하기 때문이다. 진실을 접하고 싶은데 가짜 뉴스를 내보내니 언론이 욕을 먹는 것이다. 시장의 권력에 처참히 무너지는 언론을 보면 신뢰가 생길 수가 없다. 상식적인 수준에서의 기대치에 부합하면 신뢰는 구축되지만, 상식 밖의 결과가 나오면 신뢰는 사라질 수밖에 없다. 그나마 다행인 것은 위기의 상황에서 나오는 일반 시민의 서로에 대한 믿음이 엿보인다는 점이다. 과거 독재정권에 저항했던 일부 지식인들에게 보내는 마음속 응원에서부터 촛불혁명에 조용히 참여하는 시민들의 모습에서 신뢰의 싹이 튼다.

한편 공적 영역에서의 제도신뢰 붕괴와는 달리 사적 영역에서는 다른 모습이 보인다. 비용을 내면 원하는 서비스를 차질 없이 제공해 주고, 시간을 투자하면 원하는 정보를 정확하게 알려준다. 예상했던 결과를 보여주니 이러한 시스템에는 신뢰와 평판이 구축된다. 이 책에서 주목하고 있는 구글, 페이스북, 아마존은 이러한 신뢰를 바탕으로 각자의 플랫폼 제국을 구축해 가고 있다. 한마디로 각자의 영역에서 사제司祭 노릇을 하는 것이다. 이용하는 모든 이에게 신뢰와 믿음을 주는 사제들이다. '신이 된 구글'이라는 표현이 전혀 어색하지 않게 다가온다. 진리는 구글을 통해서 얻고, 삶의 만족감은 페이스북을 통해 느낀다. 물론 물리적 불편함은 아마존이 해결해 준다. 어쩌면 우리는 언론이나 사법부보다 이들 기업을 더 신뢰하고 있는지도 모른다. 특히 스마트폰이 본격적으로 보급됨에 따라 우리는 다양한 채널과 소스를 통해 정보를 접하고 평가하게 되었다. TV나 신문에서 일방적으로 보내준 뉴스와 정보가 식상해지면서, 우리는 페이스북 뉴스피드나 트위터에 귀를 기울이고 있다. 계몽적 느낌이 나는 뉴스가 아니라 친구가 말해주는 정보가 우리에게는 더 진실처럼 다가오는 것이다.

구글이나 페이스북과 같은 소셜미디어 플랫폼에 대한 높은 신뢰는 그들의 경영 방식에도 영향을 미친다. 구글, 아마존, 페이스북은 배당을 안 하는 것으로 유명하다. 배당은 기업의 이윤을 주주에게 환원하는 것으로, 주주 우선주의의 핵심이다. 배당을 통한 주주 우선주의가 현대 기업 경영의 주요 목표인 것을 감안하면 이들 소셜미디어 플랫폼의 행보는 실로 파격적이다. 물론 주주 우선주의가 많은 문제점을 내포하고 있는 것도 사실이다. 예컨대 해당 기업의 노동자 혹은 해당 기업이 이익을 내고 있는 사회 전체에 대한 배려는 전혀 없이 주주만을 우선시하니, 기업의 CEO들은 단기적 이익에만 전념하고, 결국 장기적인 비전을 갖고 기업을 운영할 수 없게 된다. 이러한 상황 속에서 구글과 페이스북, 아마존은 별도의 배당 없이 수익을 장기 투자의 목적으로 전환한다. 구글의 기업 공개IPO 당시, 창업자 래리 페이지Lawrence Edward Page는 자신의 이상이 담긴 편지를 작성해 미국증권거래위원회 제출 서류에 첨부했다. 다음은 편지의 일부분이다.

> 구글은 통상적인 회사가 아니다. 구글은 투자자의 이익이 아니라 소비자의 이익을 목표로 움직이고, 창의성을 유지하기 위해 분기별 시장 기대치에 연연하지 않을 것이며, 배당금도 지급하지 않을 것이다. 분기별 성과 예측을 근거로 하는 수익 보고서도 제공하지 않을 것이다.[23]

구글의 페이지와 세르게이 브린Sergey Brin, 페이스북의 마크 저커버그Mark Elliot Zuckerberg 혹은 아마존의 베조스Jeffrey Preston Bezos는 창업자이자 대주주로서 단기적 목표에 매달릴 의무도 없지만, 배당을 안 하는 배짱(?)은 이용자 그리고 주주들의 신뢰가 없으면 불가능하다. 이들은 이러한 신뢰를 바탕으로 미래를 계획하는 것이다. 여타의 기업보다 두 걸음은 앞서가는 것이라 하겠다. 실제로 과거 세계 최대의 기업이었던 마이크로소프트가 배당을 하기 시작했을 때부터 주가는 하락하기 시작했다. 마이크로소프트의 미래는 없다고 투자자들은 생각한 것이다. 일부 투자자들은 IT 기업이 배당을 시작하면 투자금을 회수하기도 한다고 전해진다. 미래 비전이 없기 때문이고, 그러한 기업에는 투자를 안 한다는 것이다. 이것을 어떻게 해석해야 할까?

세계 최대 기업 아마존은 영업이익이 상대적으로 높지 않다. 가능한 한 많은 이용자를 확보하기 위해 소비자 가격(배송 비용이 되었건, 책의 가격이 되었건 간에)을 최소한으로 낮추고, 미래의 투자를 위한 수익 정도만 유지하는 것으로 알려져 있다. 미래를 위해 수익 창출을 늦추고 있는 셈인데, 투자자들은 이런 아마존의 행보에 박수를 보낸다. 당장의 작은 배당보다는 미래의 큰 수익을 기대하는 것이다. 기업에 대한 신뢰 없이는 불가능한 일이다. 이처럼 신뢰의 획득은 기업에 필수적 사안이다. 경제적으로도 신뢰는 거래비용을 낮춰서 거래 당사자 모두에게 이익을 가져다준다. 뉴욕의 다이아몬드 시장에서 유대인들은 악수 한 번으로 거래를 마친다고 한다. 다이아몬드 시장을 꽉 잡고 있는 유대인들에게는 거래에 필요한 복잡한 서류와 변호사들이 필요 없다. 그들의 다이아몬드 시장 공동체는 신뢰로 구축되어 있기 때문에 복잡한 거래 수수료를 지불할 필요가 없는 것이다. 물론 그러한 공동체에서 신뢰를 위반했을 때 가해지는 페널티가 큰 것도 이러한 신뢰 구축에 중요한 요인으로 작용한다.

신뢰와 매우 유사한 개념으로 평판이 있다. 평판이란 세상 사람들의 평가, 비평을 의미한다. 평판은 심리적 보상, 심리적 화폐 기능만 하는 게 아니라 평판자본이라 불리는 실제 화폐의 역할도 한다. 평판 자체가 제2의 화폐 역할을 하는 것이다. 평판자본이란 한 기업의 제품 브랜드와 기업 브랜드에 배어 있는 무형의 이미지를 담은 일종의 그림자 자산이자 기업의 주주들이 지닌 긍정적인 평가의 정도이다. 평판은 기업의 전반적인 경영만이 아니라 기업 이윤에 직접적인 영향을 미친다. 실제로 프랑스의 한 연구 결과에 따르면, 신뢰와 평판이 뒤따르면 수익이 80% 상승하는 것으로 나타났다.[24] 하나의 연구 결과를 모든 상황에 적용할 수는 없지만, 이것은 신뢰와 평판의 힘을 보여주는 하나의 사례이다.

구글과 아마존은 신뢰와 평판자본을 바탕으로 인터넷에서 독점적 위치를 구축했고, 이용자는 보다 많은 접속과 이용을 통해 신뢰를 더욱 공고히 하는 것이다. 신뢰가 확보되면 해당 공동체의 구성원은 다양한 혜택을 누리게 된다. 예를 들어 네트워크 사회에서 구성원의 신뢰를 얻은 아마존은 서비스 가격을 낮출 수 있고 이용자 또한 그 혜택을 누린다. 결국 이러한 선순환 구조는 아마존을 네트워크 세계의 최대, 최고의 강자로 만드는 원동력이 되는 셈이다. 신뢰를 구축한 네트워크 센터는 모든 것을 지배할 수 있다. 팽창하는 네트워크에 올라타 정점에 위치한 소수의 플랫폼 기업은 여타 기업을 압도한다. 1990년대 수익성이 가장 높았던 기업들은 같은 분야의 후발 중견 기업들보다 약 세 배의 투자 수익률을 기록했다. 현재는 그 수치가 10배에 달하는 것으로 알려져 있다.[25] 소수의 센터와 수많은 주변 기업의 격차가 더욱 벌어지고 있는 것이다.

이처럼 이용자의 신뢰와 평판을 기반으로 구축된 거대 플랫폼 기업은 기존의 비우호적인 법적 규제를 피해 갈 수 있다. 기존의 법 자체를 네트워크 세계에 맞추어 수정할 수도 있다. 모든 이용자가 원하고 신뢰를 보내면 가능하기 때문이다. 물론 세계 각국에서 이러한 IT 기업에 대한 규제는 끊임없이 일어나고 있다. 택시기사들이 실업자가 되고 호텔 업계는 설 자리가 없어지며 IT 기업들이 정보를 독점하기 때문에 일시적 제재를 가하지만, 만약 절대다수의 이용자가 우버와 에어비앤비를 원하고 구글의 검색 시스템을 찾는다면 어떻게 될까? 그때도 위정자들이 택시기사 편에 서서 기존 환경을 유지하려고 할까? 당연히 시대의 조류를 쫓아서 구체제의 법적 시스템들을 개편할 것이다. 구체제의 대표적 신뢰 시스템이라 할 수 있는 화폐 시장의 경우는 블록체인의 등장으로 위협을 받기 시작했다. 기존 중앙 권력에 맞서는 신흥 세력의 등장인 셈이다. 이들 신흥 세력에 의한 권력 교체는 쉽지 않은 일이지만, 불가능한 것도 아니다. 시간이 흘러감에 따라 구체제는 기능이 떨어지고, 신뢰는 낮아지며, 이용자가 멀리하면서 서서히 용도 폐기되고, 새로운 시스템이 들어설 것이다.

02
네트워크 세계

미래의 네트워크 사회를 체계적으로 설명할 수 있는 이론적 논의는 아직까지 미미하다. 최근에서야 파편화된 개인들이 연결되어 가시적인 네트워크를 형성했기 때문이다. 물론 인터넷과 소셜미디어가 이런 연결의 기폭제 역할을 했다. 서로가 연결되어 하나의 네트워크 시스템으로 변화되는 모습을 설명하기 위해 무작위 네트워크 이론을 시작으로 다양한 네트워크 모델들이 소개되고 있다. 물론 네트워크 모델이나 이론은 미래 네트워크 사회를 모두 설명할 수 없을 뿐만 아니라 많은 한계를 지닌다. 그럼에도 불구하고 각 모델에서 제시된 네트워크의 특징들은 미래 네트워크 사회를 설명하는 중요한 시각을 제공한다. 네트워크 시스템의 발생과 지속 원리에서부터 네트워크에서의 위치에 따른 권력의 이동에 이르기까지 미래 네트워크 사회를 이해하기 위한 다양한 실마리를 제공하기 때문이다. 현재까지 논의된 네트워크 모델에 대해 간단히 살펴보자.

무작위 네트워크

현실 세계에는 다양한 종류의 네트워크가 존재한다. 신체의 세포, 네트워크로 연결된 컴퓨터, 기업과 소비자의 관계, 수많은 다리로 연결된 섬들 등, 연결된 모든 것이 네트워크이다. 네트워크의 탄생 원리는 무엇일까? 이에 대해 헝가리 수학자인 에르되시 팔Erdős Pál과 얼프레드 레니Alfréd Rényi는 네트워크의 일반적인 구성 원리로서 노드들은 무작위로 연결된다는 주장을 내놓았다.[1] 무작위 네트워크의 탄생이다. 무작위 네트워크는 노드, 즉 구성원이 무작위로 연결된 네트워크를 의미한다. 에르되시 넘버Erdős number•로도 유명한 에르되시의 이름을 따서 '에르되시-레니 모델'이라고도 한다. 이 모델에서는 주사위를 던져 연결을 결정하는 것처럼 구성 요소들이 무작위로 연결되어 네트워크가 형성되며, 이러한 네트워크는 정규분포로 설명되는 일정한 통계 법칙을 따른다. 모든 노드가 비슷한 수의 링크를 가지며, 아주 많은 링크를 갖는 노드는 거의 없다. 구체적인 무작위 네트워크의 생성 과정을 살펴보면 다음과 같다.

〈그림 2-1〉은 네트워크 분석 프로그램인 네트워크엑스NetworkX를 이용해 시간이 흐름에 따라 거대한 클러스터가 탄생하는 과정을 보여준 것이다. 초기에는 링크 수가 많지 않은 몇몇 노드들이 연결된다. 상단의 두 그림을 살펴보면, 시간이 경과하면서 각 노드가 평균적으로 하나 이상의 링크를 가지게 되면 클러스터링clustering이 본격적으로 이루어진다. 하나로 뭉쳐지는 것이다. 왼쪽 하단 그림처럼 링크를 계속 늘려가면, 결국 오른쪽 하단 그림처럼 하나로 연결되어 있는 거대한 덩어리giant component가 등

• 에르되시는 엄청난 양의 공동연구를 했던 유명한 수학자로, 에르되시 자신은 0으로 두고, 그와 공동연구를 하면 에르되시 넘버를 1씩 부여받는다. 뛰어난 업적을 남긴 수학자일수록 에르되시 넘버가 작다는 우스갯소리도 있다.

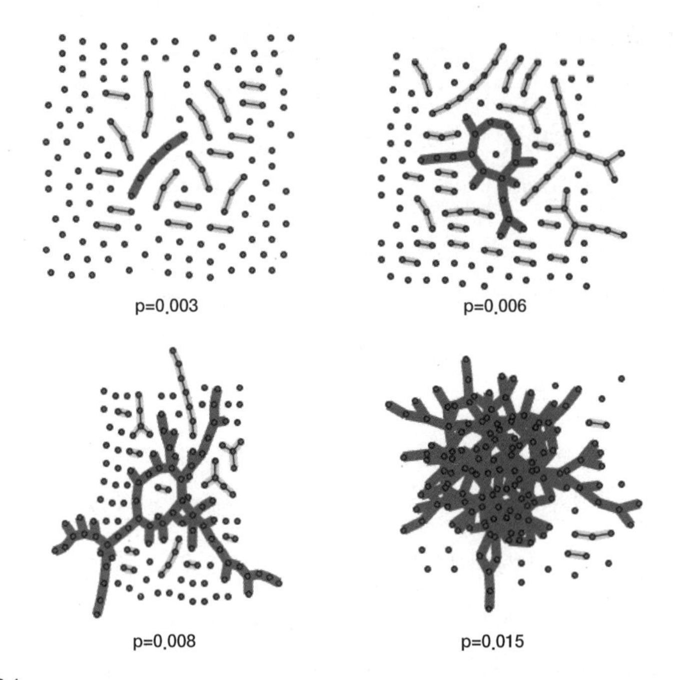

그림 2-1

거대한 클러스터의 탄생

자료: NetworkX documentation, “Giant Componant,” https://networkx.github.io/documentation/networkx-1.10/examples/drawing/giant_component.html

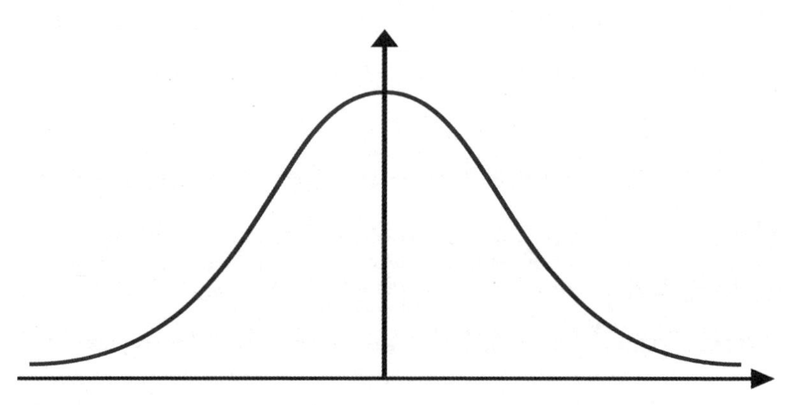

그림 2-2

정규분포

자료: Wikimedia Commons, “Rozklad normalny,” https://commons.wikimedia.org/wiki/File:Rozk%C5%82ad_normalny.svg

장한다. 서로 단절되어 있는 소규모의 여러 클러스터들이 모여 거의 모든 노드가 연결되어 있는 하나의 거대한 클러스터로 발전하는 것이다. 이러한 무작위 네트워크를 x축은 링크 수, y축은 링크를 가진 노드 수로 구성해 그래프로 그려보면 〈그림 2-2〉처럼 정규분포bell curve에 가까운 모습을 보인다. 이러한 분포는 대다수의 노드가 비슷한 수의 링크를 갖고 있고, 양쪽 사면으로 갈수록 분포가 급격히 감소해 연결이 아주 많은 노드는 거의 없게 된다는 특징을 갖는다.

물론 무작위 네트워크 모델은 많은 문제점을 안고 있다. 무작위 네트워크에서 모든 노드는 링크를 부여받을 확률, 즉 다른 노드와 연결될 확률이 동일한 것으로 가정한다. 그렇다면 이를 현실에 적용하면 어떠한가? 대부분의 사람은 거의 같은 수의 지인이 있고, 뉴런은 거의 같은 수의 뉴런과 연결되며, 기업은 거의 같은 수의 기업과 거래하고, 모든 웹사이트는 거의 같은 수의 방문객을 갖는다는 엉뚱한 결론을 얻는다. 결국 무작위 네트워크는 현실 세계와 동떨어진 모델링이라는 것을 알 수 있다. 일반적으로 나타나는 네트워크 형성의 원리를 설명할 수 없고, 일반화를 할 수 없다면 무작위 네트워크는 이론으로서의 가치가 없다고 할 수 있다. 그럼에도 불구하고 무작위 네트워크는 많은 의의를 지닌다. 네트워크 세계의 복잡성을 설명할 방법을 찾기 전까지는 무작위적 세계관이 네트워크에 대한 사고를 지배해 왔다. 전술한 것처럼 일반화하기에는 문제점이 많지만, 클러스터링의 과정을 통해 '좁은 세상'이 이루어지는 현상을 설명할 수 있는 기반을 제공한 것이다. 즉, 무작위 네트워크 이론은 네트워크에 관한 주요 개념인 '군집 현상'과 '좁은 세상'의 이론적 토대를 구축해 후속 네트워크 이론의 개발에 큰 힘이 되었다.

좁은 세상

좁은 세상small world은 사회학자 스탠리 밀그램Stanley Milgram의 연구에서 시작되었다. 밀그램은 1967년 미국 내 임의의 두 사람 사이의 거리를 측정하는 실험을 실시했다. 중서부에 위치한 캔자스주에서 무작위로 선정된 사람에게 편지를 동부의 매사추세츠주 주식 중개인에게 우편을 이용하지 않고 직접 전달하도록 요청했다. 직선거리가 1500km, 비행기로 약 세 시간 걸리는 거리이니 상당히 긴 구간이라 할 수 있다. 총 160개 중 42개의 편지가 목적지인 매사추세츠주에 도착했다. 도착한 편지는 최소 2개에서 최대 12개까지의 중간 단계를 거친 것으로 나타났다. 중간에 거쳐간 사람 수의 중앙값median은 5.5명으로, 이 값을 반올림해서 '6단계 분리six degrees of separation'라는 개념이 탄생했다. 밀그램은 "좁은 세상은 사회적 네트워크가 촘촘히 연결되어 있다는 의미로, 한 개인을 지리적·사회적으로 멀리 떨어진 다른 사람과 연결해 주는 예상치 못한 끈으로 가득 찬 공간이다"라고 설명한다.[2]

이른바 6단계 분리 법칙으로도 소개된 밀그램의 좁은 세상 실험은 이후 수많은 환경에서 비슷한 결과를 도출했다. 2004년에 실시된 우리나라 실험에서는 평균 3.6단계로 사람들이 연결되는 것을 발견했다. 사람들은 단순하게 연결되어 있는 것만이 아니라, 몇 단계 안 되는 매우 짧은 거리로 연결되어 있다.[3] 현실 세계에서 우리가 잘 알지 못하는 사람들과도 잘 연결될 수 있는 이유이다. 예를 들어서 우리는 대통령과 몇 단계를 걸치면 연결이 될 수 있을까? 시골에서 농사를 짓는 할아버지를 생각해 보자. 아마 마을 이장과 우선 연결될 것이고, 마을 이장은 면장, 면장은 군수, 이런 식으로 계속 연결될 것이다. 그렇게 대략 6단계 내외에서 우리 모두가 대통령과 연결될 수 있음을 알 수 있다.

그림 2-3
스탠리 밀그램의 좁은 세상 실험

노드당 평균 한 개의 링크만 있어도 네트워크는 급성장한다. 현실에서는 대부분의 노드가 평균 한 개가 넘는 링크 수를 지니고 있어 매우 짧은 거리로 서로 연결될 수 있다. 네트워크상의 어떤 노드에서 출발하더라도 멀리 떨어진 다른 노드까지 불과 몇 단계를 거치지 않고도 도달할 수 있는 것이다. 이러한 모습을 간단하게 설명하기 위해 평균분리단계average path length: APL라는 개념을 활용한다. 평균분리단계가 작으면 작을수록 좁은 네트워크 세상이 되는 것이다. 〈그림 2-4〉에서처럼 노드 수는 수천 개가 늘어도 평균분리단계는 별로 늘어나지 않는다. 노드 수가 계속 늘어날수록 평균분리단계의 증가 속도는 더욱 느려진다. 평균분리단계가 15개쯤에 이르면 커브는 거의 수평을 이루게 되고, 노드 수가 아무리 늘어나도 평균분리단계 수는 20개 안쪽에서 머무르게 된다.

온라인의 좁은 세상을 생각해 보자. 페이스북 친구 수는 연결된 노드 수와 같다. 페이스북에서 나와 직접 연결된 사람들(친구)의 수가 100

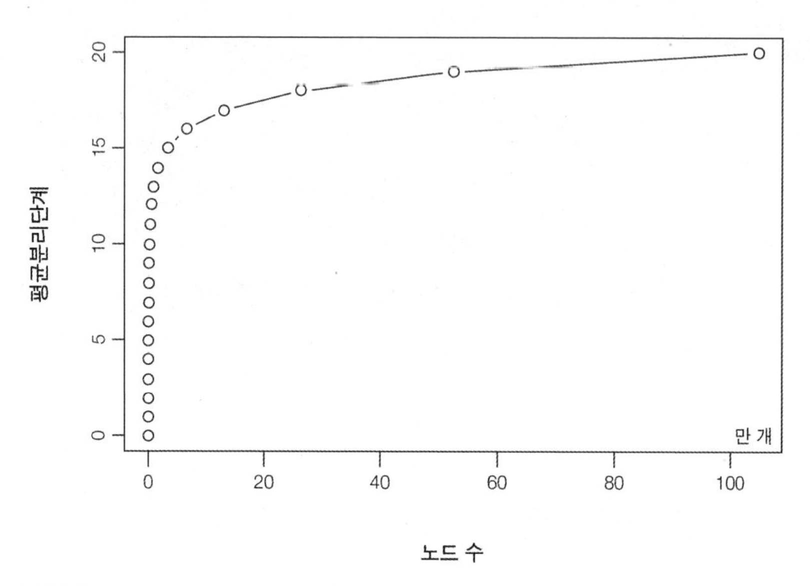

그림 2-4
네트워크에서 노드 수와 평균분리단계의 관계

명이면, 나와 분리단계 수는 1이라고 할 수 있다. 이러한 분리단계를 계속 늘려가면 다음과 같은 수치가 나온다. 불과 몇 단계 만에 수많은 사람과 연결될 수 있는 것을 알 수 있다.

나와 분리단계 수가 1이면 100=100명
나와 분리단계 수가 2이면 100^2=10,000명
나와 분리단계 수가 3이면 100^3=1,000,000명
나와 분리단계 수가 4이면 100^4=100,000,000명
나와 분리단계 수가 5이면 100^5=10,000,000,000명
……

그런데 위의 계산에서 간과한 것이 하나 있다. 나와 친구는 제삼의 친구를 공유할 가능성이 높다는 점이다. 나의 친구면 그 사람은 나의 친구의 친구인 경우도 많다는 뜻이다. 따라서 나와 분리단계 수가 3이라고 해도 100만 명보다는 적은 수의 사람들에게 도달하게 된다. 친구를 많이 공유하면 할수록 도달하는 사람의 수도 적어질 것이다. 바로 여기서 '친구를 공유하는 집단'의 중요성이 탄생한다. '군집화'라는 개념이 등장하는 것이다. 사회학자인 마크 그라노베터Mark Granovetter는 네트워크상에서의 군집화 현상에 초점을 맞춰 '약한 연결의 힘strength of weak ties'을 그의 박사 논문에서 제시했다.[4] 그라노베터는 매사추세츠주 뉴턴Newton시 노동자들 중 구직에 성공한 사람을 대상으로 한 인터뷰를 통해, 직장을 구하는 데 강한 연결이 아니라 오히려 약한 연결이 큰 역할을 한 것을 보여주었다. 새로운 직업을 찾는 데 결정적인 정보를 제공해 준 사람 중 친한 친구나 잘 아는 사람(16.7%)보다 그냥 아는 사람acquaintances이 27.9%로 더 많았던 것이다. 공채가 아닌 취업 시장에서는 강한 연결이라 할 수 있는 혈연관계나 기타 끈끈한 네트워크가 힘을 발휘할 것으로 우리는 생각한다. 그러나 그라노베터의 연구 결과에서는 오히려 느슨하고 약한 연결을 통해 다수의 응답자가 직장을 구한 것으로 나타났다. 부모나 가까운 친척의 소개보다 그저 약간의 안면이 있는 사람이 취업에 도움을 주었던 것이다. 지도교수보다 지도교수의 친구가 우연한 기회에 지도교수 연구실에 들러 조교를 데려가는 셈이다. 우연이 작동하는 네트워크 세계의 원리이다.

네트워크는 몇몇 군집들이 약한 연결들을 통해 서로 이어져 있는 분절화된 그물망을 이루고 있으며, 따라서 네트워크는 무작위로 평등하게 연결되어 있는 것이 아니라 부분적 군집을 이룬다는 것을 그라노베터는 밝혀냈다. 이러한 약한 연결들은 강한 연결만큼이나 중요한 역할을 한다. 약한 연결은 개인의 구직 활동만이 아니라 정보 전파, 정보 습득, 여

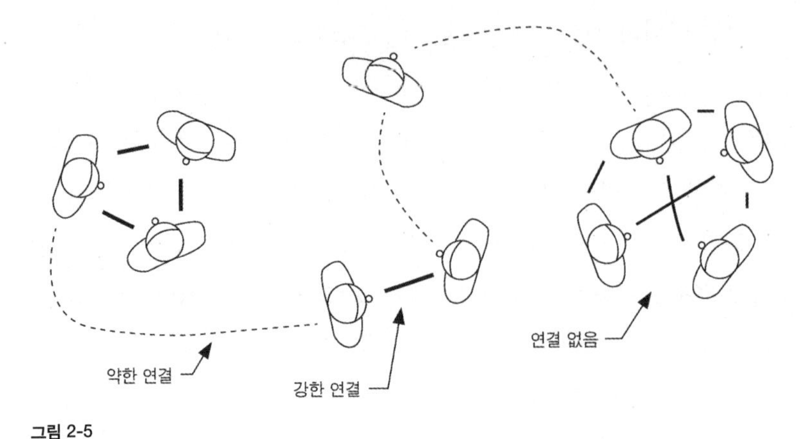

그림 2-5
강한 연결과 약한 연결
자료: Wikimedia Commons, "Tie-network," https://commons.wikimedia.org/wiki/File:Tie-network.jpg

론 조성, 사회적 모임 결성과 같은 수많은 거시적 사회 현상에도 영향을 미친다. 정보 전달력이 높고, 강한 연계를 지닌 집단들을 이어주는 가교의 역할을 하기 때문이다. 우리가 살아가는 네트워크 사회의 단면을 약한 연결이 잘 보여준다. 퍼트넘은 이러한 약한 연결을 교량형bridging 사회자본으로 설명했다. 교량형 사회자본은 사회 속 다양한 이질적 집단들 간의 연결을 가능하게 해준다. 강한 연결로 이어진 결속형bonding 사회자본만이 아니라, 약한 연결로 이어진 교량형 사회자본 역시 네트워크 사회 형성에서 매우 중요한 요소로 작용하는 것이다.

그라노베터가 생각했던 사회의 모습은 내부적으로 강하게 연결된 군집cluster들이 몇몇 약한 연결들을 통해 다시 연결되는 네트워크 시스템이었다. 이러한 네트워크는 무작위로 평등하게 연결되어 있는 것이 아니라, 군데군데 부분적인 군집을 이루고 있다. 〈그림 2-5〉에서처럼 사람들이 강하게 연결되어 작은 커뮤니티나 클러스터를 이루고, 이러한 집단들이 느슨하게 연결되어 거대한 사회를 이루고 있는 것이다. 우연한 기회에 '한 다리 건너 아는 사람'을 만나게 되는 것도 이런 이치에서 비롯된다. 사실 느슨한 연결의 중요성은 그라노베터가 자신의 연구에서 이야기했듯이 19세기에 존 스튜어트 밀John Stuart Mill도 언급했다. 민주주의 정치사상의 발전에 많은 공헌을 한 밀은 열린 사회 속 느슨한 연결의 중요성을 다음과 같이 말하고 있다.

> 여러 사람을 만나고 낯선 아이디어와 행동을 접하는 것은 무엇보다 중요하다. 언제나 교류에 열려 있는 자세는 더 나은 세상으로 나아가는 힘이 된다.[5]

앞에서 언급한 커뮤니티와 클러스터에 대해 잠깐 이야기해 보자. 이 둘은 비슷한 개념이지만 크기와 범위에 차이가 있다. 커뮤니티는 소집단 내부적으로는 높은 밀도로 연결되어 있는 동시에, 다른 소집단과는 낮은 밀도로 연결되어 있는 대집단을 의미한다. 그리고 클러스터는 커뮤니티 내에서 노드들의 관계가 밀접한 상태를 의미한다. 이러한 클러스터들이 모여 커뮤니티를 형성한다. 당연히 커뮤니티는 클러스터보다 규모가 큰 집단을 의미하며, 공동체라고 불리기도 한다. 클러스터가 성격이 비슷한 모임이라면, 커뮤니티는 다양한 사고와 목표를 지닌 집단을 의미하는 경우가 많다. 한편 클리크clique는 각 노드들이 다른 모든 노드와 연결된 네트워크를 의미한다. 클러스터의 모든 구성원이 서로 다 연결되어 있다면 클리크가 되는 것이다. 모두가 끈끈히 연결되어 있는 패거리와 비슷한 개념이다. 커뮤니티 안에 늘 존재하기 마련인 클리크는 장점보다 단점이 더 부각된다. 패거리라는 단어의 느낌처럼, 자기들끼리는 우애와 협력을 다지지만 타인이나 외부인은 철저히 배격하기 때문이다. 흔히 이야기하는 폭력조직에서부터 재벌 2세 모임 등 다양한 성격을 지닌 클리크가 사회의 여러 계층에 존재한다.

네트워크 사회에서도 약한 연결은 힘을 발휘한다. 벤처기업 창업자들이 어떻게 약한 유대관계를 바탕으로 자신들의 비즈니스 모델에서 혁신을 이끌어내었는지를 실험한 마틴 루프Martin Ruef의 연구에 따르면, 약한 유대관계 상황에서 사업 아이디어를 얻은 팀이 더 많은 특허와 트레이드마크를 출원하고, 더 혁신적인 모델을 창조한 것으로 나타났다. 약한 유대관계 속에서 매우 다양한 아이디어들이 조합됨으로써 더 많은 창의적 모험과 실험을 할 수 있었던 것이다.[6]

휴면관계도 때론 힘을 발휘한다. 휴면관계는 그야말로 관계가 지속되지 않고 수면 속에 가라앉아 있는 상태이다. 대니얼 레빈Daniel Levin 등의 연구 결과에 따르면 10년 동안 휴면 상태였던 유대관계를 재활성화reactivate한 결과, 현재의 인맥보다 휴면 인맥이 좀 더 참신한 아이디어를 제공하고 예상하지 못했던 통찰력을 제공하는 것으로 나타났다. 휴면 인맥은 다양한 집단과의 교류를 통해 새로운 경험과 아이디어를 얻었고, 이것이 재활성화를 통해 전달된 것이다.[7]

와츠-스트로가츠 모델

한편 던컨 와츠Duncan James Watts와 스티븐 스트로가츠Steven Henry Strogatz는 그라노베터의 이론을 더욱 정교하게 다듬어 좁은 세상과 군집화 현상의 조화가 이루는 네트워크의 모습을 그려낸다. 이른바 '와츠-스트로가츠 모델'이다. 이들은 자연에서 보이는 동기화synchronization 현상에 대한 의문에서 연구를 시작했다. 두 사람은 귀뚜라미의 울음소리나 반딧불이의 깜박임은 무리에 속해 있는 전체 동료와의 반응에서 나온 결과인지, 아니면 주변에 있는 몇몇 동료와만 반응함으로써 나타난 현상인지에 대해 고민했다. 주변 동료와만 반응하면 전체 집단의 동기화 속도가 느려지고, 반대로 집단 전체와 반응하려면 연결 경로가 복잡해져서 동시에 무언가가 일어나는 현상과는 거리가 있게 된다. 이러한 고민 끝에 와츠와 스트로가츠는 전체 네트워크는 여러 개의 클러스터로 이루어지는 군집화와 클러스터들이 약하게 연결되는 좁은 세상의 조화로 이루어진다고 설명한다. 가까이 있는 노드끼리는 높은 군집성을 유지하는 동시에 멀리 떨어진 노드와도 느슨하게 연결되어 좁은 세상의 특성을 보이는 네트워크의 세계가 자연에서 펼쳐지는 것이다. 이것으로 그들은 반딧불이들이 동시에 깜박일 수 있는 방법을 설명할 수 있었다. 현실 세계의 우리 모습도 마찬가지다. 우리는 가까운 친구들과 강한 군집을 이루면서도, 동시에 멀리 있는 사람들과도 약한 연결을 통해 좁은 세상을 형성한다.

예를 들면 주변에 외국 친구를 아는 사람이 한 사람만 있으면 우리 집단과 외국 친구의 집단은 서로 연결될 수 있다. 〈그림 2-6〉은 와츠-스트로가츠 모델을 설명하기 위해 만든 다이어그램이다. 상단의 그림은 세 개의 클러스터가 존재하고, 각각의 클러스터에서 한두 사람이 다른 집단과 연결되어 전체가 하나의 집단으로 만들어지는 모습을 그리고 있다. 하단의 그림은 군집화와 좁은 세상의 조화를 두 개의 원주에서의 점의 연결을 통해 보여준다. 와츠와 스트로가츠가 좁은 세상을 설명하기 위해 1998년에 제시한 초기 모델이다.[8] 그림 A는 가까이 있는 점들끼리 연결된 군집화를 보여주고, B는 이런 군집들이 원을 가로지르는 한두 개의 선만으로 연결됨으로써 전체가 가깝게 연결되고 있는 현상을 상징적으로 보여준다. 너무 단순해서 언뜻 이해가 안 되기도 하지만, 모델이 지녀야 할 가장 큰 장점인 단순함과 우아함을 겸비한 것으로, 군집화와 좁은 세상을 잘 설명하고 있다.

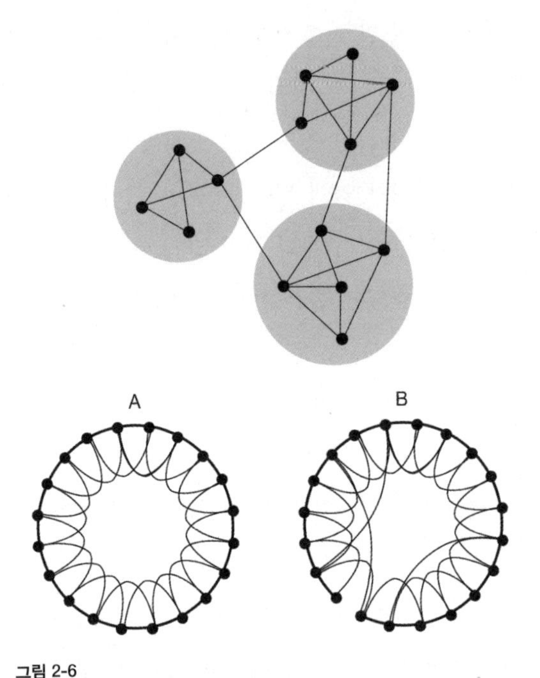

그림 2-6
군집화와 좁은 세상
자료: Wansika, "Spine Segment in small world network," https://wansikas.wordpress.com/2013/04/22/spine-segment-in-small-world-network/

이처럼 사회는 여러 개의 클러스터로 구성되어 있고, 클러스터 내에서는 서로가 서로를 잘 아는 긴밀한 관계가 유지되고 있다. 또한 외부와 연결되는 소수의 링크가 있어서, 클러스터들이 서로 연결되어 결국 좁은 세계를 유지하고 형성하게 된다. 이때의 연결 정도를 보여주는 것이 집단화 계수clustering coefficient인데, 얼마나 강하게 군집을 형성하는지를 나타내는 지표라 할 수 있다. 현실 네트워크의 클러스터 구조를 간단한 수학 공식으로 설명하는 것이다. 실제로 연결된 링크 수를 연결 가능한 전체 링크 수로 나누는 간단한 계산을 통해 좁은 세상의 정도를 보여준다. 노드가 네 개이면 연결 가능한 링크 수는 여섯 개가 된다. 그런데 실제 연결된 링크 수가 네 개라면 4/6으로 계산하는 식이다. 이러한 집단화 계수를 통해 네트워크의 특성을 비교·분석할 수 있다.

물론 와츠-스트로가츠 모델 역시 의의와 문제점을 동시에 지니고 있다. 이 모델의 의의는 고도로 군집화되어 있는 네트워크라 할지라도 단지 몇 개의 장거리 링크를 추가함으로써 좁은 세상이 될 수 있음을 보여주었다는 점이다. 와츠와 스트로가츠는 네트워크 세계를 설명할 때 매우 중요한 좁은 세상이라는 개념을 단순한 모델로 제시함으로써 현실 세계에서의 적용 가능성을 높였다. 그러나 장거리 링크들을 그냥 무작위로 선택하고 적용한 탓에 장거리 링크의 생성 원리가 없다는 한계도 지니고 있다. 에르되시-레니 모델과 와츠-스트로가츠 모델 모두 근본적으로는 주사위를 던져 링크가 부여되는 우연한 사회를 그리고 있다는 한계를 갖고 있는 셈이다. 이 때문에 와츠-스트로가츠 모델 역시 무작위적 세계관을 완벽하게 탈피하지 못한 것으로 네트워크 학자들은 생각한다. 곧이어 언급하겠지만, 또한 두 모델은 네트워크 세계의 가장 큰 특징 중 하나인, 특정 노드가 기타 일반 노드들보다 훨씬 많은 수의 링크를 갖는 현상을 설명하지 못하고 있다. 다시 말해 시간이 경과함에 따라 네트워크에 중심, 즉 센터가 생긴다는 사실을 설명하지 못하고 있다.

척도 없는 네트워크

앞에서 예로 든 지하철의 세계는 이른바 '척도 없는 네트워크'로 설명할 수 있다. '스케일 프리scale-free'를 우리나라에서는 '척도 없는'으로 번역해 사용하고 있지만, 언뜻 보기엔 이해하기 어렵다. 척도라는 의미는 수치로 환산한 값 정도로 설명할 수 있는데, 그렇다면 척도가 없다는 것은 무슨 의미일까? 척도가 공짜, 아니면 척도가 자유? 척도로부터 자유로운 상황을 의미하는 것으로 해석하면 좋을 것 같다. 지상의 세계에 적용했던 척도가 지하철의 세계에서는 의미가 없어진다는 것과 같다. 서울의 동쪽 청량리역에서 서쪽 인천역까지 한 번에 가는 것이 거리가 훨씬 짧은 목적지를 환승하면서 가는 것보다 더 빠른 세계가 지하철, 즉 네트워크의 세계이다. 거리가 두 배라고 반드시 두 배만큼의 품이 들지 않는 세계, 즉 척도가 필요 없는 세계가 바로 척도 없는 네트워크이다. 지하철 세계는 이러한 척도 없는 네트워크의 대표적 사례라 할 수 있다.

척도 없는 네트워크의 세계에서는 평균이 아니라 중심 혹은 센터가 핵심 개념으로 떠오른다. 어떤 대상을 설명할 때 우리는 평균이라는 개념을 많이 활용한다. 학교 다닐 적에 지겹게 체크했던 IQ나 근래 부쩍 커진 대한민국 20대 남성의 평균 신장, 임금 격차를 적나라하게 보여주는 중소기업과 대기업의 평균 월급, 강남과 강북의 평균 아파트 값 등등, 매우 다양한 상황에서 평균이라는 개념이 활용된다. 2018년 월드컵에 출전한 독일 선수의 평균 연봉은 우리 선수의 평균치보다 10배가 많다고 해서 우리를 주눅 들게 만들었다. 국력의 차이인지 선수의 능력 차이인지 아니면 다른 변수가 작용하고 있는지는 모르겠지만, 이처럼 평균은 어떤 집단을 설명하는 데 매우 유용한 개념으로 사용되어 왔다. 실제로 통계학에서 제일 처음 배우는 것이 평균mean, 미디언median, 모드mode 등의 개념이다. 미디언은 중앙값으로, 그야말로 가운데에 위치하는 값이다. 100명의 학생들을 대상으로 IQ 검사를 했을 때 위에서부터 딱 50번째에 해당하는 사람의 IQ 값을 의미한다. 모드는 가장 많이 나타나는 값, 즉 빈도값이다. 예를 들면 IQ 검사 결과 100이라는 점수가 가장 많이 나왔다면 모드는 100이 된다. 평균, 미디언, 모드는 똑같을 수도 있고 다를 수도 있지만, 대개의 경우 세 가지 값은 비슷비슷하게 나타난다. 이러한 개념을 사용하는 이유는 복잡한 현상을 함축적으로 표현하기 위함이다. 그 예로 영국 프리미어리그의 평균 연봉과 국내 프로축구의 평균 연봉을 비교해 봄으로써 두 리그의 수준을 대략적으로라도 감을 잡을 수 있다. 혹은 서울과 지방의 평균 아파트 가격의 현저한 차이를 느끼면서 행정수도 이전이나 지방 분권화를 생각할 수도 있다.

이처럼 복잡한 현실의 세계를 간단하게, 그렇지만 의미 있게 설명하는 것이 평균이라는 개념이 지니는 가치이다. 물론 평균에 대한 집착은 부작용을 가져오기도 한다. 토드 로즈Larry Todd Rose는 『평균의 종말The End of Average』에서 평균이라는 개념의 과도한 적용으로 인한 폐해를 잘 지적하고 있다.[9] 대표적인 문제점의 하나로, 존재하지도 않는 이상ideal에 대한 집착, 그리고 그에 따른 경쟁 문화를 들 수 있다(평균의 문제점에 대한 이야기는 이 책의 마지막 장에서 좀 더 자세히 논의할 것이다). 어쨌든 평균은 매우 간단한 수치를 통해 복잡한 현상을 쉽게 설명할 수 있는 아주 중요한 개념이다. 이러한 개념을 통해 우리는 세상이 어떻게 생겼는지, 어떻게 돌아가는지를 쉽게 이해할 수 있기 때문이다.

그러나 네트워크의 세계에서는 이러한 평균이 힘을 발휘하지 못하고, 센터 혹은 허브가 그 역할을 대신한다. 기존의 세계는 평균으로 설명할 수 있지만, 미래의 네트워크 사회는 센터의 개념으로 설명하는 것이 더 정확하다. 물리학자이면서 네트워크 연구를 하는 버러바시는 척도 없는 네트워크라는 개념으로 웹의 세계를 설명했다. 척도 없는 네트워크에서는 척도가 없으니 평균도 의미가 없게 된다. 이때 등장하는 것이 바로 센터로, 척도 없는 네트워크를 통해 인터넷의 세계가 어떻게 작동하는지를 설명한다. 소수의 센터와 다수의 구성원으로 형성된 네트워크의 세계를 보여준 것이다. 그리고 척도 없는 네트워크는 멱함수의 법칙power laws으로 설명이 가능하다.

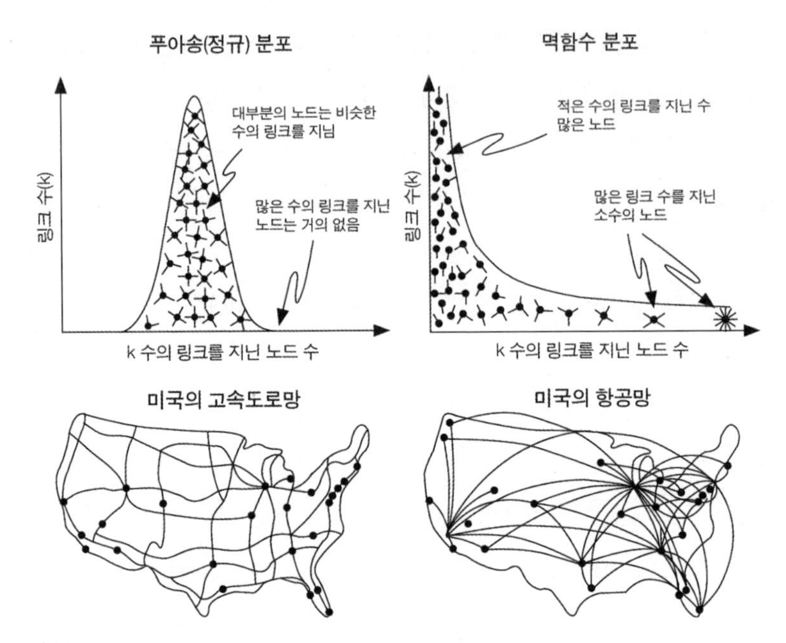

그림 2-7
정규분포와 멱함수 분포
자료: Barabási Albert-László, Linked (2014, Basic Books).

〈그림 2-7〉은 앞서 언급한 버러바시의 『링크Linked』라는 책에서 소개한 그림을 빌려 온 것이다. 〈그림 2-7〉의 상단 왼편은 푸아송 분포, 즉 정규분포를 그린 것이고, 상단 오른쪽 그림은 멱함수 분포를 보여준다. 정규분포에서는 종bell 모양의 중간에 위치한 평균이 전체 현상을 대표하지만, 멱함수 분포에서는 가운데 혹은 중앙의 개념이 사라지고 양 극단만 남게 된다. 상단 왼편 그림에서 보이는 것처럼 오른쪽 극단에는 네트워크에서 수많은 링크를 지닌 소수의 센터가 위치하고 있고, 반대로 왼쪽 위로는 링크가 거의 없는 다수의 네트워크 구성원들이 있다. 멱함수는 그래프를 보기에 따라 달리 설명이 가능하지만, 중요한 점은 중간이 없거나 의미가 없다는 것이다. 하단 그림들은 현실 세계의 모습을 보여

주고 있다. 미국의 고속도로망은 정규분포로, 항공망은 멱함수 분포로 설명한다. 고속도로는 척도의 세계이고, 항공 네트워크는 척도 없는 세상이다. 그림에서처럼 도로망은 기존 척도가 지배하는, 그래서 센터가 없는 모습이고, 항공망은 시카고나 로스앤젤레스처럼 거점 도시가 존재한다. 이들 항공편이 몰리는 거점 도시들이 바로 센터 혹은 허브이고, 이것을 중심으로 항공망의 세계를 이해할 수 있다.

이처럼 통계적으로 정규분포를 따르지 않고 멱함수 분포를 따르는 모습을 보이는 것이 미래의 네트워크 세계이다. 당연히 네트워크 사회에서 벌어지는 다양한 현상은 기존 정규분포의 핵심 개념인 평균보다는 멱함수의 중심 요소인 센터나 허브로 설명하는 것이 더 정확하다. 멱함수를 통해 온라인에서 벌어지는 다양한 현상은 물론 정치 시스템, 세포 조직, 할리우드 영화배우 등 현실 세계에서 나타나는 다양한 네트워크의 모습을 설명할 수 있다.

케빈 베이컨 지수Six Degrees of Kevin Bacon는 한쪽으로 쏠리는 할리우드 배우 네트워크의 적나라한 모습을 보여주고 있다. 할리우드 배우들 간의 연결 정도를 같은 영화에 출연하면 링크가 있는 것, 즉 연결된 것으로 가정해 조사했는데, 그 결과 각각의 배우는 평균 27개의 링크를 가지고 있고, 다른 배우들과 평균 3단계의 링크를 거치면 모두 연결되는 것으로 나타났다.[10] 그러나 여기서 할리우드 배우의 평균 링크가 27개라는 것은 우리에게 아무런 의미를 주지 못한다. 오히려 배우의 41%는 10개 미만의 링크를 지닌 반면, 극소수의 배우는 훨씬 많은 링크를 지니고 있다는 점이 크게 다가온다. 전형적인 멱함수 분포라 할 수 있다. 이 연구의 주인공 케빈 베이컨은 아주 많은 영화에 출연하지는 않았지만, 누구와도 짧게 연결되는 것으로 나타났다. 그는 2000년대 초반 당시 50여 개 영화에 출연해, 배우 1800여 명과 연결된 것으로 나타났다. 링크 수는 전체 배우

그림 2-8

상전이(왼쪽)와 프랙털(오른쪽)

자료: Michael Rose, "Explainer: what are fractals?," the Conversation, http://theconversation.com/explainer-what-are-fractals-10865(오른쪽)

중 876위로 전체 할리우드 배우 네트워크의 중심은 아니었지만, 누구와도 짧게 연결되는 중심에 위치하고 있다. 즉, 정규분포상에서는 그저 그런 배우이지만, 멱함수로 설명하면 유명인사가 되는 것이다. 케빈의 인지도를 생각하면 멱함수로 설명하는 것이 훨씬 현실을 제대로 보여주는 것이라 할 수 있다.

평균으로 대표되는 정규분포의 개념에 가려져서 잘 드러나지는 않았지만, 네트워크 이전의 세계에서도 멱함수 법칙은 많이 발견된다. 멱함수는 현대 물리학의 핵심 이론이기도 하다. 나비효과로 대표되는 카오스chaos 이론이나 물질이 다른 상(형태나 모습)으로 옮겨가는 현상을 설명하는 상전이phase transition 등이 멱함수로 설명된다. 작은 구조가 비슷한 형태로 끝없이 되풀이되면서 전체 구조를 이루는 프랙털fractal 현상도 마찬가지다. 〈그림 2-8〉의 왼쪽 그림은 액체에서 한순간에 고체 형태의 눈 결정으로 상이 변화하는 모습, 즉 상전이를 보여주고 있다. 액체 형태의

물이 서서히 얼음이라는 고체의 모습으로 변하는 것이 아니라, 어느 순간 갑자기 액체에서 고체로 변하는 것이다. 오른쪽 그림은 동일한 형태의 구조가 작은 단위에부터 계속 확대되면서 결국 나뭇잎 전체의 모습이 만들어지는 프랙털의 구조를 잘 보여주고 있다. 자세히 보면 동일한 모형이 끊임없이 반복되면서 증폭되어 가는 것을 알 수 있다.

케네스 윌슨Kenneth Geddes Wilson은 멱함수 원리와 상전이 관련 지수를 설명하는 리노멀라이제이션renormalization 이론으로 1982년에 노벨 물리학상을 수상했다. 그는 자연 상태에서 많은 현상이 최초에는 랜덤 상태를 유지하며 정규분포로 이루어진 종형 모습을 보이지만, 곧 상전이 과정을 통해 규칙성을 띄면서 멱함수 분포를 따른다고 주장했다. 네트워크 이론이 무작위 모델에서 척도 없는 네트워크로 수정되어 가는 모습과 유사하다.

〈그림 2-9〉는 앞에서 소개한 버러바시가 ≪사이언스Science≫에 발표한 논문에 나온 네트워크의 성장 모델이다.[11] '척도 없는 모델scale-free model'은 컴퓨터 시뮬레이션을 통해 네트워크가 어떠한 특성을 지니며 성장하는지를 분석한 자료이다. 척도 없는 네트워크의 발전 과정을 컴퓨터 시뮬레이션을 통해 조사한 것이다. 그림에서는 시간이 경과하는 과정을 $t=1$에서부터 $t=8$로 나누어 보여주고 있는데, 시간이 지남에 따라 초기에 생성된 노드 중 하나가 센터로 성장하는 것을 알 수 있다. 한편 '과학연구 협업 네트워크scientific collaboration network'는 실제 과학 연구에서 연결, 즉 협력 관계가 이루어지면서 연구 네트워크가 어떻게 커지는지를 보여주는 그림이다. 두 그림 모두 시간이 흐르면서 네트워크의 크기가 커지고, 어느 한 점(노드)으로 링크가 몰리면서 이른바 센터, 즉 중심부가 생겨나는 것을 보여주고 있다.

이러한 현상이 생기는 이유를 학자들은 성장growth과 선호적 연결preferential attachment로 설명한다. 우선 네트워크 성장의 측면에서 최초의 노드

척도 없는 모델

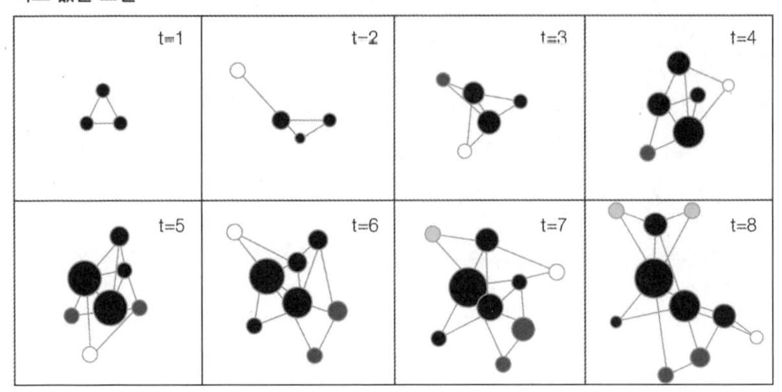

과학연구 협업 네트워크

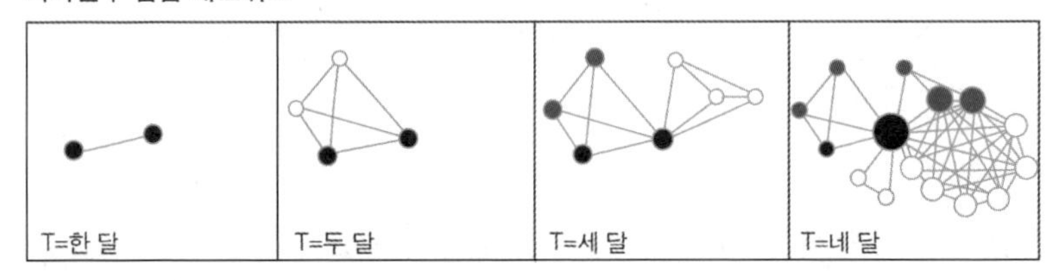

그림 2-9

네트워크의 성장 모델

자료: Barabási Albert-László, "Scale-Free Networks: A Decade and Beyond," Science, Vol. 325, Issue 5939, July 24(2009), pp. 412~413.

는 나중에 추가된 노드들보다 연결의 기회를 더 많이 가질 수 있는 장점이 있다. 한편 선호적 연결은 각각의 노드들이 더 많은 링크와 연결된 노드들과 연결되고 싶어함을 의미한다. 결국 최초의 노드는 다른 노드보다 더 많이 연결되고, 더 빠르게 성장한다. 이른바 부익부rich get richer 현상이 일어나는 것이다. 물론 예외도 있다. 이른바 적합도fitness가 높을 경우, 새로운 노드는 기존 노드의 기득권을 부숴버린다. 검색포털 분야에서 선두 주자였던 야후가 후발 주자였던 구글에 무너진 것이 대표적 사례이다. 이제 검색의 세계에서는 이름도 많이 퇴색한 야후는 일종의 전문가라 할 수 있는 사람들이 모든 정보를 일일이 카테고리화해서 이용자들에게 검색 결과를 제공했다. 'Yahoo Yet Another Hierarchically Organized Oracle'라는 영어 명칭에서 알 수 있듯이, 그들은 계층화를 통한 색인 목록을 이용자에게 제공했다. 전문가들에 의해 만들어진 기존의 지식 체계인 택소노미taxonomy를 그대로 따른 것이다. 그러나 검색 내용과 범위가 방대해짐에 따라 과부하가 발생하는 것은 당연할뿐더러, 전문가가 자의로 카테고리를 선정하는 것 자체가 시대에 뒤떨어지는 방식이었다.

반면에 구글은 노드가 많이 연결된 링크를 상위에 노출시키는 알고리즘을 통해, 링크 양의 변화에 따라 순위가 자동으로 조정되는 최적화된 검색 환경을 제공했다. 이른바 페이지랭크PageRank이다. 구글 창업자 페이지는 링크가 자연적으로 생긴 것이 아니라 사용자들이 특정 사이트에 방문한 결과로서 나타나는 것으로, 마치 최고의 사이트는 어디라고 투표하는 것과 동일하다고 생각했다.[12] 대중의 집단 의사 결정의 힘, 즉 집단지성은 링크라는 형식으로 표현될 수 있고, 구글은 이를 이용한 것이다. 수억 명 개인들의 조율되지 않은 행위에 따라 콘텐츠를 분류하고 질서를 유지함으로써 새로운 검색 체계, 더 나아가서 지식 체계를 만든 것이다. 사실 구글의 검색 알고리즘은 학술 저널의 인용 지수에서 따온 것으로 널리 알려져 있다. 즉, 인용을 많이 하면 할수록 그 논문은 가치 있는 논문으로, 이러한 인용 지수를 통해 논문의 질적 수준을 평가한다. 이공 분야에서 논문의 인용 횟수가 몇천 개 이상이면 노벨상 후보에 오른다는 이야기도 이러한 사고에 바탕을 두고 있다. 같은 논리로 사람들이 많이 링크를 거는 사이트, 즉 많이 찾아가는 사이트면 그 내용은 중요한 것이고, 따라서 검색 결과의 상위에 노출시킨다는 것이다. 결국 구글의 검색 알고리즘은 사실상 선호적 연결이라는 네트워크의 특성을 잘 반영한 결과물이었던 것이다.

이러한 검색 체계의 변화는 택소노미와 폭소노미folksonomy로 비교해서 설명할 수 있다. 택소노미는 기존의 지식 체계를 의미한다. 도서관에 가면 장서의 목록을 정리해 놓은 카탈로그를 볼 수 있다. 모든 장서에는 일련번호가 있어서, 그 번호를 참고해 장서를 찾을 수 있도록 편리하게 만들어놓은 시스템이다. 일련번호는 학문 분야별로 항목을 나누어 정리된다. 예를 들어 저자의 전공인 신문방송학 혹은 커뮤니케이션 관련 분야 서적은 사회과학을 표시하는 300번대로 찾아가면 된다. 000(총류)부터 900(역사)에 이르기까지 모든 분야를 전문가들이 분류해 놓았기 때문이다. 이에 반해 폭소노미는 전문가에 의한 지식 체계가 아니라 그야말로 폭스folks, 즉 평범한 우리들에 의해 만들어진 시스템이다. 그래서 폭소노미라는 명칭이 붙었다. 폭소노미하에서는 전문가가 확정한 카테고리가 아닌, 우리가 찾는 우리가 우선시하는 정보의 묶음으로 이루어져 있다. 가령 달마티안이라는 점박이 강아지에 대해 알아본다고 하자. 택소노미에서는 개의 한 품종으로 동물계, 척삭동물, 포유류, 식육목 갯과라는 기본 정의가 먼저 제공된다. 또한 성격은 온순하고 원산지는 크로아티아라는 식으로 깔끔하게 정리한다. 하지만 뭔가 딱딱하고 나하고는 그다지 상관없는 정보가 많이 들어 있다. 별로 알고 싶지도 않은 내용도 많다. 반면 달마티안이 폭소노미의 세계로 들어오면 이야기는 달라진다. 달마티안? 내가 어렸을 적에 키웠던 바로 그 강아지가 떠오른다. 혹은 키우고 싶었지만 허락하지 않으신 우리 아버지가 떠오르기도 한다. 이처럼 개개인이 생각하고 원하는 정보가 다르니 달마티안에 대한 정의를 한마디로 정리할 수가 없다. 전문가에 의해 강제로(?) 입혀진 정보가 아니라 나에게 맞고 내가 관심을 갖는 정보로 이루어진 것이 폭소노미이다. 폭소노미하의 지식 체계는 정답이 없을 뿐만 아니라 가변적이다. 야후는 바로 과거 세대의 정보 체계인 택소노미를 가지고 검색 틀을 만들고자 했다. 그리고 실패했다. 미래의 지식 정보 체계는 우리 이용자들에 의해 이루어진다. 박사님, 교수님의 이야기가 전부인 시대가 사라지고 있는 것이다.

〈그림 2-9〉로 돌아가자. 시뮬레이션 결과, 선호 연결과 성장으로 인해 각각의 노드는 현재의 링크 수에 비례해 새로운 노드들과 연결되는 것을 보여주고 있다. 이 실험으로 네트워크 내 멱함수의 법칙이 존재하는 것을 확인할 수 있다. 이러한 멱함수의 법칙은 실제 네트워크의 진화를 설명하는 데 매우 유용하다. 우리들이 매일 사용하는 거대한 웹도 하나의 노드에서 시작했다. 팀 버너스리가 만든 최초의 웹페이지에서 시작해 성장한 결과물이 웹이다.

평균보다 센터

척도 없는 네트워크가 지니는 의미는 무엇일까? 우선 무작위적 세계관을 탈피한다는 점이다. 세상은 정규분포로만 설명되지는 않는다. 척도 없는 네트워크가 오히려 세상의 극심한 불평등이나 갑자기 생겨나는 거대한 규모의 사건들을 설명할 수 있다. 예를 들면 지진의 규모와 빈도는 멱함수 법칙을 따른다. 지진 현상은 수많은 작은 지진과 거대한 지진 한두 번, 그리고 여진이 오는 순으로 진행된다. 산불의 경우도 마찬가지다. 수많은 작은 산불들은 끊임없이 일어나는 반면에, 거대한 산불은 어쩌다 한 번 온다. 산불 진화 시 커다란 산불이 더욱 커지는 이유 중 하나는 작은 산불들을 진화하기 때문이라고 한다. 작은 산불은 비교적 쉽게 진화할 수 있다. 문제는 작은 산불을 통해 전체 지형에서 큰 불이 나지 않도록 자연이 조절하는 기능을 갖고 있는데, 인간이 작은 산불을 진화함으로써 이러한 자연의 조절 기능을 방해한다는 것이다. 결국 거대한 산불

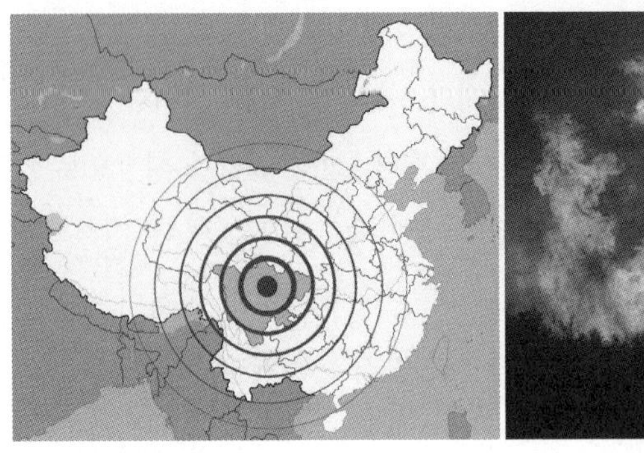

그림 2-10
멱함수의 사례: 지진과 산불
자료: Wikimedia Commons, "2008 Sichuan earthquake map no labels," https://en.wikipedia.org/wiki/Sichuan_schools_corruption_scandal(왼쪽)

이 다가오고, 이것은 인간의 힘을 넘어서는 규모가 된다.

1장에서 언급된 파레토의 법칙은 이러한 자연 현상을 인간 세계에 적용한 것이다. 80 대 20 혹은 70 대 30의 법칙으로 알려져 있는 파레토 법칙은 콩깍지 10개 중에 2~3개만 속이 차 있고 나머지는 빈껍데기라는 자연 현상에서 유래되었다. 한마디로 소수가 대부분의 결과를 대표하는 것이다. 이러한 현상은 땅의 소유는 물론 부의 분포, 백화점 VIP 매출 분포, 기업의 수익 분포 등 매우 다양한 분야에서 나타난다. 조직에서의 결과물이나 생산성도 20 대 80의 법칙을 따른다. 20%의 투자(시간, 자원, 노력 등)가 80%의 결과를 설명한다. 일하는 사람 따로 있고 노는 사람 따로 있다고 재미 삼아 이야기하지만, 아주 틀린 말을 하는 것은 아니다. 재미있는 것은 생산성이 높은 이들 20%를 따로 떼어서 일을 시키면 이중에서도 20%만 역할을 한다는 결과도 있다. 이런 현상은 심지어는 개미 세계에서도 발견되는데, 같은 현상이 계속 일어나는 일종의 프랙털이라 할 수 있다. 전술한 부의 불평등에서도 이러한 프랙털 구조가 나타난다. 부

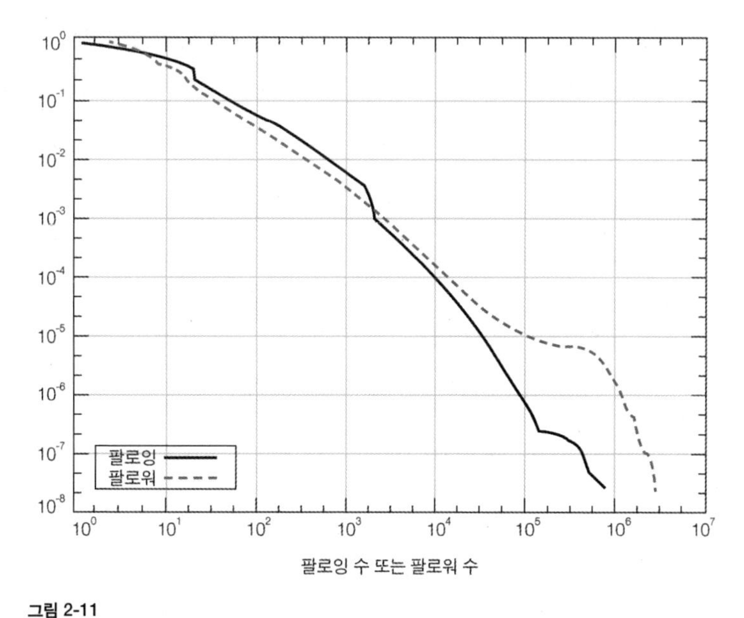

그림 2-11
트위터 팔로잉과 팔로워
자료: Grahm Cormode, "CS910: Foundations of Data Analytics," SlidePlayer, https://player.slideplayer.com/27/9236772/#

의 분배를 상위 10%와 하위 90%로 구분한 상황에서 상위 10%만을 들여다보면, 그 안에서 또다시 상위 10%가 모든 부를 차지한다. 1% 대 99%의 상황이 되는 것이다. 또다시 1%를 들여다봐도 역시 같은 패턴이 나타나, 0.1% 대 99.9%라는 상황이 도래한다. 같은 패턴이 반복되는 것이다. 이렇게 결국 모든 부가 극소수에게 집중되는 것이다.

인터넷 세계도 물론 예외는 아니다. 페이스북에서는 '좋아요'가 많으면 많을수록 많은 노드와 연결되어 다수에게 기하급수적으로 전달된다. '좋아요'는 친구가 많고 인지도가 높은 노드일수록 늘어날 가능성이 더 높다. 그렇지 않은 노드는 적은 링크 수만 유지한다. 한마디로 링크의 빈익빈 부익부 현상이 일어나는 불평등한 네트워크의 전형이라 할 수 있다. 트위터도 다르지 않다. 〈그림 2-11〉은 네트워크 분석가 그레이엄 코모드Graham Cormode가 실제 트위터의 사례를 통해 드러나는 멱함수 그래프를 보여준다.[13] 〈그림 2-11〉처럼 팔로잉(링크) 수가 많을수록 노드 수는 감소한다. 즉, 소수의 노드만이 다수의 링크를 보유한다. '팔로잉'이나 '좋아요'를 압도적으로 점유하는 노드가 더 많이 노출되고 영향력을 발휘하는 허브로 발전한다. 이처럼 SNS에서도 허브는 극소수이고, 대다수의 사람은 링크가 별로 없는 불평등한 상황이 유지된다. 연예인이나 정치인 혹은 파워블로거의 네트워크에서의 위치는 곧 네트워크 권력을 의미한다. 물론 그러한 권력은 경제적 혹은 정치적 힘으로 전환된다. 이런 점에서 매스미디어와 달리 인터넷에서는 모든 사람의 목소리가 균등한 기회를 갖는다는 명제는 설 땅을 잃는다. 결국 사이버스페이스에서 언론의 자유를 구현하는 것이 궁극적으로 가능한지 의문이 들게 된다. 만약 사이버스페이스가 무작위 네트워크라면 대답은 "예, 가능합니다"이지만, 척도 없는 네트워크라면 이야기가 달라진다.

인터넷의 세계가 멱함수로 설명된다는 것은 인터넷에서 중심이 되는 특정 노드, 특정 사이트, 특정 사람 혹은 특정 기업이 존재함을 의미하는 것으로, 미래 네트워크 사회에 대한 새로운 함의를 우리에게 던져준다. 인터넷이 미국의 군사 네트워크에서 시작되었다는 것은 널리 알려진 사실이다. 미국과 소련의 냉전 시기였던 1960년대에 소련의 미사일 공격으로부터 살아남을 수 있는 센터 없는 커뮤니케이션 네트워크를 구축하고자 한 것에서 인터넷은 비롯되었다. 그러나 센터가 없는, 그래서 적의 공격으로부터 살아남을 수 있는 분산된 네트워크를 구축하고자 했지만 결국에는 센터와 허브가 생기고 있다. 센터의 출현은 힘의 이동을 이야기하며, 부의 편중과 중산층의 쇠퇴를 보여주고, 기울어진 운동장을 의미한다. 기술사의 아이러니라고 할 수 있다. 어쩌면 인터넷의 역사도 우

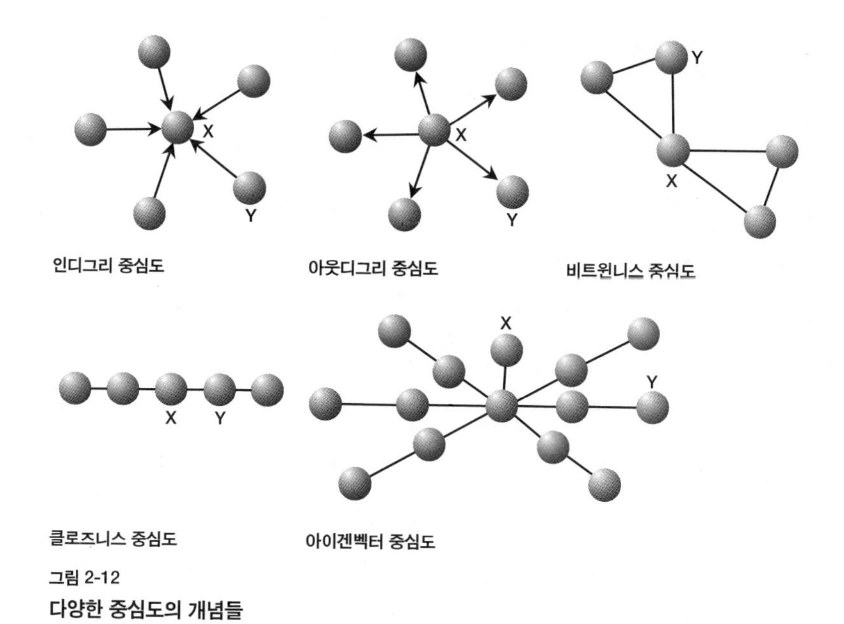

그림 2-12
다양한 중심도의 개념들

리의 개인사도 그렇게 흘러가는 것이라 하겠다. 결코 원하는 대로, 의도하는 대로만 움직이지는 않는다.

센터에 대한 개념은 다양하게 접근할 수 있다. 마치 정규분포에서 평균 이외에 미디언과 모드가 있듯이, 네트워크 세계에서도 센터를 다양한 모습의 중심도로 설명한다. 네트워크가 점과 선을 이용해 '관계'를 표현한 것이라고 볼 때, 관계망 속에서 가장 중심이 되는 노드를 찾는 것은 네트워크 과학의 핵심 질문이 된다. 이들을 통해 전체를 설명할 수 있기 때문이다. 네트워크에서 누가 가장 중요한 인물 혹은 기업인지를 측정하기 위해서는 어떤 노드가 해당 네트워크에서 중심적인 위치를 차지하고 있는가를 물어보면 된다. 그렇다면 '중요하다' 혹은 '중심적이다'라는 기준은 어떻게 정할까? 〈그림 2-12〉의 다양한 그림들에서 X는 Y보다 각각의 네트워크에서 '더 중요하다higher centrality'라고 할 수 있다. 이처럼 다양한 각도에서 중심도를 설명할 수 있다.

우선 디그리 중심도degree centrality는 연결의 정도를 측정하는 것이다. 각 노드들이 얼마나 많은 수의 링크를 지니는지를 기준으로 해당 노드의 중요도를 평가한다. 중심으로 향하는 링크 수를 측정하면 인디그리 중심도indegree centrality이고, 중심에서 바깥 방향으로 나가는 링크를 측정한 것은 아웃디그리 중심도outdegree centrality이다. 트위터에서 내가 팔로우를 하면 아웃디그리, 팔로잉되면 인디그리로 생각하면 된다. 비트윈니스 중심도betweenness centrality에서는 노드 X가 노드 Y에 비해 링크 수도 많지만, 왼쪽과 오른쪽 그룹을 연결시켜 주는 역할에서 더 중심에 위치해 있다. 즉, 다른 노드들을 연결시켜주는 역할을 하는 중개성이 높다. 부동산 중개업자를 생각해 보자. 그들은 부동산을 사고파는 사람들 가운데 위치해서 양쪽을 중개하는 역할을 한다. 중개성은 네트워크 세계를 설명하는 데 매우 중요한 개념이다. 앞으로 논의될 커넥터의 가장 중요한 역할이 바로 중개성이며, 거시적 차원에서 살펴보면 이러한 중개성의 성격과 역할에 따라 사회자본의 형성 여부가 결정되기도 한다. 사회자본이 얼마나 구축되었는지의 여부가 국격, 즉 나라의 수준을 나타내는 가장 중요한 지표인 것을 감안하면 커넥터의 중개성이 얼마나 중요한지 알 수 있다. 이와 관련된 논의는 곧 이어지는 '허브와 커넥터'에서 자세히 진행한다. 한편 클로즈니스 중심도closeness centrality도 있다. 한 노드가 네트워크의 다른 전체 노드들과 얼마나 가까이 있는지를 측정하는 척도이다. 쉽게 설명하면 하나의 노드가 얼마만큼 발품을 팔아야 다른 모든 노드들에 도달할 수 있는지를 측정하는 것이다.

마지막으로, 아이겐벡터 중심도eigenvector centrality는 한마디로 나의 중요도는 내 이웃의 중요도에 따라 결정된다는 것이다. 단순히 노드가 지닌 링크 수를 세는 것이 아니라, 링크를 통해 연결된 상대방의 링크 수에 따라 링크별로 가중치를 부여하는 것이다. 링크 수가 많지도 않고, 다른 노드들 사이에 위치하고 있지도 않지만, 힘을 발휘하는 사례이다. 힘이 있는 사람과 가까우면 그 힘을 빌려 쓸 수 있다. 겉으로는 드러나지 않지만 수면 아래 존재하면서 사회 속에서 영향력을 발휘하는 상황이라 하겠다. 범죄 현장에서 자주 등장하는 비밀 수첩에 기재된 고위관료들의 전화번호 목록이 바로 아이겐벡터 중심도를 설명하는 사례라 할 수 있다. 범죄자 자신들은 합법적인 힘과 권력을 직접 행사할 수는 없지만, 뇌물을 이용한 연결을 통해 힘과 권력을 얻는다. 단 한 사람의 고위 공무원과 연결되면 그 공무원 주변의 다른 공무원들과도 간접적으로 연결될 가능성이 높아지는 것이다. 영화 속 조폭의 비밀 수첩에 등장하는 경찰 간부, 고위 공무원, 검찰, 심지어 언론사 간부의 명단은 현실에서 아이겐벡터 중심도를 이용한 힘과 권력의 남용 사례를 단적으로 보여준다.

〈그림 2-13〉은 똑같은 네트워크에서도 중심도를 어떻게 측정할 것인가에 따라 중심이 달라질 수 있음을 보여준다. 모든 그림에서 검은색으로 표시된 노드들이 중심, 즉 센터들이다. 또한 검은색에 가까울수록 중심도가 높아진다. A는 디그리 중심도를 측정한 것으로, 검은색의 노드들이 사방에 퍼져 있는 것을 알 수 있다. 연결의 수를 측정하는 것이니 링크 수가 많으면 모두 중심이 된다. B는 클로즈니스 중심도로서, 가운데에 모여 있는 검은 점들이 이에 해당된다. 이 검은 점들을 거쳐야 다른 노드들에 빨리 도달할 수 있다. C는 비트윈니스 중심도로, 좌우 양 집단을 연결해 주는 가운데 상단의 검은 점이 비트윈니스 중심도가 가장 높은 것으로 나타난다. 이 점은 양쪽을 이어주는 중요한 역할을 한다. D는 아이겐벡터 중심도로, 검은 점들이 왼쪽 상단에 몰려 있다. 주변 노드들의 영향력을 가장 많이 활용할 수 있는 노드들이다. 이 그림들은 중심도 개념의 차이를 극명하게 보여주는 사례로서, 현실에서는 많이 나타나지

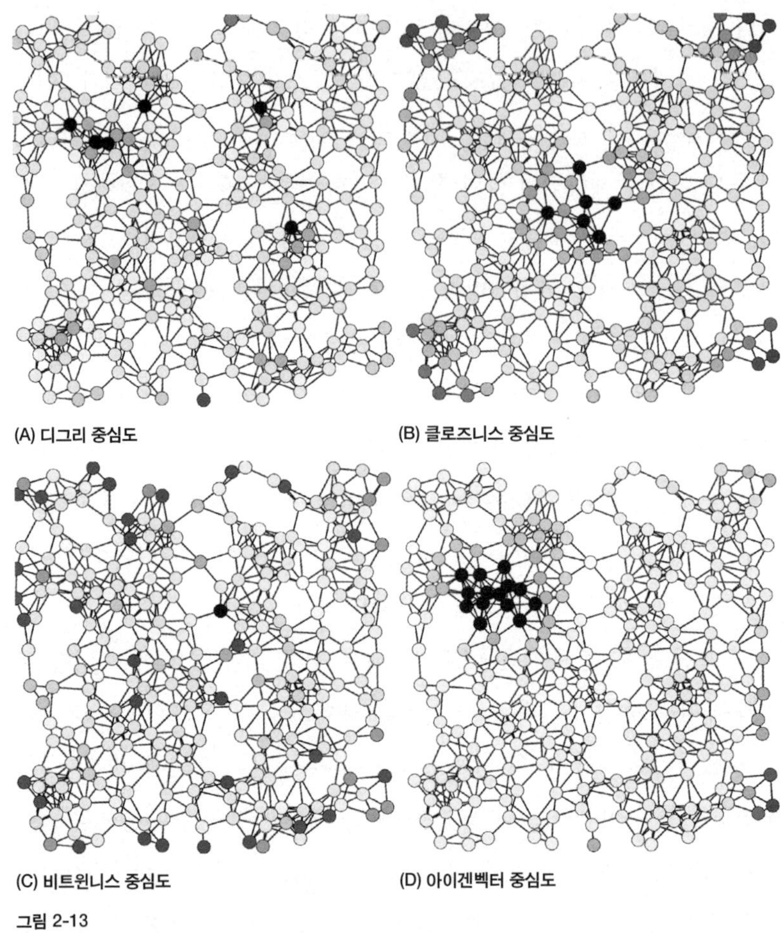

그림 2-13

동일한 네트워크에서 나타나는 다양한 중심들

자료: Wikimedia Commons, "Centrality," https://en.wikipedia.org/wiki/File:Centrality.svg

않는다. 그럼에도 불구하고 어떤 시각으로 네트워크 현상을 바라보느냐에 따라 결과가 달라지는 것을 보여주는 좋은 사례이다.

허브와 커넥터

네트워크 세계를 설명하는 핵심 요소인 중심도를 측정하는 다양한 개념들을 살펴보았다. 중심도 이외에도 중심을 설명하는 개념으로 허브hub와 커넥터connector가 있다. 허브는 바퀴 축이나 구심점을 의미하는 개념으로, 다수의 링크를 보유하고 있어 네트워크의 중심에 위치한 노드이다. 앞에서 소개한 디그리 중심도가 높은 경우이다. 파워블로거처럼 인터넷의 세계에서도 다양하게 링크를 맺고 있는 소수의 허브가 존재하며, 네트워크의 중심 역할을 하고 있다. 현실 네트워크에서 우리가 수백만의 웹페이지 중 보통의 웹에 접속할 확률은 매우 낮다. 다양한 개인의 목적과 관심사 그리고 가치관에 따라 접속하기 때문이다. 따라서 관심을 유발하고 시선을 끄는 웹사이트에 사람들이 몰리면서 허브가 형성되는 것은 어찌 보면 자연스러운 현상이다. 인플루언서influencer라고도 불리는 이들은 다양한 영역에서 중심에 위치해 자신들의 영역에서 영향력 있는 인사로 자리매김하고 있으며, 상업적 이익을 취하기도 한다. 물론 최고의 허브는 전 인류가 모여드는 구글, 아마존, 페이스북과 같은 플랫폼 기업들이다.

커넥터는 다양한 계층의 다른 사람들과 연결되어 있는 사람을 뜻한다. 허브와 커넥터 두 개념 모두 네트워크에서 중심 위치를 의미하는 것이지만, 커넥터는 말 그대로 연결을 담당하는 노드를 의미한다는 점에서 허브와 차이가 있다. 링크가 많아서 중심을 의미하는 허브와 달리 커넥터는 그야말로 연결 그 자체에 초점을 맞추고 있다. 두 그룹 간의 중개성에 초점을 맞춘 비트윈니스 중심도와 유사하다. 앞에서 이야기한 것처럼 네트워크 사회는 작은 클러스터들이 모여 큰 클러스터들이 생기고, 큰 클러스터들이 다시 모여 거대한 커뮤니티를 이룬다. 사회의 구성원 모두가 서로 연결되어 있는 것은 물론 아니다. 당연히 자신들이 속해 있는 집단이 있고, 그러한 집단들은 커넥터들로 인해 끊임없이 서로 연결되어 좁은 세계를 이루고 있는 것이다. 이러한 상황과 논리는 앞에서 소개한 밀그램이나 그라노베터의 연구에서도 증명된 내용이다.

이런 점에서 볼 때 허브는 많은 수의 링크로 중심 역할을 하지만, 그 영향은 집단 내에서만 한정될 수 있다. 거꾸로 커넥터는 소수의 사람들과만 연결되어 있지만, 타 집단을 연결해 줄 수 있는 상황이라면 의미가 매우 크다. 특히 서로 연결된 집단들의 성격이 상이할 경우에는 더욱 힘을 발휘한다. 지식인 집단의 대표 격인 교수의 예를 들어보자. 교수 A와 B는 모두 가까운 지인이 열 명쯤 있다. 그런데 교수 A는 지인들이 모두 같은 유형의 교수들이다. 서로 만나서 학교 이야기만 할 가능성이 높은 그 밥에 그 나물이다. 교수 B는 시골에서 올라와 서울에서 대학을 나왔고 직장 생활도 했다. 그러다 보니 지인의 면면도 다양하다. 교수가 서너 명 있고, 약사, 은행원, 농부와 시골 치킨집 사장도 있다. 이 경우 사회적 파급력은 교수 B가 훨씬 강하다. 이질적인 집단들과 연결되어 있기 때문이다. 이처럼 모르는 집단을 연결해 주는 연결점의 역할을 하는 노드, 즉 커넥터는 네트워크에서 매우 중요하다. 특히 사회 속에 다양한 집단, 다양한 네트워크가 존재할수록 커넥터의 역할은 더욱 커진다. 커넥터는 새로운 트렌트나 유행을 파급하고, 새로운 정보를 생산하며, 사회적 이슈를 퍼트리는 역할을 한다. 결국 커넥터는 네트워크상에서의 핵심적인 인적자본이자, 사회자본이라 할 수 있다. 과거 명재상으로 잘 알려져 있는 황희 정승의 경우, 그 세상의 모든 사람들을 연결해 주는 마당발이었다고 한다. 그래서인지 뇌물과 관련된 추문 또한 남아 있다. 현재에도 그러한 마당발들이 존재한다. 아무래도 정치인들이 대표적일 것이다. 대학 총장을 지낸 어느 전 총리의 경우, 아는 사람이 10만 명을 헤아린다고 했다. 한번 만나면 형님과 동생이 만들어진다고 했던가. 그런데 그와 관련

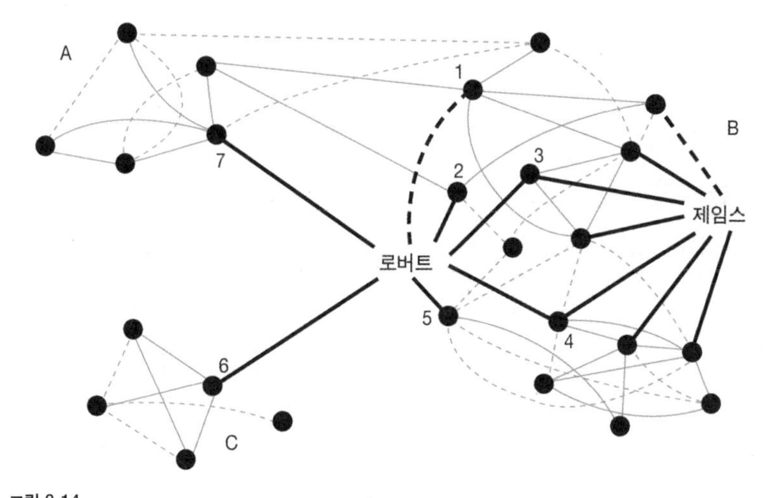

그림 2-14
구조적 공백
자료: Ronald S.Burt, "The Network Structure of Social Capital," Science Direct, Volume 22(2000), pp. 345~423(일부 수정).

된 추문이 별로 없는 것을 보면, 그가 주변을 얼마나 깨끗이 하려 했는지 알 수 있다.

커넥터의 역할은 사회학이나 경영학에서도 많은 논의가 이루어지고 있다. 경영학에서는 네트워크상의 두 집단 사이에 위치하면서 서로를 연결시켜 주는 위치를 구조적 공백structural holes이라고 한다. 단어 자체는 네트워크라는 구조에서 서로 연결되어 있지 않은 상태를 공백hole으로 표현한 것이지만, 브로커broker 혹은 커넥터 등 빈 공간을 채워주는 사람이나 노드의 의미를 지닌 개념이다. 이른바 중개(성)을 의미하는 브로커리지brokerage도 비슷한 개념이다. 이들 커넥터는 직접 연결되지 않은 집단들을 이어주는 역할을 통해 네트워크 자본을 형성한다. 〈그림 2-14〉는 같은 수의 링크가 있더라도 영향력이 달라질 수 있음을 보여준다. 그림에서 로버트는 여섯 개의 강한 연결, 그리고 한 개의 약한 연결을 갖고 있다. 제임스도 여섯 개의 강한 연결과 한 개의 약한 연결을 갖고 있다. 이처럼 결합 정도와 링크 수가 동일한 경우 누가 더 경쟁력을 갖춘 사람일까? 그림 자체에서 나타나듯이 B 그룹은 물론 A 그룹 및 C 그룹과도 연결된 로버트이다. 로버트는 제임스보다 더 강한 네트워크 자본을 갖고 있으며, 네트워크 내에서의 영향력 또한 더 강하다고 할 수 있다.

글로벌 투자은행 345명을 대상으로 한 로널드 버트Ronald Stuart Burt의 연구에서는 구조적 공백을 잘 채워주는 사람이 동료보다 승진도 빠르고 더 많은 성과급과 주변의 인정을 받는 것으로 나타났다. 이 연구의 주요 결론을 살펴보면 다음과 같다.[14] 첫째, 평판이 직급을 능가한다. 동료들의 인식이 조직도에서의 위치보다 더 중요하게 작동한다는 것이다. 고위급 간부들에게 긍정적인 평가를 받고, 평판이 좋은 부하 직원은 상사보다 많은 성과급을 받았다. 둘째, 네트워크 커넥터들의 네트워크 소멸률rate of decay은 평균적으로 낮다. 네트워크 소멸률은 기존의 네트워크 관계가 허물어지는 정도를 의미한다. 일반인들은 평균 90%의 소멸률을 보이지만, 네트워크 커넥터들의 소멸률은 10%까지 내려간다. 그들은 사회적 연결의 중요성을 알기 때문에 자신들의 네트워크가 소멸되지 않도록 노력을 하는 것이다. 사업을 하면서 명함을 열심히 챙기는 이유가 여기에 있다.

구조적 공백의 대표적인 유형으로 '테르티우스 가든스tertius gaudens'를 들 수 있다. '어부지리를 얻는 자' 정도로 해석될 수 있는 테르티우스 가든스는 'a rejoicing third', 즉 '기뻐하는 제삼자'라는 표현처럼 둘 간의 다툼에서 이익을 얻는 세 번째 사람을 의미한다. 〈그림 2-15〉에서 서로 관계가 없는 두 사람을 연결해 주는 역할을 하는 위쪽 가운데 사람이 커넥터로, 테르티우스 가든스라 할 수 있다. 다양한 환경에서 이익을 얻는 상황은 게오르크 지멜Georg Simmel의 형식사회학적 접근에서도 잘 드러난다.

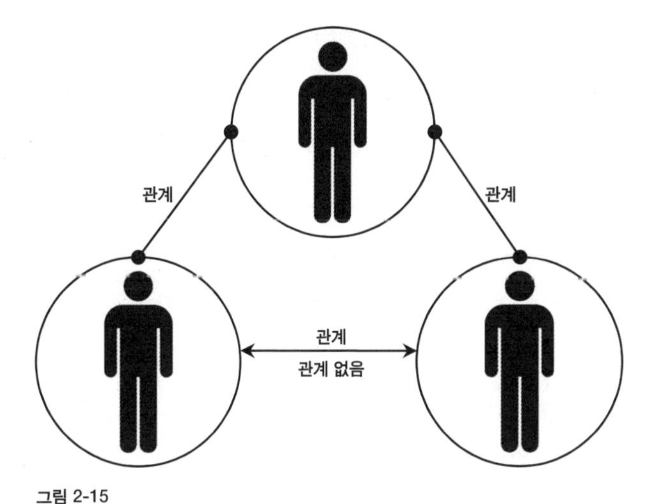

그림 2-15
구조적 공백
자료: Ed Brenegar, "Leadership for the 21st Century," p. 21, https://edbrenegar.typepad.com/Leadershipforthe21stCentury-EdBrenegar.pdf

지멜은 사회적 상호작용의 밑바닥에 깔린 보편적이고 반복적인 사회 형식에 초점을 맞춰 현상에 접근한 사회학자로 유명하다. 국회나 전쟁처럼 이해관계의 규모가 크고 관련자가 많은 상황, 혹은 가정과 같이 우리 주변에서 벌어지는 소소한 환경에서도 이러한 테르티우스 가든스의 사례를 쉽게 발견할 수 있다. 한국전쟁 때 전쟁 당사자가 아니었던 일본이 미국의 병참기지 역할을 톡톡히 하면서 패전 후 복구를 쉽고 빠르게 했다는 것은 널리 알려진 사실이다. 국회에서도 여당과 제1야당이 싸울 때 교섭단체로서 제2야당이 막후에서 힘을 발휘하는 것도 마찬가지다. 2018년 국회에서 더불어민주당과 자유한국당 사이에서 스윙보트swing vote 역할을 한 바른미래당도 같은 위치에 있다고 할 수 있다. 가정에서도 규모는 작지만 이러한 상황은 늘 벌어진다. 엄마와 아빠의 싸움에서 자식이, 혹은 큰형과 작은형의 다툼에서 막내가 어부지리를 얻는 것이다.

테르티우스 가든스는 커뮤니케이션 분야에서 자주 등장하는 2단계 전파이론two step flow of communication의 오피니언 리더와도 일맥상통한다. 사회 속 네트워크에서 다양한 계층과 연결되어 있는 언론인, 교수, 성직자 등 오피니언 리더들의 역할은 매우 크다. 이들은 많은 사람들과 정보를 공유하고 더 빨리 정보에 반응할 수 있기에 사회 속에서 영향력을 발휘할 시간과 에너지의 확보가 가능하다. 이들의 힘과 역할이 어떻게 사회에서 구현되는가에 따라 전반적인 사회자본의 축적 가능성이 결정된다고도 할 수 있다. 사실 테르티우스 가든스는 두 집단의 불화로 이득을 얻는 제삼자만이 아니라 윈윈win-win을 이끌어내는 윤활유로 이어질 수도 있다. 이런 점에서 네트워크 사회에서 필연적으로 나타나는 구조적 공백, 즉 사회 속의 여백을 어떻게 채워나갈까에 대한 논의는 매우 중요하다. 문제는 이들 오피니언 리더, 커넥터 혹은 테르티우스 가든스의 긍정적 역할이 미미하거나 개인의 이익 추구로 이어진다는 데 있다. 네트워크상에서 길목을 지키고 있는 일부 커넥터들은 공익보다는 사익을 위해 움직이고, 국가나 사회보다는 자신이 속해 있는 집단의 이해를 위해서만 사회 속 여백을 채운다. 한마디로 이익집단의 부정적 역할만 남게 된다. 가짜 정보나 뉴스를 만들어 전파하고 확대·재생산하는 것도 이들 허브와 커넥터들의 그릇된 역할에서 비롯한다. 이러한 커넥터들은 비록 소수이지만, 그들의 그릇된 역할과 행위로 인한 영향력은 실로 막대해서 시스템의 유지와 발전에 반드시 필요한 사회자본이 훼손되고 무너져 내린다. 이러한 현상을 극명하게 보여주는 것이 바로 국회, 사법기관, 언론, 대학 등에 대한 신뢰의 전반적인 하락이다.

매우 복잡하고 거대한 네트워크 시스템의 중심에 위치하는 허브와 커넥터를 통해 우리가 다른 세계와 연결되어 있다는 사실은 두 가지 의미를 지닌다. 하나는 개개인과 연결된 허브나 커넥터는 개인의 태도나 의사 결정에 큰 영향을 미치게 된다는 점이다. 1장에서 소개한 것처럼 어떤 지하철역에서 타느냐에 따라 귀갓길의 편안함이 정해지는 것과 같다. 또 다른 하나는 이러한 허브나 커넥터의 존재 자체가 사이버공간상에서의 평등주의에 반한다는 점이다. 즉, 인터넷상에서는 누구나 표현과 접근의 자유를 가질 수 있다는 가정이 흔들리게 된다. 보통의 사람은 인터넷에서 이야기는 할 수 있지만 영향력은 없다. 이는 결국 힘과 권력의 집중을 의미한다. 허브와 커넥터는 네트워크상의 위치적 권력을 바탕으로 매우 중요한, 그리고 결정적인 역할을 한다. 실제 세계에서 허브와 커넥터의 역할은 앞에서 이야기한 것처럼 이른바 오피니언 리더 혹은 파워엘리트로 대표되는 전문가 계급이 주로 맡게 될 것이다. 네트워크 시스템의 정점에 있는 극소수의 권력들인 허브, 그리고 이들을 둘러싸고 떠받치고 있는 조력자인 전문가는 미래 네트워크 세계의 운명을 좌우할 결정적인 요인인데, 이것에 대해서는 3장에서 좀 더 이야기를 이어갈 것이다.

영화 〈대부〉 1편에서 주연인 말런 브랜도가 역할을 맡은 대부('돈' 비토 코를리오네)는 1900년대 초반 뉴욕 이탈리아 이민자 커뮤니티를 관할하는 마피아 집단의 보스이다. 그는 마피아이긴 하지만 매우 가족적이고, 주변 사람들에게 관대하며, 마약이나 매춘같이 인간성을 말살하는 범죄는 저지르지 말자는 나름의 금기 사항을 지키고 있다. 이러한 삶의 태도를 바탕으로 정계와 관계 혹은 법조계의 인사들과도 막역한 사이가 된다. 이탈리아 커뮤니티에서 많은 부와 명예(?)를 쌓은 대부에게, 경쟁 마피아 집단의 두목들은 그의 인적 네트워크를 시기하면서도 그의 연줄을 같이 이용하자고 요구한다. 대부가 지닌 연줄, 휴민트가 바로 네트워크 권력이자 자본이다. 물론 이러한 권력은 네트워크상에서는 허브와 커넥터라는 위치에서 나온다. 그러나 마피아 집단 간의 거래는 이루어지지 않았고, 결국 피비린내 나는 보복 살인이 계속 이어진다. 영화 속 대부는 자신이 지닌 네트워크 자본의 힘을 알고 있었다. 비록 범죄 집단의 보스이긴 하지만 최소한의 도리를 지길 줄 일았고, 사회에서 자신이 갖고 있는 위치적 권력을 남용하지 않았다.

03
네트워크 자본

네트워크 시스템에는 중심이라 할 수 있는 핵이 있고, 핵을 둘러싼 소규모 위성들 그리고 일반 구성원들이 존재한다. 마치 중세시대에 군주나 봉건 영주를 정점으로 그 밑에 기사가 있고, 사회의 하단부에 일반 농노들이 존재함으로써 시스템을 유지하는 것과 유사하다. 현대 국가도 국가수반, 국가수반을 떠받치는 관리, 그리고 일반 시민으로 구성된다. 기업 역시 회장 혹은 사장을 정점으로 간부들이 일반 직원을 거느리는 형태로 운영된다. 센터, 센터를 떠받치는 조력자 그리고 일반 구성원으로 시스템은 돌아가는 것이다. 이러한 위계질서는 국가, 기업, 교회, 심지어 폭력조직에서도 발견된다. 효율적으로 시스템을 관리할 수 있기 때문이다. 이 장에서는 권력의 정점에 있는 센터, 그리고 센터를 떠받치고 있는 조력자들이라 할 수 있는 전문가 집단에 대해 이야기한다. 우선 네트워크의 위치적 권력이라 할 수 있는 네트워크 자본에 대해 알아보고, 이러한 네트워크 자본을 소유한 센터와 전문가 집단인 커넥터의 자질을 논의해 보자.

자질에 대한 논의는 두 가지 차원에서 진행할 수 있다. 하나는 능력이나 역할에 관한 문제로, 앞 장에서 이야기한 테르티우스 가든스의 역할과 같은 이야기이다. 조직을 잘 이끌고 문제를 해결할 수 있는 능력, 다시 말해 경영 능력에 관한 것이다. 자질의 다른 차원은 인성에 관한 것이다. 한마디로 인성이 제대로 갖춰졌는지의 문제이다. 학문적 측면에서 보자면 경영 능력은 경영학에서 본격적으로 다루는 이슈이고, 리더의 인성은 그들의 영향력이 사회에 미치는 파장을 감안했을 때 사회과학 분야에서 접근해도 무리가 없을 것이다. 이 책에서는 허브와 커넥터의 인성에 대해 중점적으로 다루고자 한다. 앞에서 이야기한 것처럼 허브는 센터, 리더, CEO 등 소수의 네트워크 정점에 위치한 이들이고, 커넥터는 소수의 센터를 떠받치고 사회 속 여백을 채워가는 집단으로, 지식인을 포함한 전문가 집단을 의미한다. 명칭이 무엇이든지 간에 이들 허브와 커넥터는 네트워크 자본을 소유하고 활용할 수 있는 위치에 있는 사람들을 의미한다. 이들의 인성에 관한 논의는 경영 능력과 달리 매우 민감한 부분이고, 어찌 보면 매우 자의적으로 해석할 여지도 많다. 또한 아래 논의에서처럼 비판의 대상이 되는 사람은 전체의 극히 일부에 지나지 않을 것이다. 그러나 네트워크 시스템의 길목 요소요소에 이들은 존재하며 자신들의 영향력을 뻗치고 있다. 당연히 소수일지라도 사회 전체에 끼치는 그들의 영향력은 실로 막대하다.

네트워크 자본

네트워크 자본은 네트워크상에서 발휘되는 힘과 권력이다. 네트워크 권력은 누가 어떻게 사용하느냐에 따라 상반된 결과를 낳는다. 네트워크 구성원 전체의 합의에 의해 소프트파워soft power가 작동할 경우 사회자본의 확대로 이어지고, 결과적으로 사회 전체의 이익이 된다. 그러나 네트워크의 길목에 위치하면서 사익을 위한 권력을 사용할 경우, 신뢰의 붕괴와 함께 사회자본의 축소를 가져와 결국 공동체 해체라는 부정적 결과를 낳는다. 이처럼 네트워크 구성원 모두의 이해관계가 걸린 네트워크 자본은 사회자본과 매우 밀접한 관계를 지니고 있다. 네트워크 자본, 즉 네트워크의 위치적 권력에 대한 논의는 현재까지 많이 진행되지는 않았지만 사회자본의 연장선에서 그 의미를 찾을 수 있다. 실제로 피에르 부르디외Pierre Bourdieu는 네트워크 자본을 문화자본과 사회자본의 연장선상에서 바라보았다. 예를 들면 부모의 인적 네트워크를 자녀들에게 물려주는 것은 사회자본의 세습인 동시에 네트워크 자본의 승계이다. 또한 언론에 많이 나오는 재벌가의 혼인 역시 네트워크 자본의 강화 사례라고 할 수 있다. 물론 이러한 네트워크 자본의 구축은 공동체 전체를 위한 것이라기보다는 앞서 이야기한 특정 커뮤니티 혹은 클리크 등 폐쇄적 집단의 이익을 위한 것이다. 네트워크 권력의 승계와 강화는 사회의 상층부로 갈수록 더욱 강하게 나타난다.

5년 전 저자가 집필한 『공유와 협력, 소셜미디어 네트워크 패러다임』이라는 책의 마지막 장을 "신뢰의 사회자본"으로 마무리한 이유는 공유와 협력 모델의 성공 여부가 참여자 혹은 구성원 간 신뢰의 정도에 달려 있다고 생각했기 때문이다. 상대방을 신뢰하고 공감할 수 있어야 공유와 협력이 가능하다. 물론 공유와 협력은 개인의 본성에 기인하는 바가 크지만, 상황의 압력 또한 필요한 것이 사실이다. 다양한 조건하에서 협력의 가능성을 연구한 로버트 액슬로드Robert Axelrod나 엘리너 오스트롬Elinor Ostrom 같은 학자들은 신뢰를 협력의 가장 중요한 요소라고 결론 내리고 있다.[1]

성공적인 협력의 밑바탕에는 신뢰와 공감이 있고, 이것은 사회자본으로 연결된다.

이처럼 사회자본은 미래 네트워크 사회의 발전에 대한 논의를 풀어갈 개념적 열쇠이다. 사회자본에 대한 소개는 20세기 초반에 이루어졌고, 본격적인 논의는 1980년대 후반부터 시작되었으니 그리 오래된 개념은 아니다. 그럼에도 불구하고 수많은 지표나 개념 중에서 사회자본만큼 사회의 발전 단계를 간결하게 보여주는 개념을 찾기 어렵다. 사회자본은 우리가 3만 달러에 목을 매고 있는 1인당 국민소득과 같은 양적인 개념도 아니고, 근면성과 같이 추상적이지도 않고, 교육 시스템과 같은 어느 한 영역에 대한 논의도 아니다. 또한 사회자본의 정의는 학자마다 다르고, 사회자본을 구성하는 하위 요소도 매우 다양하게 이루어져 있다. 그럼에도 불구하고 사회자본은 한 사회의 수준을 총체적으로 가장 정확히 진단할 수 있는 개념이다. 네트워크 사회도 물론 예외는 아니다. 사회자본 관련 연구에서 많이 인용되는 퍼트넘, 콜먼James Samuel Coleman 그리고 부르디외를 통해 사회자본을 구체적으로 살펴보자.

부르디외는 사회자본을 불평등한 계급의 확대·재생산에 쓰이는 도구로서, 지배계급에서 향유하는 문화자본과 연계해 접근했다. 문화자본은 경제자본과 함께 사회의 계급을 결정하는 중요한 요소로, 부모나 친인척의 영향 등 계급적 배경에 의해 자연스럽게 체화된 문화적 취향을 의미한다. 다양한 여행을 통한 직접 경험, 외국어 학습 기회, 응접실에 걸려 있는 그림을 통한 심미안 훈련, 집에서 듣던 클래식 음악을 통한 감정의 고양 등, 보이지는 않지만 자연스럽게 몸에 배어 있는 개인의 취향이라 할 수 있다. 경제적 부는 물론이고, 문화자본이 있어야 진정한 상위 계급에 자리한다고 부르디외는 생각했다. 사회자본은 문화자본에서 한 걸음 더 나아가 '상호 인맥의 제도적 관계 네트워크에 기반을 둔 실질적인 가상 자원의 총합'이라는, 사회적 자산의 원리를 풀이할 수 있는 개념으로 설명했다.[2] 또한 사회자본의 상당 부분이 네트워크의 위치적 권력에서 나오는 것으로 부르디외는 인식했다. 당연히 이러한 사회자본은 누구나 영위할 수 있는 대상이 아니라 지배계급의 한정된 자산으로 인식되었다. 실제로 부르디외는 마르크시즘에 근거해 비판적인 시각으로 사회자본을 문화자본의 연장선상에서 바라보았고, 계급 갈등의 확대·재생산 장치로서 문화적 요소만이 아니라 네트워크에서의 위치에서 나오는 네트워크 자본도 고려했다.

한편 교육학자이자 정치학자인 콜먼은 사회자본을 개인이 독점적으로 차지하는 자산이라기보다는 공동체가 함께 구축해 필요시 구성원에게 도움을 줄 수 있는 공동 자산의 모습으로 접근했다. 개인과 그를 둘러싼 사회적 맥락(가족, 학교, 지역 사회 등)에서 접근해, 사회자본이 개인에게 어떠한 영향을 미칠 수 있는지를 긍정적인 측면에서 바라보았다. 소외된 계층 등 공동체의 다양한 구성원들에게 필요에 따라 도움을 줄 수 있는 원천으로서, 한 사회가 지니고 있는 역량의 한 형태로 사회자본을 평가했다. 실제로 저소득층, 노인 계층 혹은 한부모가정 등 사회의 주변부에 있는 사람들이 필요로 할 때 도움을 줄 수 있는 다양한 인적, 물적 인프라를 사회자본으로 구축하는 것에 콜먼은 많은 관심을 기울였다. 앞서 소개한 부르디외가 개인적인 자산으로 사회자본을 인식한 반면에, 콜먼은 공동체가 구축하고 활용할 수 있는 사회적 자산으로 사회자본을 바라보았다.

한편 사회자본 개념을 사회과학 전 영역으로 확산시킨 장본인이라 할 수 있는 퍼트넘은 공동체의 유지와 활성화를 위한 기본 요소로서 사회자본을 인식했다. 특히 매스미디어의 확대와 다양한 시민 활동의 감소에 따른 사회자본의 축소 및 그 결과로 나타나는 공동체의 붕괴를 민주주의 발전을 저해하는 결정적인 요소로 생각했다. 퍼트넘은 연구 결과의 무리한 적용 등으로 비판도 받지만, 학문적 울타리 안에 머물러 있던 사회자본의 개념을 국가의 거시적 정책 기조의 한 요소로서 활용하는 길을 열기도 했다. 실제로 그는 미국 클린턴 행정부 자문역으로 미국 사회의 공동체 부활을 위한 정책 수립에 적극적으로 참여했다. 퍼트넘은 사회자본을 신뢰, 규범, 네트워크 세 가지 요소로 설명한다. 구성원 간 믿음의 정도를 나타내는 신뢰, 원활한 협력을 이끌어낼 수 있게 상황을 통제하는 적절한 법적·제도적 장치, 그리고 구성원 간의 네트워크가 그것이다. 신뢰라는 공동의 가치를 적절한 네트워크를 통해서 공유할 수 있도록 환경을 조성해야 한다는 뜻이다. 세 요소의 핵심은 신뢰 네트워크의 구축이라고 할 수 있다. 사회자본의 구축을 위해서는 신뢰를 이끌어낼 수 있게 규범적 장치가 마련되어야 하고, 신뢰를 이끌 수 있는 물리적 혹은 사회적 통로로서 네트워크의 구축과 형성이 필요하다. 결국 신뢰 네트워크의 확보가 사회자본의 형성에 직접적인 영향을 미치고, 한 사회의 성숙도와 발전을 가늠할 수 있는 기준이 되는 것이다.

앞에서 소개한 3인의 논의를 종합해 보면 네트워크 자본은 사회자본의 일환으로, 같은 맥락에서 바라봐도 무리가 없다는 것을 알 수 있다. 또한 사회자본의 논의는 개인이 지닌 네트워크 자본이 자신의 목적을 달성하는 데 얼마나 유용한지를 따지는 미시적 차원에서부터 민주주의 발전을 위해 사회자본을 얼마나 혹은 어떻게 구축해야 하는지와 같은 거시적 문제에 이르기까지 다양하게 이루어지고 있다. 물론 미래의 사회자본과 네트워크 자본은 개인의 이익과 함께 공동체의 이익을 위한 권리도 포함해야 한다. 개인의 충만한 삶을 위한 사회적 관계의 유지를 위해, 그리고 개인만이 아닌 공동체와 사회 전체의 이익을 대표하는 공동 자산으로서, 사회자본은 유지되고 관리되어야 할 것이다. 이런 점에서 볼 때 권력의 행사 성격에 따라 상이한 결과를 가져오는 네트워크 자본에 특히 주목할 필요가 있다. 네트워크 자본에는 부르디외가 언급한 개인의 독점적 사회 자본과 연계된 권력이 있는가 하면, 네트워크 구성원 전체가 참여하고 실천하는 힘인 소프트파워도 있다. 전자는 네트워크 사회의 중심인 허브와 커넥터가 보유한 위치적 권력이 대표적 사례이고, 반대로 촛불혁명을 통한 권력의 교체는 소프트파워를 통한 네트워크 자본 활용의 좋은 예라고 할 수 있다. 미래의 네트워크 사회를 위해 우리가 반드시 유지하고 강화해야 할 소프트파워에 대해 좀 더 알아보자.

힘과 권력의 사용이 반드시 강제 혹은 강압을 통해서만 이루어지는 것은 아니다. 실제적인 위협을 가하지 않더라도 다양한 방법을 통해 영향을 미치고, 그것이 곧 권력의 행사로 이어질 수 있기 때문이다. 권력의 원천은 다양하다. 폭력이나 전쟁처럼 무력을 통해 권력이 생성될 수 있는 강제권력condign power이 있고, 월급과 같이 경제적인 측면에서의 권력 행사인 보상권력compensatory power이 있다. 또 한편으로는 설득권력conditioned power도 있다. 설득 과정을 통해 대세를 뒤집는 것이다. 설득권력은 특히 온라인상에서 새로운 문화나 가치의 발현 등 다양한 과정을 거쳐 나타나는 것으로, 소프트파워가 대표적인 사례이다. 소프트파워는 정해진 신분에 따라 힘을 발휘하는 강제권력이나 보상권력이 아니라, 다수의 페르소나persona가 자신의 장점과 특기merit 그리고 동료들의 평가peer evaluation에 따라 그 힘을 실천하게 된다.[3] 소프트파워는 경제력 혹은 무력에 의한 힘과 권력을 의미하는 하드파워hard power의 대척점에 있는 개념으로, 미래 네트워크 사회를 견인하는 핵심 동인이라 할 수 있다. 하드파워는 직접적인 강압에 의해 작동하고 즉각적인 반응을 이끌어내지만, 소프트파워는 네트워크상에서 이루어지는 교류, 협력, 공유 등 다양한 형태의 직간접적인 상호작용의 과정에서 나타난다. 물론 강압적이고 즉각적인 하드파워가 소프트파워보다 힘을 더 발휘하지는 않는다.

마이클 만Michael Mann은 『사회 권력의 원천The Source of Social Power』 4부작에서 선사시대부터 현대 사회에 이르기까지 행사된 힘의 원천으로서 네트워크 권력에 대해 이야기한다.[4] 네트워크 권력은 협력의 과정을 거친 수평적 실천으로, 어느 한 곳에 집중되어 있지 않은 분산화된 힘이라고 할 수 있다. 권력의 행사 자체가 명령에 의한 수직적인 체계로 이루어지는 것이 아니라, 다양한 사회관계 속에서 자연스럽게 등장하는 분산된 모습을 보인다. 대표적인 예로 위키피디아를 들 수 있다. 위키피디아는 오프라인 백과사전인 브리태니커 백과사전을 대체한 온라인 버전이라는 단순한 의미를 넘어서, 우리의 힘과 권력 그리고 자원의 활용이 어떻게 올바르게 실천될 수 있는지를 잘 보여준다. 미래학자 찰스 리드비터Charles Leadbeater는 "위키피디아의 힘과 권력은 내용에서가 아니라 내용을 전달하는 방식에서 나온다"라고 이야기한다.[5] 위키피디아는 지식을 단순히 전파만 하는 것이 아니라, 실제 사전 제작에 참여한 사람은 물론 이용자 등 모든 구성원에게 참여하고, 책임지고, 지식을 공유하는 습관을 가르친다. 네트워크상에서 다양한 사람들이 모여 뭔가를 이루어내며 힘을 발휘하는 실천의 과정 자체가 소프트파워인 것이다. 촛불혁명 역시 소프트파워가 작동한 결과이다. 중앙집권적 명령 체계에 의해 달성된 역사 속의 혁명과는 달리, 모든 구성원이 참여해 분산화된 권력의 행사를 통해 시대의 흐름을 바꾸어놓았다는 점에서 궁극의 소프트파워 실천 사례라 할 수 있다.

네트워크 권력의 문제는 권력 행사 방식의 양면성에 있다. 앞에서 이야기한 것처럼 촛불혁명으로 이어지는 투명한 네트워크 권력의 실천이 있는가 하면, 은밀하고 불투명한 네트워크 권력의 남용도 가능하기 때문이다. 결국 한 사회가 가지고 있는 힘과 권력의 총합, 즉 네트워크 자본이 어떻게 행사되느냐에 따라 미래의 사회 모습은 달라질 수 있다. 네트워크 권력을 직접 휘두를 수 있는 허브와 커넥터에 대한 감시와 견제가 매우 필요한 이유이다. 위치적 권력을 남용한 이들에 대한 사회적 페널티의 부과 역시 매우 중요하다. 네트워크상의 다양한 관계 속에서 나타나는 힘과 권력의 올바른 실천이 가능한 이유는 네트워크 구성원이 질서를 지키지 않았을 때 감수해야 하는 처벌을 바탕으로 하기 때문이다. 동료의 비아냥거림부터 구성원으로서의 자격을 박탈하고 배제시키는 오스트라시즘ostracism에 이르기까지 매우 다양한 수준에서 처벌은 가능하다. 실제로 물리적인 압력과 핍박보다 사회적 고립과 배제가 그 영향력이 훨씬 더 강력한 것으로 알려져 있다. 퍼트넘이 언급했듯이 신뢰를 담보할 수 있는 강력한 규범과 법칙이 사회자본의 형성에 반드시 필요한 이유이기도 하다.

이런 점에서 볼 때 협력 연구의 대가인 액슬로드와 공동체 활성화를 연구한 오스트롬에게 다시 주목하게 된다. 오스트롬은 그의 제도 분석과 발전 프레임워크institutional analysis and development framework 이론에서 규범과 신뢰, 그리고 감시와 제재를 통해 공유지와 공동체를 구성원 스스로가 유지하고 발전시킬 수 있다는 것을 밝혀냈다. 이 공로로 노벨 경제학상을 수상하기도 한 오스트롬은 협력의 성공을 위해서는 '네가 하면 나도 하겠다'라는 조건부적 전략이 필요하고, 이러한 전략에 대한 높은 수준의 감시와 제재를 반드시 병행해야 성공한다고 주장한다.[6] 한마디로 개인의 일탈을 감시할 수 있는 시스템과 일탈과 반칙에 대한 과감한 페널티를 부과해야 건전한 공동체가 유지될 수 있다는 것이다. 액슬로드의 이른바 팃 포 탯tit-for-tat도 조건부 응수 전략의 하나이다. 팃 포 탯은 게임이론에서 탄생한 개념으로, 상대방의 행위에 상응하는 태도를 보여주는 것 정도로 해석할 수 있다. 즉, 반칙을 하면 당연히 그에 따른 벌칙이 주어진다는 것이다. 이러한 팃 포 탯의 환경을 장기적인 상황으로 이어가면 '미래의 그림자the shadow of the future'가 나타난다. 미래의 불이익에 대한 염려로 오늘의 행동에 대해 조심하고 상대방에게 협력한다는 의미를 내포하고 있다. 이로써 오늘만이 아닌 내일을 생각하며 주변을 둘러보는 것이다. 두 대가가 공통적으로 꼽는 신뢰 구축의 전제조건 중 하나는, 반드시 나타나기 마련인 반칙한 사람들에 대한 강력한 제재이다.

이쯤 해서 해마다 늘 벌어지는 특별사면에 대해 다시 생각하게 된다. 주정차 위반에서부터 음주운전 혹은 재벌의 특별사면에 이르기까지, 특별사면에는 그 대상과 범위가 매우 다양하다. 반칙을 저지른 사람에게는 고마운 제도이지만, 원칙을 지키며 살아가는 사람들에게는 뭔가 불편함을 준다. 그냥 남의 일이니 대수롭지 않게 넘어가는 경우가 대부분이지만, 그러한 제도의 남용은 결국 모든 사람들에게 반칙을 해도 괜찮다는 인식을 심어주기에 충분하다. 이처럼 반칙에 관대한 문화는 우리가 쓰는 어휘에도 스며들어 있다. 비슷한 의미를 지닌 '내부고발자'와 '휘슬블로어whistle blower'를 비교해 보자. 내부고발자란 '조직의 부정과 비리를 알리는 사람'을 말한다. 한편 휘슬블로어는 호루라기를 부는 사람을 뜻하는데, "조직의 비리를 눈감지 않고 경고와 각성의 호루라기를 분다는 취지에서 생겨난 말이다. 휘슬블로어는 단순히 자신이 살기 위해서 남의 허물을 일러바치는 밀고자가 아니라 공익을 위해 제보하는 사람이다".[7] 사전적 정의에서도 나타나듯이 휘슬블로어는 공동체를 위해서 반드시 필요한 사람이다. 한편 내부고발자는 내부의 비리를 고발하는 사람이지만, 휘슬블로어와는 뉘앙스가 조금 다르다. 내부고발자는 중립적인 개념인 것 같기도 하고, 심지어 뭔가 개인의 이익을 위해 조직을 망치는 사람을 연상하게 한다. 조직 안의 문제를 외부로 퍼트려 이미지를 훼손하는 개인을 연상하게 한다. 사정이 이러하니 본말이 전도되고, 조직 안의 문제가 쉽게 밖으로 드러나지 않고 곪게 된다. 좋은 게 좋은 것이라는 온정주의는 오스트롬이나 액슬로드의 시각으로 보면 분명 사회자본을 갉아먹는 장애물이다.

신분주의

"권력은 부패하기 쉽다. 절대권력은 더욱 그러하다Power tends to corrupt, and absolute power corrupts absolutely." 영국의 정치인이자 역사학자인 존 액튼John Emerich Edward Dalberg-Acton 경이 영국 성공회 주교에게 보낸 편지 내용의 일부이다. 이어지는 문장이다. "위대한 사람은 거의 모두 나쁜 사람이다Great men are almost always bad men."[8] 가톨릭이라는 이유로 케임브리지대학교 입학이 거절되는 경험도 겪은 액튼 경은 생애 내내 교회(성공회)와 계속 마찰을 이어갔다. 교회 권력에 대한 따끔한 일침을 가한 액튼 경은 삶의 지혜가 담긴 수많은 경구를 남긴 것으로도 유명하다. "권력은 부패하기 쉽다"라는 경구가 의미하는 바는 권력의 남용을 조심하라는 것, 그리고 더 중요한 의미는 권력을 휘두를 수 있는 자리와 위치 자체가 사람들을 부패하게 만든다는 것이다.

CEO 혹은 리더의 일탈과 관련하여 우리는 그런 사람이 왜 그 자리에 갈 수 있었는지 의문을 갖는다. 영국 협동조합은행 회장 폴 플라워스Paul Flowers가 문제를 일으켰을 당시 영국 캐머런 총리의 첫 질문은 "왜 그런 사람이 협동조합은행 회장 자리에 적합한 인물이라는 평가를 받았는가"였다. 자리가 아니라 사람이 문제라는 것이다. 물론 개인의 자격과 능력에 대한 문제점도 충분히 지적할 수 있지만, 자리 혹은 지위 자체의 문제점에 대해 의문을 갖는 것도 수많은 리더들이 일으키는 문제점을 해석

할 있는 논리적 접근이라 할 수 있다.[9]

라이트 밀스Charles Wright Mills는 파워엘리트라는 개념의 소개를 통해 그들이 지닌 권력의 '블랙홀'을 설명한다. 파워엘리트는 명령을 내리는 지위를 독점하고 있으며, 그들이 누리는 권력, 부, 명예가 모두 권력을 휘두를 수 있는 지위에서 나오고 있다고 주장한다.[10] 파워엘리트는 그러한 지위 덕분에 때로는 보통 사람들이 살아가는 평범한 사회의 법과 제도의 구속을 초월한다. 2009년 영국 하원 의원들의 비용 청구서 정보가 공개되었고, 그들은 큰 망신을 당했다. 비용 정보 공개 요구에 영국 하원은 엄청난 양의 자료를 던져주어 사실 파악을 방해했지만, ≪가디언≫은 'Investigate your MP's Expenses'라는 일종의 크라우드소스crowd source 시스템을 만들어 독자들과 함께 실상을 파헤쳤다.[11] 결국 수많은 의원들이 개인적 목적으로 세금을 남용한 사실이 밝혀지고 환수 조치를 당했다. 우리의 경우도 다르지 않아 국회의원 특활비, 정책보고서, 해외 시찰 등의 문제가 언론지상에 자주 거론된다. 이 권력자들은 뭔가 문제가 있다는 것은 알지만, 특별한 지위에 있는 자가 누릴 수 있는 특권쯤으로 생각해 세금을 남용하는 것이다.

이처럼 힘과 권력은 지위와 문화에 의해 형성된다. 권력을 좇는 능력도 뛰어나지만, 지위가 그 역할을 맡은 사람에게 조금씩 특권의식을 불어넣기 때문에 힘을 갖는 것이다. 뱅크bank라는 단어는 은행원이 사용했던 벤치에서 비롯되었다고 한다.[12] 의자는 휴식의 용도가 아니라 지배의 용도로 사용되었다. 가난한 이는 등받이와 팔걸이가 없는 스툴stool이나 그냥 물건에 걸터앉았지만, 권력을 가진 이는 팔걸이가 있는 높은 의자에 앉았다. 높은 위치가 권력 자체이고, 높은 지위의 모습을 통해 힘을 과시하는 것이다. 자주 소개되는 스탠퍼드대학교 쿠키 실험에서도 비슷한 식의 결과를 내놓는다.[13] 조장으로 선택된 사람은 다른 사람들에 비해

그림 3-1
스툴과 의자

더 게걸스럽게 먹는다고 한다. 조그마한 권력이라도 잡고 있으면 사회적으로 더 뻔뻔해지기 쉽다는 사실을 입증하는 결과이다. 아주 잠깐만 권력의 맛을 보았을 뿐인데 사람들은 더 이기적으로 바뀌고 다른 사람을 신경 안 쓴다. 완장의 힘이라고 해야 할까? 신경심리학자인 이언 로버트슨Ian Robertson 교수는 "권력을 쥐면 테스토스테론과 그 부산물이 증가하는데 이것은 마약을 복용했을 때의 증상과 비슷하다"라고 이야기한다. 지위가 올라갈수록 누릴 수 있는 권력이 늘고 현실 인식이 무뎌지니, 절제하고 노력하지 않으면 중병이 될 수도 있다는 의미다.[14]

완장과 권위의 힘을 보여주는 대표적인 사례로 스탠퍼드대학교 교도소 연구를 들 수 있다. 필립 짐바르도Philip George Zimbardo 박사에 의해 진행된 이 연구는 권위에 의해 인간성이 얼마나 쉽게 무너질 수 있는지를 잘 보여주었다. 실험을 위해 모집한 피실험자를 간수와 죄수로 나누어 실험을 진행했는데, 간수 역할을 맡은 피실험자가 너무나도 간수 역할을 충실히 수행하며 작은 권력의 힘을 보여주었다. 이와 반대로 죄수 역할을 한 피실험자들은 일부 저항을 했지만 간수의 부당한 명령에 그대로 복종하는 모습을 보여주었다. 실제로 이 실험은 간수의 심한 죄수 학대, 즉 권력의 과도한 남용으로 일주일 만에 중단되었다. 실험 자체에 대한 윤리 문제로도 유명한 이 실험은 자리 혹은 위치에서 오는 권력에 우리가 얼마나 쉽게 굴복하는지를 잘 보여주고 있다. 이처럼 특정 상황에서 인간에게 숨겨진 악마의 본성이 나타나는 루시퍼 효과lucifer effect는 우리 모두에게 일어날 수 있다고 짐바르도는 경고한다. 앞으로 소개할 밀그램의 열린 사회 연구도 유사한 사례이다. 실험자의 부당한 명령을 피실험자가 저항 없이 수행하는 이유는 우리가 권위에서 오는 힘에 쉽게 복종하기 때문이다.

권위의 문제점은 신분주의rankism의 부작용이라고도 할 수 있다. 신분주의는 『신분의 종말Somebodies and Nobodies』로 소개된 책의 저자 로버트 풀러Robert Works Fuller가 소개한 개념이다.[15] 진보적 가치를 추구하기로 유명한 미국 오벌린대학교 총장이던 풀러 자신이 주목받는 위치somebody와 아무도 신경 안 쓰는 자리nobody를 오가면서 느낀 것을 설명했다. 현대 사회에 만연해 있는 신분주의의 폐해를 인종, 성, 계층만이 아니라 조직의 위계에서 드러나는 지위 자체를 통해 설명한다. 성희롱과 성폭력을 비롯한 직장 내 괴롭힘은 전형적인 신분주의의 부작용에서 비롯된 결과이다. 서열을 바탕으로 한 위계 구조는 속성상 악용될 소지가 많고, 그것을 이용하려는 사람들이 항상 있기 마련이다. 이처럼 신분주의가 만연한 환경에서는 소시오패스sociopath가 활개를 치게 된다.

소시오패스는 이익을 위해 나쁜 짓을 저질러도 전혀 양심의 가책을 느끼지 않는 사람을 일컫는 말이다. 사이코패스가 살인을 하고도 뉘우침이 없는 반사회적 인간이라면, 소시오패스는 겉으로는 잘 드러나지 않지만 법의 경계를 넘나들며 이익을 취하는 사회 속의 암적인 존재라 할 수 있다. 재벌의 갑질에 대한 기사에 나오는 주인공들이 바로 소시오패스라 할 수 있다. 이들의 특징은 교묘함에 있다. 사이코패스가 타인의 감정에 무관심한 반면에 소시오패스는 타인의 감정을 이용한다. 사기와 이기적인 음모를 일삼으면서도 이들은 아무런 불편을 느끼지 않는다. 특히 지위가 높을수록 그렇다.[16] 살인과 같은 극악무도한 범죄를 저지르는 것은 아니지만, 주변 사람들을 이용하고 끊임없이 괴롭히면서 이득을 취한다. 아이를 살해한 사이코패스 한 명당 보통 수준 이상의 피해를 입히는 범죄를 저지른 소시오패스는 수만 명이 존재한다고 한다.[17] 결코 무시할 만한 숫자는 아니다. 사이코패스들은 감옥에서 많이 볼 수 있지만, 소시오패스는 범죄의 경계를 넘나들면서 우리 주변에 존재한다.

소시오패스는 일반 사회 환경에는 드물지만 기업의 중역 회의실에서는 쉽게 발견할 수 있다. 어쩌면 경쟁 중심의 기업 문화가 이들을 낳고 있는지도 모른다. 도덕적으로 조금 문제가 있거나, 남을 짓밟아도 성과가 좋으면 넘어가는 문화가 있기 때문이다. 로버트 서턴Robert I. Sutton 스탠퍼드대학교 교수는 자신의 저서 『악질 제로 법칙No Asshole Rule』에서 악질 열 명 중 일곱 명은 보스라고 규정한다. 대처 캘트너Dacher Keltner 교수는 "과학자들의 심리 실험 결과, 권력을 쥔 이들은 적의를 갖고 동료를 괴롭혔고 마치 '안와전두피질'이 손상된 환자처럼 행동했다"라고 밝히고 있다.[18] 한편 사이코패스 환자와 영국의 상위 기업의 중역을 비교 조사한 임상심리학 박사 벨린다 보드Belinda Board 등의 연구에서는 두 그룹이 사이코패스 지수가 같거나 기업 중역이 더 높은 것으로 나타났다.[19•] 기업이 원하는 고위 임원들의 특성이 사이코패스 환자의 특성과 일치한다는 것

• 사이코패스와 소시오패스는 개념적 차이가 있지만, 둘을 혼용해서 쓰기도 한다. 벨린다 보드는 사이코패스라 지칭했지만 소시오패스로 이해하면 적합할 것이다.

이다. 성격이 급하고 야망이 있으며 경쟁의식이 강한 공격적인 사람이 평온한 사람보다 장의성은 낮은데도 경쟁사회에서는 더 인정받고 성공한다는 연구 결과도 있다.[20] 현대의 기업에서는 사이코패스적 특성을 지닌 사람이 선택되거나 보상을 받을 가능성이 점점 높아진다. 사이코패스가 가난한 집에서 태어나면 감옥으로 가고, 부잣집에서 태어나면 경영대학원을 간다는 우스갯소리가 전혀 엉뚱한 이야기는 아닌 셈이다. 스위스 장크트갈렌대학교(생갈대학교)에서 주식 거래자의 자기본위 태도와 협력 의지를 컴퓨터 시뮬레이션과 지능 테스트를 통해 사이코패스와 비교한 결과, 주식 거래자는 사이코패스보다 더 무모하게 행동하고 주변을 조작하는 데 더 능한 것으로 나온다.[21]

대표적 소시오패스로 널리 알려진 사람이 바로 스티브 잡스이다. 수많은 글에서 스티브 잡스의 기행이나 악행은 많이 소개된 바 있다. 한마디로 평범한, 보통의 사람은 아니다. 탁월한 재능이 있지만, 공감은 할 줄 모른다. 기인, 괴짜 혹은 소시오패스다. 잡스의 뒤를 이을 사람으로 아마존의 베조스를 소개할 수 있다. 그는 양면적 성격을 지닌 사람으로 알려져 있다.[22] 실제로 베조스가 소시오패스인지는 아무도 모른다. 다만 주변의 사람들이 들려주는 이야기를 종합해 보면 후보로서는 적격이다. 아마존의 베조스는 너무 철저한 사람이라 인간성이 결여된 것은 아닌지 의심이 갈 정도라고 한다. 리처드 브랜트Richard L. Brandt는 『원클릭One Click』에서 "친절한 타입이 아니고, 비판 의도는 아니지만 화성인 같다는 느낌이 든다"라고 한다.[23] 보통 사람과는 다르다는 것이다. 사실 베조스의 커다란 눈을 보면 마시멜로를 앞에 두고도 먹지 않고 기다리는 어린 아이가 떠오른다. 10분 후면 두 개를 먹고 한 시간을 참으면 10개를 먹을 수 있다면 베조스는 참을 것이다. 절제하는 것이다. 마시멜로 연구에서는 잘 참는 어린이가 커서도 다양한 측면에서 자기통제가 잘 이루어지고,

결과적으로 사회적 성공의 가능성도 높다고 주장한다.• 그런데 경쟁사회에서 남들보다 앞서갈 수 있는 적합한 성품이기는 하지만 무언가 찜찜한 구석이 있다.

2014년 국제노동조합연맹ITUC은 아마존 CEO 베조스를 '세계 최악의 대표'로 선정했다. 그는 틈날 때마다 "똑똑한 머리보다 착한 마음이 더 중요하다"라고 외치지만, 정작 효율성 지상주의를 바탕으로 하는 냉정한 경영방식을 고수하고 있는 것으로 유명하다. '애니타임 피드백 툴Anytime feedback tool'이라는 제도를 통해 동료를 비판하거나 평가하고, 주간·월간 성과를 직원 심사에 반영한다. ≪뉴욕타임스New York Times≫에도 소개된 이 제도는 익명으로 누구나가 누구에게든 이의를 제기할 수 있다.[24] 당연히 이러한 분위기는 동료 간의 경쟁을 유발하고, 성과와 실적에 기반한 해고 가능성을 상존하게 한다. 베조스 스스로도 이러한 기업 문화가 반드시 옳다곤 할 수 없지만 아마존에 필요한 것이라고 역설한다. 아마존은 미국 대기업 중 퇴사율이 높은 기업 중 하나로 알려져 있다. 페이스북이나 구글과는 달리 아마존에는 근사한 공짜 점심도 없고, 직원들도 회사 주차장을 사용할 때 주차비를 내야 한다.•• 아마존의 업무 만족도 평점은 다른 IT 기업과 비교하면 낮다. 직원에게 할당되는 요구 사항이 많고, 수많은 수치를 외워야 하며, 자율권이 없다. 또한 업무의 비효율성이 지적되면 즉각 해명해야 한다. 한 직원은 "훌륭한 아마존 직원이 되려면 '아마봇amabot'이 되어야 한다"라고 ≪뉴욕타임스≫ 기자에게 이야기했다.[25] 아

• 스탠퍼드대학교 쿠키 연구로도 불리는 마시멜로 연구는 다양한 환경에서 수많은 유사 실험이 이루어졌고, 실험 환경에 따라 결과가 달라지기도 했다. 예를 들면, 마시멜로를 먹지 않고 참던 아이도 신뢰할 수 없는 환경에 놓이면 참지 않고 바로 먹어치웠다. 상황에 따라 자기통제가 급격히 떨어지는 것이다.

•• 구글도 비정규직에게는 많은 차별이 뒤따른다고 한다.

마존을 위해서 묻지도 따지지도 않고 열심히 일하는 그야말로 로봇이 되라는 이야기이다. 거대한 기계 장치 속에서 돌아가는 톱니바퀴인 셈이다. 아마존은 성장하지만 종업원의 이익은 늘지 않고, 동네 상권은 없어지고, 지역 사회 재정은 악화된다. 그래서 나쁜 포식자의 이미지가 그려진다. 그럼에도 불구하고 아마존은 세계 최대의 기업으로 거듭나고 있다. 그의 열망과 노력 그리고 카리스마를 투자자들이 높이 사는 것이다.

카리스마가 모두에게 좋은 것은 아니다. 카리스마 하면 떠오르는 단어가 '리더'이다. 이 책의 용어를 빌리자면 허브 혹은 센터라 할 수 있다. 카리스마가 있는 지도자에 대한 이야기는 늘 언론의 좋은 기삿거리이다. 그만큼 사람의 관심을 끄는 것이다. 카리스마는 고대 그리스어에서 유래한 것으로, '신으로부터 물려받은 사람을 끌어당기는 특별한 능력이나 자질'을 의미한다. 막스 베버Maximilian Carl Emil Weber는 카리스마를 '다른 사람들과 구분되게 하는 특징으로서 초자연적인, 초인간적인 비상한 힘과 능력을 가졌다고 사람들이 믿기에 생기는 것'이라고 생각했다.[26] 당연히 카리스마는 이성적인 사고라기보다는 다분히 감성적인 접근에서 나온 힘과 권력에 대한 환상이다. 카리스마를 지닌 사람들은 보통 인간을 넘어서는, 그래서 보통의 사람은 하지 않는 행동도 일삼는다. 과거 로마 황제의 카리스마는 하느님으로부터 부여받은 것이었고, 그들은 보통의 인간 위에서 군림했다.[27] 이러한 카리스마는 현대에 와서도 지도자가 위기에 처한 국가를 구하고 회사가 역경을 헤쳐나가는 데 필요한 자질로서 인정을 받지만, 그 이면에는 보통의 사람들 위에서 군림하는 것을 너무나 자연스럽고 당연한 것으로 여기는 검증 안 된 권위와 권력의 부여, 그리고 권력의 남용이 도사리고 있다. 그러나 카리스마를 지닌 리더 혹은 빅맨big man이 네트워크 시대에는 힘을 발휘하기 어렵다. 소프트파워가 가동되면 리더 한 사람의 힘은 약해질 수밖에 없기 때문이다.

카리스마는 오만과도 관련이 있다. 권력을 잡으면 오만해진다. 오죽하면 오만이라는 주제로 포럼이 다 열린다. ≪포브스코리아≫는 2018년에 '제1회 ≪포브스코리아≫ 휴브리스(오만) 포럼'을 개최했다.[28] 리더의 오만은 리더 개인뿐만 아니라 조직의 몰락을 가져오므로, 오만을 경계하고 예방해야 한다는 것이 이 포럼의 개최 이유라고 한다. 마치 초등학교 때 선생님이 윤리를 가르치면 윤리 의식이 고양될 듯한 분위기이다. 그러나 윤리라는 것이 학교에서 가르친다고 되는 것인가. 경영대학원에서는 졸업생들의 일탈이 하도 심하니 윤리 과목을 강제로 넣어야 한다는 이야기도 하고, 실제로 관련 교과목을 편성하기도 한다. 없는 것보다는 낫지만, 다 큰 사람들에게 윤리나 도덕을 가르친다고 해결될 수 있을지는 의문이다.

사회 분위기가 우리를 사회적 자폐아, 즉 소시오패스로 몰아가기도 한다. 물론 경쟁 위주의 삶이 한몫 거든다. 그 예로, 국내는 물론 전 세계에 많은 물의를 일으킨 폭스바겐 배출가스 조작 사건은 아직도 완전히 실체가 규명되지 않았다. 60만 명 이상의 임직원을 지닌 폭스바겐은 사건과 직접적으로 관련이 있는 10여 명 정도의 하급 관리자에게만 책임을 전가하는 모습을 보였다. 이런 측면에서 ≪파이낸셜타임스Financial Times≫의 기사는 정곡을 찌른다. "폭스바겐의 추악한 비밀은 수익이 악화된 상황에서도 경영진이 너무 많은 돈을 챙겼다는 것이다. 경영진에 대한 과도한 보상은 디젤 스캔들이라는 위험천만한 선택을 부추겼다."[29] 최고경영진의 승인이 없으면 일어날 수 없는 사건이라는 것이다. 이들 소시오패스 최고경영진은 막대한 수익을 가져다주는 디젤 자동차의 판매를 위해 눈감았다. 그래야 실적이 좋아지고 막대한 스톡옵션과 보너스가 뒤따르는 것을 알기 때문이다. 그들의 마음속에 환경, 질병, 오염에 대한 걱정은 자리하지 않는다. 이번 사례는 수면 위로 떠오르게 되어 뒤늦게나마

시정이 가능했지만, 대개는 다양한 사유로 그냥 묻혀버리기 십상이다.

누군가의 손을 망치로 내리치면 아이들은 대부분 어쩔 줄 몰라 한다. 반면에 자폐아는 멀뚱히 쳐다만 본다. 보통의 사람이 남의 불행에 공감하지 못하고 못 본 척하는 것은 사회적 자폐라고 할 수 있다. '전기톱 앨Chainsaw Al'이라 불리는 앨 던랩Al Dunlap은 부임하는 곳마다 대량 해고를 일삼아 실적을 올리는 것으로 악명이 높다.[30] 공감 제로의 소시오패스라 할 수 있다.• 수많은 사람이 집을 잃고 길거리로 나앉던 2008년 금융위기 사태 당시 기업 제트기를 타고 워싱턴 청문회에 참석하던 CEO들도 공감 능력 제로 인간들이라 할 수 있다.

공감은 질환이나 질병, 신경 이상은 물론 양육 배경에 따라 낮게 나타나거나 전혀 나타나지 않을 수 있다고 한다.[31] 군대와 다국적기업의 윤리 수칙에는 많은 공통점이 있다. 둘 다 복종, 단결, 노력, 희생, 자제력 등을 요구한다. 나치의 나폴라Napola는 소년 사관학교의 명칭으로, 수많은 유명 기업가를 배출한 것으로 유명하다. 그곳의 교칙은 자제력, 복종, 끈기, 단결이다. 이러한 나폴라의 교육 덕분에 자유시장경제에서 성공하는 데 도움이 되었다고 다수의 인사들이 언급한다. 도이치방크 회장도 나폴라에서 아무런 해도 입지 않았고, 프로이센의 미덕을 많이 배웠으며, 인생에서 많은 도움을 받았다고 회고한다.[32] 나폴라에서 교육을 받은 사

• 공감 제로의 유형은 부정적 타입과 긍정적 타입으로 나눌 수 있다. 부정적 타입은 사이코패스나 경계성 인격장애(BPD) 등 반사회적 인격장애 성향을 가진 사람들로, 매우 자기 중심적이고 자신의 중요성에 대해 과도하게 인식하는 자기애성 인격장애를 보인다. 반면에 긍정형은 자폐증과 아스퍼거 증후군 환자를 들 수 있다. 공감 능력이 없고 도덕의식이 결여된 사이코패스와 달리, 자폐증의 경우 언어 능력을 가진 사람들은 상당 수준의 도덕적 경향을 보이기도 한다. 자폐는 유전상의 신경 발달 장애와 태아 시절의 호르몬 환경과 관련된 장애로 알려져 있다(데이비드 호우, 『공감의 힘: 인간과 인간이 만드는 극적인 변화』, 이진경 옮김, 서울: 지식의 숲, 2013).

람이 소시오패스가 된다는 이야기는 물론 아니다. 그러나 희생정신을 배우고 노력과 끈기를 학습하는 계기를 얻는 만큼 부작용 역시 뒤따르지 않았을까 하는 염려가 든다. 상관의 명령에, 그것이 인간성을 말살하는 명령일지라도 무조건 복종하고, 이를 따르지 않는 부하에게는 가혹한 처벌을 내리는 심성을 키우며, 자신의 목표를 위해 단결하지만 타인에게는 무자비한 태도를 지녀도 괜찮다는 것을 무의식적으로 학습하지는 않았는지 궁금하다. 물론 공감을 학습할 기회도 없었을 것이다. 군대의 목적 자체가 적을 무찌르는 것임을 감안하면 이러한 추론이 결코 논리적 비약이라고 할 수는 없다. 기업의 지배 구조를 연구하는 월드비즈니스 아카데미 대표인 리날도 브루토코Rinaldo S. Brutoco는 제왕적 CEO의 문제점을 제2차 세계대전의 산물로 생각한다. 빠른 의사 결정, 신속한 집행 등을 강조하는 기업의 문화는 군대의 그것과 매우 유사하다. 심지어 MIT 슬론 비즈니스 스쿨은 이러한 문화를 학문적으로 접근해, 피라미드식 위계에 따른 군대식 상명하복의 문화를 전 세계에 전파한다.[33]

이러한 공감 부족의 사회적 자폐 현상은 누구에게나 나타날 수 있다. 인간의 공감지수는 매일 변한다. 마치 행복감이 매일 변하듯이 상황에 따라 변한다. 특히 서비스업에 종사하는 사람들에게는 일과가 끝날 때면 공감 피로증이나 소진감이 자리 잡게 된다. 문제는 이때 발생할 수 있다. 사이코패스나 아동 성폭행범들을 전담하는 상담사, 교도관 및 기타 정신 보건 관련 종사자들은 하루 업무를 마치는 순간 자신의 타고난 공감 능력을 유지하기가 힘들어진다.[34] 또한 보통 사람도 피로가 겹치면 정상적 사고와 행위를 하지 못하고 일탈을 하게 된다. 아침보다는 밤에 바람을 피우는 경우가 많은 것도 같은 이유에서이다. 피로와 함께 경계가 느슨해지는 것이다. 결국 모든 사람이 상황에 따라서는 공감 제로 유형으로 갈 수도 있다는 것이다. 술도 한몫을 한다. 술은 자의식self awareness

을 느슨하게 하는 특효약이라고 한다. 헐Jay G. Hull은 알코올 소비에 따라 자의식이 낮아지는 것을 보여주었다. 또한 술 마시는 장소에 거울만 있어도 술기운에 저지르는 과격한 행동을 줄일 수 있다고 한다.[35] 인간의 나약함이 드러나는 부분이다. 평범한 사람도 상황의 압력으로 소시오패스로 변할 수 있음을 명심해야 한다.

커넥터: 시스템의 조력자들

네트워크 사회의 정점에 위치한 센터, 즉 극소수 기업의 CEO나 정치권력들은 자신들의 왕국을 건설해가는 데 수많은 조력자들을 필요로 한다. 네트워크의 허브 주변을 맴도는 권력의 조력자들이다. 이들은 사회의 상층부에 위치하면서 최정상을 향해 끊임없이 노력하는 일련의 전문가 집단이자 두뇌 집단이라 할 수 있다. 재벌 산하의 수많은 고용사장들, 고위 공무원이나 판검사, 교수나 언론인을 포함하는 지식인 집단이 바로 그들이다. 파워엘리트, 지도층 인사, 오피니언 리더 등 다양한 명칭으로 불리는 전문가 집단의 대다수는 충실히 자기 신분에 걸맞은 삶의 방식을 유지한다. 올바른 정책을 펴기 위해 밤낮을 일하고, 공정한 판결을 위해 세심한 주의를 기울이며, 보다 나은 강의를 위해 주말을 희생하기도 한다.

이들의 문제는 전문성이나 성실성이 없어서가 아니라, 너무 많은 권한과 영향력을 지니고 있다는 데 있다. 대중은 무한한 신뢰를 보내고, 전문가는 무소불위의 권력을 휘두른다. 앤디 메리필드Andy Merrifield는 이들 전문가 그룹을 대중을 유혹하는 동시에 착취하는 새로운 종교이자 범죄 조직이라고까지 혹평한다.[36] 아마존에 인수된 자포스Zappos는 노동자를 행복하게 하는 기업의 대명사로 알려져 있다. 그런 자포스는 홀라크라시

holacracy를 지향하고 있다. 홀라크라시는 관리자 직급이 없는 환경으로, 모든 권한이 배분되는 새로운 운영 방식이다. 도시 크기가 두 배로 증가하면 거주자당 창의성과 생산성은 15% 증가하지만, 기업의 크기와 생산성은 반대로 가기 일쑤이다. 그래서 자포스는 관료주의를 버리고 홀라크라시를 도입했다고 한다.[37] 전문가들에 의한 관료주의의 폐해가 자포스에서도 일어났기 때문이다. 물론 전문가는 기업 환경에서만 문제를 일으키는 것은 아니다. 레닌 주변의 공산주의 혁명 전문가들도 잔혹한 역사를 남겼다.[38] 이데올로기, 성별, 나이를 불문하고 어느 상황에서나 전문가들의 문제점은 발생하기 마련이다.

특히 '썩은 사과'가 문제이다. 이들의 영향력은 상대적으로 크기 때문에 소수가 일탈을 해도 사회에 큰 해악을 끼치게 된다. 앞에서도 언급되었지만 소수 전문가 집단의 일탈은 시스템을 무너뜨리고 신뢰를 붕괴시키기에 충분한 파괴력이 있다. 문제는 이러한 소시오패스 노블들이 늘 우리 주변에 있는, 있을 수밖에 없다는 사실이다. 그들은 네트워크 사회에서 필연적으로 생기는 구조적 공백의 빈 칸을 채워가는 커넥터들이기 때문이다. 전체 구성원들에 의해 사회의 모습이 어느 정도 그려지면, 마지막 빈 공간을 메우는 이들이 커넥터이다. 이들이 남겨진 여백을 어떻게 그리느냐에 따라 전체 사회의 모습도 달라진다.

> ≪뉴스타파≫가 입수한 '장충기 문자'에는 총 134명의 각계각층 엘리트들이 장충기와 주고받은 문자 내용이 들어 있다. 정치인과 관료, 언론인과 법조인, 그리고 학계 인사까지 모두 우리 사회를 대표하는 사람들이다. 이들은 삼성에게서 정기적으로 선물을 받고 인사와 협찬 청탁 등을 했으며, 일부는 삼성이 어려움에 처했을 때 발을 벗고 나서 삼성을 도왔다

≪뉴스타파≫는 삼성이 어떻게 우리 사회를 관리해 왔는지를 확인하기 위해, 공직을 떠난 뒤 삼성에 경영자로 참여했거나 사외이사를 맡았던 사람들을 조사했다. 삼성그룹 계열사 중 상장사 16개를 분석 대상으로 삼았다. 기간은 삼성 비자금 사건이 터진 2007년부터 2017년까지다. 확인 결과 총 144명의 고위관료와 정치인, 언론과 학계 출신, 그리고 판검사들이 퇴직 후 삼성의 사외이사나 경영진으로 변신한 사실이 확인됐다. 교수 등 학계 인사가 62명으로 가장 많았고, 전직 관료가 43명으로 뒤를 이었다.[39]

≪뉴스타파≫가 2018년 봄에 내보낸 이른바 '장충기 문자' 관련 기사이다. 2014년 말부터 2017년 초까지 장충기 삼성그룹 미래전략실 사장이 우리 사회의 엘리트들과 주고받은 477건의 '장충기 문자'와 관련된 내용이다. 이들은 선물 접수는 물론 대기업의 사외이사가 된 것을 자랑으로 생각하며 사회의 정점에 다가간다. 그러지 말아야 할 사람들이 연을 이어갔다는 것이 놀라울 따름이다. 눈에 잘 안 띄는 관료들도 있고, 언론에 얼굴을 들이밀고 거룩한 이야기를 하는 교수들도 있다. 네트워크 자본으로 무장한 커넥터로서 사회 속 여백을 채워주는 테르티우스 가든스이자 오피리언 리더들이다. 그럼에도 불구하고 그들의 행동거지는 조무래기 마름들과 유사하다. "모름지기 오너로 태어나지 않은 다음에야 팔로우십followship(신하의 처세)에서 성공해야 어떤 분야의 리더가 되어 살아남는 법이다". 언론인 양선희가 쓴 『군주의 남자들』 머리글에 나오는 대목이다.[40] 주군보다 뛰어나서도 안 되고, 주군의 신경을 긁어서도 안 된다. 알아서 모시고 기는 것이다. 마르크스의 사위인 폴 라파르그Paul Lafargue는 자본가의 앞잡이인 지식인의 문제를 적나라하게 묘사했다. "어제는 귀족의 식탁에서 시중을 들며 종노릇을 하던 자들이 오늘은 자본가 계급에게

매문賣文을 하고 시종 노릇을 하면서 넉넉한 보수를 받고 있다. 같은 일에 만족하는 이런 자들에게 진력날 때도 되지 않았을까?"[41]

사실 이러한 지식인의 양다리 걸치기는 역사 이래 계속되어 왔던 일이다. 시도 때도 없이 돈을 받고 학생들을 가르치는 것을 플라톤은 소피스트의 대표적 부패로 여겨 매우 꾸짖었다. 대표적 소피스트인 히피아스는 외교관의 임무를 수행하러 돌아다니며 가는 곳마다 학생을 모아 돈을 받고 가르쳤다고 한다. 이러한 양다리 행태를 비판하는 소크라테스에게 "공적 업무와 사적 업무라는 이 이중의 과녁을 동시에 맞히지 못하는 저들이 무능한 정신의 소유자가 아니라면, 달리 무슨 이유가 있겠습니까, 소크라테스"라고 히피아스는 반문한다.[42] 양다리 걸치기야말로 소피스트의 뛰어난 기술이고, 돈벌이에 성공하지 못했던 다른 학자들과 자신을 구별해 주는 점이라고 히피아스는 생각하고 있는 것이다. 플라톤은 히피아스와 같은 소피스트를 장사꾼으로 생각했는데, 현재에도 시사하는 바가 매우 크다. 플라톤은 일반적 장사꾼을 자신이 파는 것의 본질에 대해 알 필요가 없고, 그냥 팔아서 이윤을 남기면 된다고 생각하는 부류로 생각했다. 이와 마찬가지로 정신의 장사꾼인 소피스트들 역시 자신들이 파는 지식의 내용과 가치에는 관심이 없는 족속들이라고 플라톤은 경계를 하고 있는 것이다.[43]

물론 '장사꾼'도 이런 식으로 장사를 하지는 않는다. 이제는 좋은 상품과 서비스가 아니면 고객과 신뢰를 쌓을 수 없다는 사실을 '장사꾼'도 알기 때문이다. 문제는 이들 영혼 없는 지식인의 행태이다. 이쯤 되니 과거 국내 최고 대학 총장의 취임 인터뷰 기사가 떠오른다. 기자가 다양한 자리의 감투를 쓰고 있었던 총장의 취임 전 대외 활동과 관련해 "위원장 교수라는 별명도 있다"라고 질문하자, 총장은 "정권을 넘나들면서 한 40~50개 했다. 총장 되면서 위원장 사표를 15개 냈다. 하지만 다섯 명 규모라 해도 어떤 모임의 장長은 아무나 하는 게 아니다"라고 답변한다. 한 신문 기사에 나왔던 내용이다. 소피스트의 사상이나 교수법에 대한 플라톤의 부정적이고 조롱 섞인 언급은 과도한 비판으로 여겨지지만, 현재에도 활개를 치고 곡학아세를 일삼는 학자들의 모습을 보면 플라톤의 이야기가 그냥 과장된 비판만은 아니라는 생각이 든다.

특히 지식인들과 폭력의 결합은 단순히 탈선이라고 치부할 수 없을 만큼 자주 일어난다. 히틀러 정권이나 스탈린 정권 모두에서 지식인 집단이 가장 중요한 지지세력 중 하나였다. 프랑스 혁명의 정신적 토대를 제공한 것으로 우리나라에서도 널리 소개된 에티엔 드 라 보에티Etienne de La Boétie는 『자발적 복종Discours de la servitude volontaire』에서 다음과 같이 이야기한다. "독재자를 보호하는 것은 기마대도 보병대도 아니다. 언제나 대여섯 명이 독재자의 권력을 떠받들고 왜곡시킨다. 이들 밑에 조력자 600명이 있고, 그 밑에 또다시 6000명의 조력자가 있다. 이 6000명은 지방 총독이나 관리가 될 수 있도록 훈련시킨다."[44] 독재정권하에서 용비어천가를 부르는 일부 교수 집단도 동류라 할 수 있다. 권력의 주변부를 맴도는 자들의 비겁함과 비루함은 어제오늘의 일이 아니다. 수많은 죄를 지어 감옥에 있는 전 대통령의 명령에 절대 복종하고, 법의 논리를 들먹이며 차분하게 대응하는 전 총리의 모습에서 과거 나치에 협력했던 유대인 지도자들의 모습이 떠오른다. 치열한 글쓰기로 인기를 끌고 있는 어느 소설가는 군사정권에 용비어천가를 바칠 때 "누군가는 해야 할 일을 자신이 했다"라고 한다. 이처럼 이른바 사회지도층의 교묘한 논리와 방어는 역사 속에서 늘 보아왔던 모습이다. 장관, CEO, 대학 총장 혹은 이와 유사한 위치에 있는 인사들 중 일반 시민의 호소에 귀 기울이고 공감하는 사람이 얼마나 될까? 높은 자리에 오른 사람들이니 그래도 뭔가 나은 사람이고 공감도 잘할 것이라고 생각한다면, 매우 비논리적인 추론이다. 남의 이야기에 공감하고 마음 아파하는 사람들은 애초에 높은 자리에 오를 가능성이 높지 않다. 경쟁 일변도의 환경에서 조직의 정점이라는 위치에 그런 성품은 걸맞지 않다. 해고 잘하고 부하 직원 닦달 잘하는 이사, 윗사람에게 아부하고 권력의 눈치를 보는 예스맨 교수가 출세한다. 그러니 정점에 오른 사람들의 면면을 살펴보면 이처럼 바람직하지 못한, 그렇지만 탁월한 능력의 소유자가 많을 수밖에 없다. 장관 임명을 위한 국회의 인사 청문회가 이를 극명히 보여준다.

전문가 집단의 핵심이자 현대의 노블로 불리는 지식인들에 대해 좀 더 이야기를 해보자. 지식인이라는 표현은 프랑스에서 드레퓌스 사건이 전개될 때 처음 사용되었다고 한다. 스파이 누명을 쓴 유대인 장교 드레퓌스를 놓고 좌우가 싸움을 벌인 것으로 유명한 사건이다. 드레퓌스 파와 반反드레퓌스 파로 나뉘어 극심한 대립을 벌였던 프랑스 사회는 이 사건을 계기로 진보 사회로 한 걸음을 더 나아갈 수 있었다. 바로 이때 이른바 지식인들이 드레퓌스의 무죄를 옹호함으로써 도덕적 평가를 내렸다. "나는 고발한다J'accuse…!"로 유명한 에밀 졸라Emile Edouard Charles Antoine Zola 이외에도 모리스 바레스Auguste-Maurice Barrés는 졸라의 편지와 그 지지자들을 묶어서 "지식인들의 항의La protestation des intellectuels"라고 불렀고, 그때부터 지식인이라는 단어가 널리 쓰이기 시작했다.[45] 물론 1890년대 초부터 지식인이란 단어가 인쇄 매체에서 쓰이기 시작했다는 이야기도 전해진다.

지식인의 존재 이유는 그들의 정체성를 통해서 가늠할 수 있을 것이다. 이에 관해선 쥘리앵 방다Julien Benda가 먼저 떠오른다. 방다는 『지식인의 배반The Betrayal of the Intellectuals』•에서 그야말로 '지식인의 배반'을 신랄하

• 원저의 제목을 직역하면 '성직자의 배신(La Trahison Des Clercs)'이지만 '지식인의 배반(The Betrayal of the Intellectuals)'으로 영역되었고, 국내에서도 같은 이름으로 소개되었다.

게 지적했다.[46] 이 책은 제1차 세계대전과 소비에트 혁명이라는 역사적 사건들 속에서 지식인들은 선택을 강요당했고, 거의 모두가 여지없이 배반의 길을 걸었던 사실을 우리 모두에게 일깨워 주고 있다. 우리와 별반 사정이 다르지 않다. 멀리 볼 것도 없이 일제 식민시대를 거쳐 독재시대, 군부 정권에 이어 문민정부가 들어선 지난 100년 동안의 이른바 지식인, 선비들의 모습과 정확히 일치한다. 사실 방다에게 지식인은 부동의 이성이자 절대적이고 영원불변한 이상을 추구하는 성직자의 모습으로 다가온다. 전 인류의 양심을 이끌었다고 여겨지는 소크라테스와 같은 모습이다. 방다의 지식인은 초월적 재능을 갖고 도덕적으로 무장된 소수의 철인왕을 의미한다. 이들은 현재의 자신을 버리고 미래를 개척한다. 그야말로 초인이다. 이상적인 지식인상으로는 좋지만, 우리가 생각하는 지식인과는 거리가 있다.

한편 『오리엔탈리즘Orientalism』으로 유명한 에드워드 사이드Edward Wadie Said는 지식인을 대중을 위한 관점과 태도를 유지하고 구현할 수 있는 능력을 가진 존재로 보았다. 방다의 지식인보다 현실적이다.

> 정부나 기업에 쉽게 포섭되지 않으며, 일상적으로 망각되거나 은폐되는 모든 사람들과 쟁점들을 대변하는 것을 자신의 존재 이유로 삼는다. 안정적으로 승리자와 지배자들의 편에 설 것인가, 아니면 좀 더 어려운 일이지만, 그런 안정을 좀 더 불운한 자들에게 위험을 가하는 응급 상황으로 간주하고 잊혀진 목소리와 사람들에 대한 기억만이 아니라 복종 그 자체의 경험을 고려하는 길을 택할 것인가에 대한 고민을 해야 하는 집단이 지식인이다.[47]

지식인은 가난한 이들의, 사회적 약자들의, 목소리를 낼 수 없는 이

들의, 대변되지 못하는 이들의, 그리고 힘없는 이들의 표상이 되어야 한다고 사이드는 생각했다.[48]

철학 교수인 윌리엄 제임스William James는 기업가와 지식인을 소유한 사람과 존재하는 사람으로 구분했다. 제임스는 지식인을 보헤미안 기질이 있고, 독립과 자율에 대한 긍지에 존재의 의미가 있는 집단으로 생각했다.[49] 이러한 지식인은 권력의 간섭으로부터 자유로운 상태에서 비판적인 담론의 언어를 말할 수 있다. 여기서 자유는 정치나 종교로부터의 자유만이 아니라 시장으로부터의 자유를 포함한다는 측면에서, 시장의 힘이 커진 현대의 상황에 가장 잘 맞는 지식인의 모습이라 할 수 있다. 윌리엄의 아버지 헨리 제임스Henry James Sr.는 윌리엄의 할아버지가 남긴 막대한 유산 덕택으로 평생토록 특별한 생업에 종사하지 않은 채 학구적이고 종교적으로 충실한 생활을 하며 자녀들을 독특한 교육 방식으로 키웠다고 한다. 경제적 자유를 누린 지식인 아버지의 교육 덕택에 시장으로부터의 자유가 의미하는 바를 손자 제임스는 잘 설명하고 있다. 앞서 소개한 방다가 지식인에게 거의 불가능에 가까운 초인의 의무를 지운 것에 비하면, 제임스는 매우 현실 상황에 들어맞는 지식인의 상을 보여주고 있다.

> 가장 비난받아 마땅한 지식인의 사고 습관은 옳은 일인 줄 알지만 선택하기는 어려운 원칙적 입장으로부터 등을 돌리고 책임을 회피하는 습성이다. 지나치게 정치적으로 비춰지기를 원하지 않으며 논쟁적인 사람으로 보이기를 두려워한다. 상관이나 권력자로부터 인정을 받고 싶어 하고, 균형 있고 객관적이며 온건한 인물이라는 평판을 유지하고 싶어 한다. 자문 역할을 수행하고, 각종 위원회의 일원이 되고, 책임 있는 주류로 남는 것이다. 바로 회피가 내면화되는 것이다.[50]

떠오르는 이들이 있는가? 바로 교수 집단이다. 지식인 중 교수 집단이야말로 그 사회를 평가할 수 있는 좋은 지표라 할 수 있다. 네트워크상에서 커넥터의 역할을 하면서 사회의 품격을 그대로 보여줄 수 있는 집단이기 때문이다. 세속과는 거리를 두고 연구실에만 머무르는 사람들이 대부분이지만, 세상사에 밝고 임기응변이 능수능란한 교수들도 제법 있다. 일부 지식인의 민낯은 독재시대와 같은 혼란한 상황에서 더욱 빛을 발한다. 출세를 위해, 자리 보전을 위해, 자기 본능이 그대로 나타난다. 용비어천가를 불러대고 불의를 애써 외면하기도 한다. 이들 지식인은 불편한 진실을 이야기해야 되지만 그러질 못한다. 무엇이 그들을 위태롭게 하는 것일까? 문제는 역시 신뢰와 공감 능력의 결여이다. 이 능력이 없으면 남의 불행이 눈에 들어오지 않는다. 그러니 신뢰와 공감이라는 것은 그들의 세계에서는 공허한 말장난에 지나지 않는다. 이른바 합리성에 근거해 해당 상황에서 가장 이성적인, 그래서 자신에게 이익이 돌아오는 행동을 한다. 결국 커넥터로서 네트워크의 정점을 둘러싼 일부 전문가 집단은 시스템의 윤활유가 아니라 이익집단으로 남게 된다.

그렇다면 이들 지식인 집단은 원래 그런 사람들인가, 아니면 소수의 일탈자들만이 문제가 되는 것인가? 물론 소수 일탈자들일지라도 네트워크상에서의 영향력을 감안하면 그냥 지나칠 수는 없는 일이다. 더 큰 문제는 상습적 일탈자가 아닌 보통의 사람도 어긋나는 행동을 하는 것에 있다. 로랑 베그Laurent Bègue는 『도덕적 인간은 왜 나쁜 사회를 만드는가Psychologie du bien et du mal』에서 평범한, 아니 착한 사람들이 결국 악행을 저지르게 되는 이유를 많은 실험연구의 결과를 통해 보여주고 있다.[51] 대표적인 사례로 우리에게도 잘 알려진 밀그램의 전기 충격 연구가 있다. 밀그램은 보통의 사람이 얼마나 권위에 취약한지를 다소 과격한 실험으로 보여주었다.[52] 한 쌍의 단어를 기억하는 문제 풀기에서 틀리면 전기 충격을

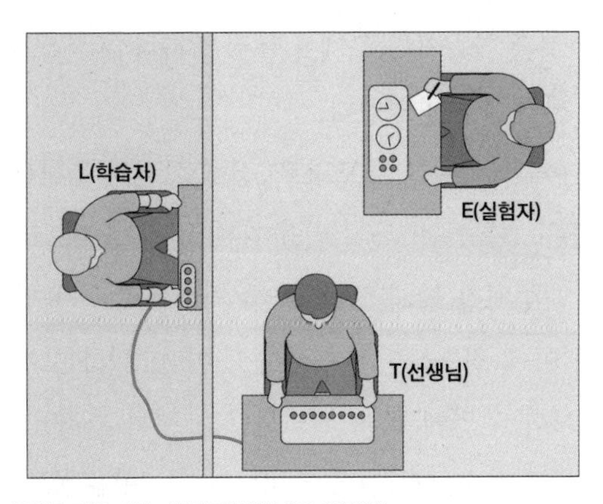

각 단계의 전기 충격(볼트)을 가한 피실험자(선생님)의 비율(%)

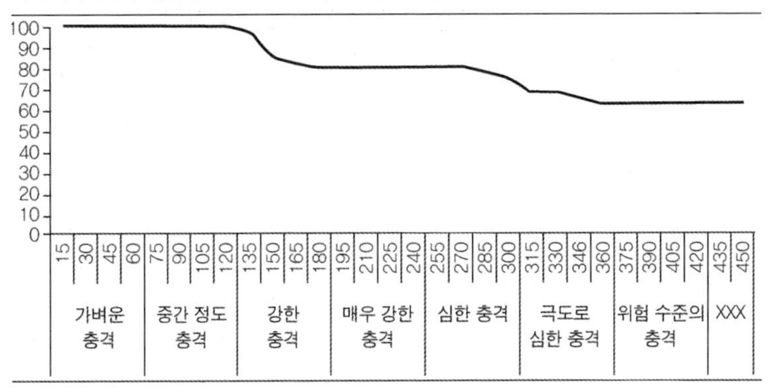

그림 3-2

밀그램의 전기 충격 실험과 결과

자료: Wikimedia Commons, "Milgram experiment v2," https://commons.wikimedia.org/wiki/File:Milgram_experiment_v2.svg(위); Milgram's Obedience Experiment, "Images," https://sites.google.com/site/milgramsobedienceexperiment/change-the-banner(아래)

가하는 실험 상황을 만들어서, 보통의 사람들로 구성된 피실험자들이 실험자의 지시에 따라 문제를 맞히지 못한 사람에게 전기 충격을 가하게 하는 실험을 했다. 실험 상황은 〈그림 3-2〉의 상단 그림과 같다. 상단의 그림처럼 방 안에 칸막이를 만들고, 한편에서 학습자(L)는 문제를 푼다. 실험을 진행하는 사람은 오른쪽 실험자(E)이고, 가운데는 실험 대상자인 선생(T)이다. 선생은 학습자가 문제를 틀렸을 때마다 실험자의 지시에 따라 학습자에게 전기 충격을 가한다.

물론 실험자와 학습자는 공모자로, 실제로 전기 충격을 가하는 것은 아니었다. 그들은 고통받는 척 소리를 내며 전기 충격으로 인한 고통의 목소리를 실험 대상자가 듣게 했다. 물론 지금의 연구 윤리 규정에 따르면 이런 실험은 아예 진행하지도 못했을 것이다. 여하튼 이 실험 결과로 우리들이 생각보다 권위에 많이 취약하다는 것이 드러났다. 물론 이런 엉뚱한 실험을 거부하고 실험실을 뛰쳐나간 사람들도 있었지만, 대개의 경우 실험자의 지시에 따라 답이 틀리면 실험 대상자는 전기 스위치를 올렸던 것이다. 〈그림 3-2〉 하단의 그래프는 실험 대상자들이 얼마나 전기 충격을 가했는지를 보여준다. 135볼트까지는 실험자 거의 모두가 전기 충격을 가했고, 이후 스위치를 올린 실험 대상자의 수는 조금씩 하락하는 모습을 보인다. 그러나 하락의 기울기는 그다지 가파르지 않아, 무려 450볼트까지 전기 충격을 가한 실험 대상자가 과반수를 차지했다. 실제로 전기 충격을 주지 않아서 그렇지, 이 사람들 모두 상해죄로 구속될 만한 폭력을 행사한 것이라고 할 수 있다.

밀그램이 이 실험을 통해 보여주고자 한 것은 개인의 잔인한 폭력 성향이 아니라 개개인들이 아무 의심 없이 권위자의 명령에 복종하는 모습이었다. 단지 하얀 가운을 입은 실험자라는 이유로 전기 충격을 가하라는 명령에 대다수가 복종했던 것이다. 권위에 복종하는 인간의 나약한 모습을 통해 특정 상황에 의해 개인의 윤리와 양심이 어떻게 무너지는지를 보여주었다. 밀그램의 이 실험 결과는 홀로코스트라는 만행이 일어날 수 있었던 이유를 제공하는 이론과도 맥이 닿아 있다. 홀로코스트는 사이코패스들만이 저지른 악행이 아니라 보통 사람의 참여와 협조로 가능했다는 것이다. 이러한 보통 사람에는 가해자인 독일인만이 아니라 피해자인 유대인도 포함된다. 유대인인 한나 아렌트Johanna(Hannah) Cohn Arendt는 『예루살렘의 아이히만Eichmann in Jerusalem』에서 아이히만Otto Adolf Eichmann의 논리와 보통 사람의 정서를 그려냄으로써 수많은 유대인 동포의 공분을 샀다.[53] 악의 기운이 없는 평범한 사람이 국가의 명령에 따라 홀로코스트를 일으켰다는 상황 논리를 간접적으로 제공했을 뿐만 아니라, 유대인 학살에 적극 가담한 이들은 전범 아이히만으로 대표되는 독일 나치만이 아니라 유대인들 자신이기도 했음을 담담히 전했기 때문이었다. 아우슈비츠의 조력자들은 유대인 자신이었다. 전임들은 후임들에 의해 가스실로 직행했다. 조력자의 스펙트럼은 아우슈비츠의 적극 조력자에서부터 단순한 협력, 그리고 시대의 방관자에 이르기까지 다양했다. 아우슈비츠의 유일한 반란은 '조력자'가 되길 거부한 이들에 의해 일어났다고 한다.[54] 유대인 지도자들이 나치와 협력하지 않았다면 그렇게 많은 사람이 죽지 않았을 것이라고 아렌트는 생각했다. 물론 이러한 유대인 지도자들의 나치 협력에 관한 내용은 유대인의 심기를 건드렸다.

전기 충격의 후속 실험에서 나타난 놀라운 결과는 양심적인 사람일수록 피해자에게 가한 전기 충격의 강도가 높았다는 점이다. 로랑 베그에 따르면 실제로 친절하고 순리대로 움직일 줄 아는 사람, 즉 사회에서 나무랄 데 없다는 평을 받는 사람일수록 밀그램의 모형과 가까운 상황에서 불복종을 꺼려했다. 소설 『죽음은 나의 일La mort est mon métier』에 나온 수용소 간수 루돌프 랑은 직업적 의무를 다한다는 명목으로 인간 생체실험에 대한 반감을 극복해야만 했다. 루돌프 랑은 생체실험을 끔찍해했지만 그는 무엇보다 '의무의 인간'이었다. 즉, 시키는 모든 일은 매우 성실히 수행하는 모범적인 간수였다. 그러나 극단적 순응성과 지나친 경직성을 지닌 루돌프 랑의 자기통제는 미덕이 아닌 악행으로 연결되었다. 양심적인 사람일수록 권위에 복종하기 쉽다는 이 결과는 재판을 지켜본 아렌트가 아이히만에 대해 기술한, 진중하고 체계적인 공무원이라고 한 묘사와 도 맞아떨어진다. 딱히 악인이라기보다는 주어진 업무를 열심히 처리하는 그저 평범한 관료 혹은 전문가의 모습이라는 점에서 소시오패스, 사이코패스만이 아니라 규범에 집착하는 노모패스normopath로서도 문제가 되는 것이다. 영혼 없이 조직과 상관의 명령에 무조건적으로 복종하는 인간의 나약함이 악행을 유도한다. 한편, 성별의 차이에서는 정치적으로 좌파인 여성이 피해자에게 가하는 전기 충격이 평균보다 낮은 것으로 나타났고, 우파의 권위주의적 태도를 두드러지게 보여준 사람들이 권위에 더 잘 복종하는 것으로 나왔다. 즉, 보수적인 사람이 명령을 잘 이행해 강도 높은 전기 충격을 쉽게 가한 것으로 나타났다.

밀그램의 전기 충격 실험처럼 부당한 명령이나 요구에 대해 어떤 이들은 양심의 가책을 느껴 거부를 하지만, 어떤 이들은 악을 저지할 만한 힘과 의지가 없어 거부하질 못한다. 부당한 요구나 명령에 대한 거부를 하지 않는 것은 감정 이입보다는 일종의 이기심에서 비롯된다. 다시 말해 부당한 요구를 동조하는 것이 아니라, 명령을 거부하면 돌아오면 손해를 계산하는 것이다. 유대인 학살의 책임자인 아이히만처럼 자신의 의무를 다했을 뿐이라고 믿는 유형들이 이에 속한다.• 교수나 판사 등 전문직 종사자들이 자신의 자리에 오르기 위해서는 당연히 인내와 끈기가 필요하다. 한마디로 성실해야 된다. 물론 이는 매우 바람직한 미덕이라 할 수 있다. 그러나 성실한 인격에 대한 연구들을 살펴보면 매우 놀라운 결과가 나타난다. 이들은 학업, 직장에서의 업무 수행, 근무 태도 등 다

• 아이히만은 아르헨티나에 은신하던 중 이스라엘 모사드에게 체포되어 이스라엘에서 재판 후 교수형에 처해졌다. 국가의 명령을 충실히 수행한 공무원처럼 담담하게 재판에 임하는 아이히만의 모습을 재판장에서 지켜보고 아렌트는 『예루살렘의 아이히만』을 쓰며 '악의 평범성'이라는 개념을 등장시켰다.

양한 행동 지표에서 높은 점수를 얻는다. 평균 수명도 다소 높은 것으로 나타난다. 그러나 성실한 인격의 소유자들은 부당한 명령을 내리는 권위에는 잘 저항하지 못하는 것으로 드러난다.[55] 부당한 명령에 찬성해서가 아니라 명령을 거부함으로써 돌아오는 피해를 너무 잘 알고 있기 때문이다. 전술한 양심적인 사람들이 권위에 복종하기 쉽다는 실험 결과와도 너무 유사하다. 제도신뢰의 하락을 단적으로 보여주는 이명박 정부와 박근혜 정부 시절의 대법원 재판 개입 사건도 비슷한 상황 속에서 벌어진 일이라 하겠다. 나쁜 일인지는 알지만, 저항하지 않고 애써 외면한다. 권위와 권력을 지닌 노모패스는 결코 사회에 이익이 될 수 없다.

저자의 학부 수업에서 나온 이야기이다. 미래의 교육환경을 토론하는 과정에서 "교수라는 직업은 왜 종신직인가?"라는 질문이 나왔다. 물론 우리나라는 미국과 달리 그야말로 '죽을 때까지'를 뜻하는 종신직은 아니지만, 65세까지 정년이 보장되는 유사 종신직이라 할 수 있다. 학생들의 답변은 연구의 지속성에서부터 그냥 특혜라는 주장까지 다양하게 개진되었다. 몇 차례 의견이 교환된 후, 드디어 학문과 사상의 자유를 위해 외부의 압력으로부터 교수들을 보호하기 위함이라는 답변이 나왔다. 종신재직제도를 유지하는 이유는 너무나도 자명하지만, 학생들도 그렇고, 어쩌면 우리 모두 이러한 사실에 대해 그다지 신경을 쓰지 않는 듯하다. 거창하게 상아탑의 이상을 이야기하는 것도 아니고, 교수의 책무를 논하는 것도 아니다. 다만 정치권력의 압력이나 시장의 유혹을 이겨내라고 도입한 제도가 유명무실해진다면 그러한 제도를 유지할 이유도 없을 것이다. 촘스키의 제자인 노먼 핀켈슈타인Norman Finkelstein은 교수들이 독특한 의견을 내놓아서가 아니라 다들 받아들일 만한 소리를 함으로써 정년을 보장받게 된다는 데 문제가 있다고 진단한다. 그 자체의 보수적인 관성 때문에 현대의 대학은 진리를 추구하는 데 가장 적대적인 장소가 되었다. 한

때 유용했던 제도인 정년 보장도 오늘날 가장 부적절한 원칙이 된 것이라고 핀겔슈타인은 생각한다.[56] 오스만 제국은 지식인을 육성하지 않은 것으로 유명하다. 오스만 제국의 군주는 책과 학문이 세상의 그 무엇보다 사람들의 자아를 흔들어 깨우며 독재를 증오하게 할 수 있다는 점을 잘 알고 있었다.[57] 이는 지식인의 존재 이유를 단적으로 보여준다. 이러한 존재 이유가 사라지면 지식인은 사회에서 차지할 자리도 없게 된다.

러셀 저코비Russell Jacoby는 『마지막 지식인들The Last Intellectuals』에서 미국에는 지식인의 자리에 사회의 큰 주목을 받지 않으면서 소심하며 어려운 전문 용어만 남발하는 대학 교수들만 남았을 뿐, '비학문적인 지식인'은 완전히 사라졌다고 한탄한다. 루이스 멈퍼드, 대니얼 벨, 수전 손태그를 이을 지식인은 사라지고 있다는 것이다.[58] 이런 세태를 반영하듯이 반지성주의가 힘을 얻고 있다. 반지성주의는 평등주의에서 출발한다. 지성 자체에 대한 반감이 아니라 지성이 세습적인 특권계급의 독점적 소유물이 되는 데 대한 반감을 표출하는 것이다. 먹물이나 기레기 등, 반감이 듬뿍 담긴 속어가 온라인상에서 자주 등장하는 이유이다. 지성이 대학이나 연구소처럼 본래 있어야 하는 곳에서 축적되고, 본래 완수해야 하는 기능에 전념하는 경우에는 반지성주의가 크게 대두되지 않는다. 그러나 이들 기관이 권력의 꼭두각시 노릇을 하거나 전문 분야를 넘어선 영역에서 권위로 군림하면서 월권행위를 하면 강한 반감을 불러온다. 하버드 대학교 자체가 아니라 '하버드주의'가 문제라는 것이다.[59] 특정 대학 자체가 아니라 그 대학 출신이 국가 등의 권력구조를 계속 좌우하는 위치에 있는 것에 대한 보통 사람들의 반감 표시가 반지성주의로 나타나는 것이다. 우리의 대학도 여기서 한 치도 벗어나질 않는다. 결국 지식인이나 전문가 집단에 대한 신뢰는 낮아지고, 반지성주의가 넘쳐나며, 사회자본은 축소되어 사회는 혼란스러워진다.

04
네트워크 법칙

네트워크에서 나타나는 일정한 패턴을 잘 파악하면 네트워크 사회에 대한 전반적인 이해를 높일 수 있다. 네트워크 중심도를 통해 네트워크의 특성에 쉽게 접근하듯이, 네트워크상에서 정보가 전파되는 몇 가지 법칙을 통해 네트워크 사회의 실상을 파악할 수 있다. 네트워크를 관통하는 법칙을 폭력과 사랑의 전파를 통해 알아보자.

네트워크 법칙

폭력과 사랑은 네트워크를 통해 확산된다. 대표적인 폭력의 확산 사례로 코르시카의 연계살인vendetta 사건을 들 수 있다. 1840년대 코르시카에 사는 안톤은 아내 마리아의 불륜을 인지, 바로 아내와 딸을 살해한다. 그러자 살해된 마리아의 오빠 코르토는 안톤을 살해하려 했으나 미수에 그치고, 대신 안톤의 형제와 조카인 아리스토텔로를 살해한다. 살해된 아리스토텔로의 형제인 지아코모는 코르토의 아버지를 살해하려고 했으나, 그는 이미 자연사하여 결국 코르토의 형제를 살해한다.[1] 첫 살인을 계기로 지아코모와 코르토 형제는 피와 복수로 끈끈하게 연결되었다. 이처럼 멈춤 없는 폭력은 네트워크를 타고 확산한다. 단일 폭력 사건이 연속적으로 이어지며 확산되는 것이다. 폭력은 집단화되어 널리 퍼지기도 한다. 술집에서 한 사람이 휘두른 주먹으로 가게 전체가 싸움터로 변하는 영화 속 장면은 우리에게 어색하지 않다. 규모가 큰 사례로는 북아일랜드의 신교와 구교의 충돌을 들 수 있다. 1998년에 이르러서야 평화협정이 타결되었지만, 1969년부터 30년간 복수에 복수로 이어진 연쇄작용으로 3700여 명이 사망했다.[2]

사랑도 네트워크를 타고 확산한다. 1995년 존 라비는 심장 이식으로 생명을 연장했다. 수술 후 그의 네 자녀는 모두 장기기증서에 서약했다. 2007년 라비의 아들 댄이 사망하자, 기증된 댄의 장기 덕분에 여덟 명이 생명을 구할 수 있었다.[3] 이처럼 사회적 연결망은 폭력 행위를 확산시키기도 하지만 이타적 행위도 확산시킬 수 있다. 소셜 네트워크를 통해 행복과 관대함 그리고 사랑의 전파가 가능한 것이다. 이러한 네트워크 내에서의 전파 현상을 크리스태키스Nicholas A. Christakis와 파울러James H. Fowler는 연결과 전염Connection & Contagion이라는 간단한 소셜 네트워크 규칙으로 설명한다. 연결과 전염이라는 두 속성은 소셜 네트워크가 왜 존재하고, 어떻게 작동하는지를 설명하는 핵심 요소로서, 소셜 네트워크의 특성을 설명하는 다섯 가지 법칙의 근간이다. 이러한 법칙들을 통해 세균, 돈, 폭력, 패션, 행복, 사랑, 밈meme, 심지어 비만이나 개인 파산 등이 전파되는 것을 설명할 수 있다. 네트워크를 관통하는 다섯 법칙은 다음과 같다.[4]

법칙 1: 네트워크는 우리 자신이 만든다 We shape our network. 우리는 선택적으로 네트워크를 만들고 수정한다. 우리의 선택으로 전체 네트워크의 다양한 모습이 결정되는 것이다. 대학교 졸업생이 고등학교 졸업생보다 사회적 네트워크의 사이즈가 대체로 더 크다는 양적인 측면에서부터 각각의 네트워크 성격이 저마다 다르게 나타나는 질적인 모습까지 우리가 결정한다. 동종 선호의 원칙homophily에 따라 끼리끼리 모이는 것이다. 극우는 극우끼리, 극좌는 극좌끼리 어울린다. 온라인상에서 나타나는 극단주의 역시 이러한 끼리끼리의 본능이 부정적으로 발현되는 사례이다.

법칙 2: 네트워크는 우리를 만든다 Our network shapes us. 우리가 네트워크를 만들듯이 네트워크도 우리를 만들어간다. 자신이 속한 네트워크에서의 위치에 따라 우리들은 영향을 받는다. 1장의 지하철의 사례처럼 환경의 지배를 받는 것이다. 식사 자리의 배치에 따라 발언 횟수가 달라지거나, 기숙사 방 배치에 따라 친구들이 달라지는 등 네트워크에서의 위치는 우리들에게 다양한 영향을 미친다. 이러한 환경의 영향으로 우리가 어떻게 변하는지를 과학적으로 설명한 재미있는 사례를 소개한다. 출생 순서가 IQ를 결정한다는 것인데, 얼핏 보면 비과학적이고 황당하기까지 하다. 그러나 이 연구는 ≪사이언스≫에 실렸고, "출생 순서가 IQ의 차이를 가져온다Birth order can make a difference in IQ"라는 제목으로 ≪뉴욕타임스≫에 소개되었다.[5]

지금은 자식의 수가 많지 않아 이런 연구를 하기도 쉽지 않지만, 연구자들은 자식 수와 탄생 순서에 따라 IQ가 어떻게 변하는지를 그래프를 통해 분명히 보여주고 있다. 자식 수가 둘이 되었건, 셋이 되었건, 넷이 되었건, 아니면 그보다 더 많아도 장남은 늘 제일 똑똑한 것으로 나타났다. 또한 첫째는 둘째보다, 둘째는 셋째보다, 셋째는 넷째보다 거의 항상

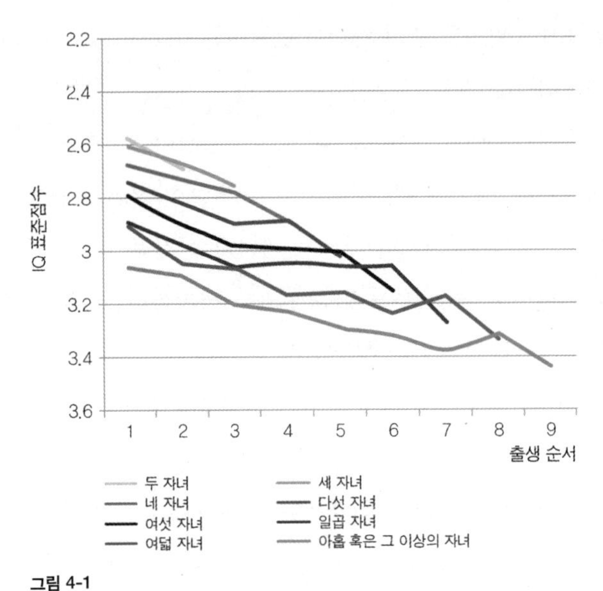

그림 4-1

출생 순서와 IQ 간의 상관관계

자료: Andrew Whitehouse, "Serial killers, Prime Ministers and divorcees," *The Conversation*, November 26, 2012, http://theconversation.com/serial-killers-prime-ministers-and-divorcees-10976

IQ가 더 높은 것으로 나타난다. IQ는 생물학적 요인이 아닌 가족 내 네트워크 구조의 영향을 받는다는 것이다. 다시 말해 가정 내의 역학관계 family dynamics에 의해 이러한 결과가 나타난다는 것이다. 이러한 현상에 대한 설명으로, 동일한 부모일 경우, 즉 유전적 성향이 같을 경우 가족 내에서 자원을 가장 많이 받는 장남의 IQ가 높다는 점을 강조한다. ≪뉴욕타임스≫의 기사는 다윈도, 코페르니쿠스도, 데카르트도 장남은 아니었다고 끝을 맺지만, 5형제 중 막내인 저자의 경우에는 이 이론이 들어맞는 것 같다. 같은 맥락에서 혁명가는 막내가 많다는 주장도 있다. 생물학자이자 다윈 전문가인 프랭크 설로웨이Frank Jones Sulloway는 『타고난 반항아 Born to Rebel』라는 책에서 맏이는 권력과 가깝고 막내는 반항아가 많다고 주장한다.[6] 가정이라는 위계질서의 하단에 위치한 막내가 시스템의 전복을 꾀하는 것이다. 물론 맏이는 위계의 정상에 있으니 현재 체제를 옹호하게 된다. 전혀 근거 없는 주장은 아니라고 생각한다. 이는 가정이라는 작은 환경에서 구성원들이 어떻게 영향을 받는지를 설명하는 이론이다.

법칙 3: 친구들은 우리에게 영향을 미친다 Our friends affect us. 한마디로 친구가 공부하면 나도 공부하고, 놀면 나도 논다. 나를 직접 둘러싼 네트워크 구조 자체에서만 영향을 받는 것은 아니다. 연결된 상대의 속성이나 행동으로 인해서도 영향을 받는다. 친구, 가족, 직장 동료 등과 연결됨에 따라, 그 사람의 영향권 안에 위치하게 되면서 눈치를 살피고 같이 하품을 하는 것이다. 심지어 전혀 모르는 사람을 따라하는 속성도 있다. 예를 들어 식당에서 안면이 전혀 없는 옆 사람을 따라 과식을 하는 것이 있다. 이처럼 우리는 알게 모르게 연결된 모든 사람으로부터 다양한 영향을 받게 된다.

법칙 4: 친구의 친구도 우리에게 영향을 미친다 Our friends' friends affect us. 사람들은 직접 연결된 친구만이 아니라, 친구의 친구로부터도 영향을 받는다. 네트워크는 연결 자체에 그 의미가 있고, 이러한 연결은 단 한 차례로 끝나지 않는다. 끝없이 이어지는 연결의 순환 고리 안에서 우리의 사고와 행동은 영향을 받게 된다. 단 한 번의 연결로 끝나는 선형 구조에서는 역동성을 발견하기가 쉽지만, 대부분의 네트워크는 수많은 연결로 이어진 비선형적 시스템이다. 비선형적 현상의 관찰은 그래서 쉽지 않다. 전파나 전염은 시간의 흐름에 따라 진행되기 때문에 진행의 방향성 그리고 네트워크 전체를 볼 수 있어야 현상을 제대로 설명할 수 있다. 예를 들어 2015년 메르스 사태 때 수많은 사람들이 격리 조치되어 조사와 치료를 받았지만, 전체 사태를 마무리하기에는 역부족이었다. 전체의 상황을 몇몇 개인의 사례로만 설명할 수는 없었던 것이다.

이처럼 우리는 주변 여러 사람들에게 반응하게 되고, 우리 행동과 규범 역시 사회적 환경의 영향을 받는다. 좁은 세상으로 앞서 소개한 밀그램은 또 다른 기발한 실험을 통해 우리가 주변 환경에 얼마나 영향을 받는지를 보여준다. 뉴욕 시내의 보행자 1424명을 대상으로 한 실험에서 밀그램은 보행자가 길을 걷다가 6층 높이의 창문을 바라보게 하는 상황을 조성했다. 실험 결과, 조교 한 명이 보았을 때 함께 창문을 본 보행자는 4%에 지나지 않았으나, 15명의 조교가 볼 때는 보행자의 40%가 함께 창문을 바라보는 것으로 나타났다. 남이 하니 따라하는 것이다. 물론 보행자들은 서로 안면이 없는 지나가는 행인들이었다. 이와 같은 행동 모방 반응은 군중 수와 관련 있는 것이라고 밀그램은 결론지었다.[7] 군중이 많을수록 서로의 행동을 더 따라하게 된다.

법칙 5: 네트워크는 자체 생명력이 있다 Network has a life of its own. 네트워크는 그 자체의 특성이 있고, 내재된 규칙에 따라 작동한다. 따라서 고립된 개인이나 노드만을 연구하는 것으로 전체 네트워크를 이해하는 것은 불가능하다. 예를 들면, 교통 체증 분석을 위해서는 개별 차량에 대한 분석이 아니라, 도로 네트워크 전체의 정보가 필요하다. 전체 네트워크의 특성을 고려해야 교통 체증의 원인과 대책이 나올 수 있기 때문이다. 노루나 사슴 등 동물의 세계에서 무리 중 한 마리가 뛰면 나머지도 덩달아 뛰는 스탬피드 현상stampede phenomenon도 네트워크 자체의 생명력에 기인한 것이다. 물론 이러한 현상이나 시스템에 대한 설명은 통합적인 시각에서 접근해야 한다.

네트워크 구성원에 의한 집단지성도 네트워크의 생명력을 보여주는 사례이다. 철새의 무리는 누군가의 지시와 조절 없이 먼 거리의 목적지까지 갈 수 있다. 리더만 중요한 것이 아니라 이동하는 새 무리 전체가 중요한 것이다. 실제로 철새의 이동을 지켜본 생물학자는 장거리 이동의 포인트는 리더가 아니라 전체 무리의 협력에 있다고 단언한다. 영화에서 흔히 보는 V자 편대의 맨 앞에 위치한 리더가 무리를 계속 이끌고 가는 것이 아니라, 서로 돌아가며 앞자리를 지킨다는 것이 발견되었다.[8] 선두 위치를 바꿔가며 에너지 소모를 줄이면서 긴 거리를 다 같이 이동하는 것이다. 우리가 장거리 단체 경주에서 벌이는 방식과 똑같이 새들도 행동하고 있는 셈이다. 결국 중요한 것은 시스템 전체이지 개별 객체가 아니다. 2018년 평창 동계올림픽 스피드 스케이팅 여자 팀 추월 경기를 바라보면서 우리가 그토록 목소리를 높인 이유이기도 하다.

감정의 전염

네트워크상에서의 감정 전염 역시 앞에서 소개한 네트워크 법칙과 마찬가지로 많은 시사점을 우리에게 주고 있다. 정치 영역에서부터 마케팅 혹은 일반 이용자의 감정 변화에 이르기까지 감정 전염의 영향은 실로 대단하다. 우리가 매일 이용하는 카톡이나 페이스북이 우리의 감정을 변화시킬 수 있을까? 페이스북 뉴스피드 내용이 이용자 감정에 어떠한 영향을 주는지를 조사한 결과, 긍정적 게시물에 노출된 사람은 긍정적으로, 부정적 게시물에 노출된 사람은 부정적으로 변하는 것으로 나타났다.[9] 우울한 친구와 만나면 우리 자신도 우울해지듯이 페이스북 뉴스피드에서도 감정 전이가 쉽게 일어날 수 있다는 것이다. 그렇다면 네트워크상에서 일어나는 감정 전염의 영향력은 어느 정도인지 좀 더 알아보자.

우선 네트워크상에서 어떻게 감정이 전파되는지를 몇 가지 사례를 통해 살펴보자. 1962년 탄자니아에는 웃음꽃이 피었다. 그런데 즐거워서 웃는 것이 아니라, 감정의 전염으로 웃음이 퍼져나간 것이었다. 소녀 세 명의 주체할 수 없는 웃음은 순식간에 퍼져 학생 159명 중 95명에게 전염되었다. 웃음은 가족과 주변 두 개 학교까지 번졌고 1000여 명에게 영향을 미쳤다. 이러한 웃음 발작은 몇 분에서 몇 시간을 고통스럽게 지속되었고, 결국 상당 기간 휴교를 하게 되었다.[10] 학자들은 이러한 웃음 전염을 실제 행복감이 아닌 집단 히스테리epidemic hysteria 현상으로 바라본다. 네트워크상에서의 감정 전염을 통해 내면의 욕망을 취한다는 것이다. 감정은 모든 사람들에게 퍼질 수 있고, 감정의 전염은 개인만이 아니라 집단성을 취하는 것에 주목해야 한다.

다른 사람의 감정에 노출되어 전염되고 반응하게 되는 것을 캐치catch라는 개념으로 설명할 수 있다. 대학 신입생 때 우울한 룸메이트를 배정받으면 그 또한 점점 우울해진다. 타인의 감정을 캐치하기 때문이다. 사람들은 자신과 접촉한 사람의 감정 상태에 민감하고, 그의 영향을 받는다. 감정 전염은 룸메이트처럼 오랜 시간을 같이 보낸 경우는 물론, 잠깐 접촉한 사람으로부터도 일어난다. 정치인들이 열심히 유권자들과 악수를 하는 것은 악수를 하는 순간 자기 표가 된다고 생각하기 때문이다. 연구 결과에 따르면, 특정 후보와 악수를 하면 실제로 그 사람에게 투표하게 될 가능성이 높아진다. 악수를 통해 감정 교류가 일어나기 때문이다. 이른바 악수 효과이다. 악수 효과에 대한 과학적 검증은 아직 미진하지만, 플로린 돌코스Florin Dolcos와 산드라 돌코스Sanda Dolcos의 연구에서는 악수를 하면 감정 교류를 담당하는 뇌의 특정 부위가 활성화되는 것으로 나타났다.[11] 악수 효과 역시 짧은 순간에 이루어지는 캐치 현상의 하나라고 할 수 있다.

타인의 감정을 캐치하는 것은 진화의 한 모습으로, 매우 이로운 생존 방법의 하나이다. 원시시대부터 인류는 사회 환경에 효율적으로 대처하기 위해 다른 사람과 결속을 하고, 결속 강화를 위한 소통 수단으로 언어를 사용했다. 언어와 함께 감정의 흉내 또한 중요한 소통 수단의 하나로 활용했다. 현대에 이르러서는 다른 사람의 감정을 읽는 것은 물론, 감정을 표출하고 발달시키기도 한다. 긴급 상황 발생 시 타인의 감정을 관찰, 모방해 모두가 비슷한 반응을 보이기도 한다. 가령 불이 났을 때 서로 합심해 함께 불이 난 건물을 빠져나온다든지, 교통사고가 나면 주변 차량 탑승객이 모여 사고 차량에서 승객을 함께 구출하는 등 다양한 사례를 접할 수 있다. 이러한 감정 전염에는 두 가지 특성이 내재한다. 첫 번째는 모방 욕구이다. 타인의 표현이나 외형을 모방하는 것이다. 모방 경향은 생물학적으로 내재된 것으로, 진화의 힘이라 할 수 있다. 주변과 소통하지 않으면 살아갈 수 없는 원시 상태에서 타인과의 감정 교류는 생존을 위한 필수 요소였다. 두 번째는 커뮤니케이션 욕구이다. 웃거나 놀라는 감정 표현은 자신이 느낀 경험을 표현하는 수단일 뿐만 아니라, 타인과 소통을 위한 한 방법이다. 이처럼 우리는 다른 사람의 얼굴 표정을 읽고 공감하는 능력을 발달시킨다. 대개 여성이 남성보다 이러한 감정 표현과 소통에 뛰어난 것으로 알려져 있다.[12]

생존을 위한 감정 교류의 하나로 나타나는 감정 전염은 이성적인 것이라기보다는 본능적인 인간의 행동이라고 학자들은 생각한다. 감정의 구심성affective afference 이론이 이러한 주장을 뒷받침한다.[13] 구심성 신경求心性神經, afferent nerve은 신경 자극이 말초에서 중추를 향해 전해지는 것을 의미한다. 갑자기 큰 뱀과 마주쳤을 때 무서워서(중추신경의 자극) 소름이 돋는 것이 아니라, 소름이 돋으니(말초신경의 자극) 무서워지는 것이다. 얼굴 피드백 이론도 유사한 내용이다. 다른 사람의 얼굴 표정을 모방한 결과, 그 사람과 똑같은 감정을 느낄 수 있다. 이처럼 감정 전염은 단순히 얼굴 표정을 읽거나 타인의 경험을 마음으로 느끼는 것을 넘어서, '더 원시적이고 덜 의도적인 방법으로' 진행된다. 상심했을 때 미소 지으면 웃고 있는 근육을 뇌가 인식해 정신건강에 도움을 준다는 가설은 현재 널리 받아들여지고 있다. 슬프더라도 웃어야 하는 이유이다. 미러 뉴런mirror neuron의 존재도 감정과 행동의 전염을 일어나게 하는 생물학적 메커니즘이다. 뇌는 타인에게서 본 행동을 내가 직접 하는 것처럼 느끼게 한다. 내가 직접 공을 찰 때 활성화되는 뇌의 부위가 축구 경기를 볼 때도 활성화된다. 감정 표현의 모습만 봐도 그런 감정을 느끼는 것처럼 전염되는 것이다.

이러한 감정 전염은 단체로 일어나기도 한다. 이른바 집단 감정 전염mass psychogenic illness: MPI이다. 감정 전염을 통해 많은 사람들이 고통스러워하는 상황을 의미하는 것으로, 집단 질환의 하나로서 간주한다. 집단 히스테리 혹은 집단 심인성 질환으로도 알려져 있다. 친구, 친구의 친구 혹은 낯선 사람으로부터 감정이 전염되면서 사람들 사이로 퍼져나가 더 많은 사람에게 영향을 미치게 된다. 이러한 집단 감정 전염은 오래된 그림에서도 엿볼 수 있다. 〈그림 4-2〉는 한 방에 모인 사람 전체가 공포와 당혹감에 젖어드는 상황을 묘사한 그림이다. 톰킨스 매티슨Tompkins Harrison Matteson이 1855년에 그린 그림으로, 1692년에 일어났던 마녀재판의 실제 사례를 묘사한 것이다. 손녀 등 가족으로부터 마녀로 지목되어 재판장에 끌려온 조지 제이콥스(그림 오른쪽 하단)와 함께 주변 사람들이 다 같이 경악하는 모습은 집단 감정 전염의 대표적 사례로 알려져 있다. 제이콥스는 결국 교수형에 처해졌다.[14]

현대에 이르러서도 집단 감정 전염의 사례는 다수 있다. 대표적인 사례로 미국 워런 카운티Warren County 고등학교의 집단 전염이다.[15] 한 교사가 가솔린 냄새로 두통, 구토, 호흡 장애를 호소했고, 선생님의 반응을 본

그림 4-2
메티슨이 그린 〈조지 제이콥스의 재판(Trial of George Jacobs, August 5, 1692)〉
자료: Wikimedia Commons, "Matteson-jacobs," https://en.wikipedia.org/wiki/File:Matteson-jacobs.jpg

학생들도 비슷한 증상을 보이며 교실을 나가게 되었다. 이 광경을 지켜본 다른 학생들도 자신에게 비슷한 증상이 나타난다고 호소했다. 조사 결과, 가솔린 냄새 등 다른 영향은 없었던 것으로 판명되었다. 미국질병관리본부CDC의 분석 결과, 앞에서 소개한 탄자니아 웃음 전염과 동일한 감정 전염으로서, 심리적 전염으로 판명되었다. MPI 증상은 물론 거짓이 아니라, 실제로 그들은 그렇게 느끼는 것이다.

1973년부터 1993년까지 발생한 70건의 집단 히스테리 사례를 분석한 결과, 발생 장소로는 학교가 50%, 작은 마을이나 공장이 40%, 그리고 기타 10%로 나타났다. 사례별 감염 인원수는 최소 30명에서 수백 명에 이르기도 했다. 발병 기간은 대개 2주 미만으로 나타났으며, 조사 사례의

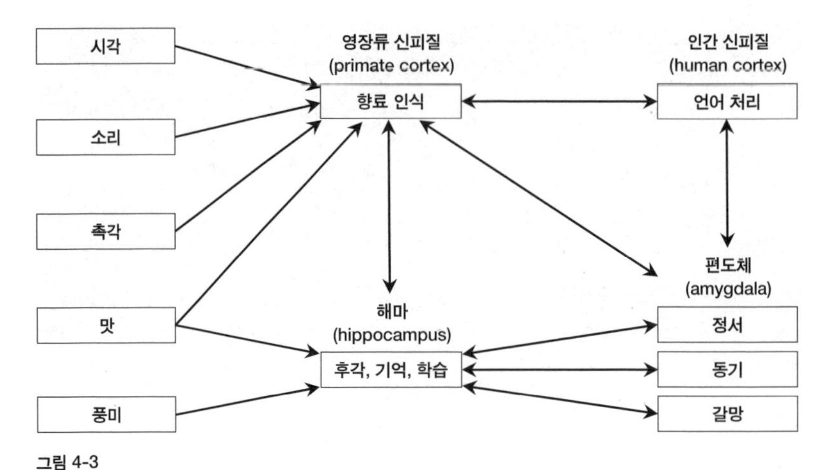

그림 4-3
후각, 기억, 학습
자료: 최낙언, "향기가 기억에 미치는 영향", ≪ㅍㅍㅅㅅ≫, 2015년 5월 21일 자, https://ppss.kr/archives/24869

20%만이 한 달 이상 지속되었다.[16] 분석 사례의 특징으로는 대부분 서로의 관계가 밀접한 공동체 내에서 감정 전염이 출현해 퍼져나가는 경향을 보였고, 남성보다 여성에게서 증상이 더 많이 나타났다. 특히 냄새가 집단 히스테리의 방아쇠 역할을 할 때가 많았다. 실제 냄새와 감정은 둘 다 안와전두엽피질이라는 뇌 부위가 담당하는 것으로 알려져 있다.[17] 우리들에게 잘 알려져 있는 프루스트 현상Proust phenomenon과도 관련이 있다. 과거에 맡았던 특정 냄새의 자극을 통해 기억을 떠올리는 이른바 '마들렌 효과'이다. 〈그림 4-3〉에서처럼 후각, 기억, 학습을 관장하는 해마는 정서나 동기를 담당하는 편도체와 바로 연결되어 있다.[18]

> 침울했던 하루와 서글픈 내일에 대한 전망으로 마음이 울적해진 나는 마들렌 조각이 녹아든 홍차 한 숟가락을 기계적으로 입술로 가져갔다. 그런데 과자 조각이 섞인 홍차 한 모금이 **내 입천장에 닿는 순간, 나는**

깜짝 놀라 내 몸 속에서 뭔가 특별한 일이 일어나고 있다는 사실에 주목했다. 이유를 알 수 없는 어떤 감미로운 기쁨이 나를 사로잡으며 고립시켰다.

마르셀 프루스트, 『잃어버린 시간을 찾아서』[19]

감정 전염은 개인만이 아니라 집단으로도 나타나고, 또한 여러 단계를 거친다. 네트워크 법칙을 소개한 크리스태키스와 파울러는 감정 전염이 3단계에 걸쳐 일어난다고 주장한다.[20] 그들의 감정 전염 연구에 따르면 행복감은 1단계인 직접 연결된 친구를 통해 약 15%, 2단계인 친구의 친구에게서 약 10%, 그리고 3단계라 할 수 있는 친구의 친구의 친구로부터 약 6% 전염된다. 일반적인 경우 4단계에서의 감정 전염은 소멸되는 것으로 나타난다. 이러한 감정 전염의 영향력은 백분율 자체로 볼 때는 낮게 느껴지지만, 연결된 네트워크로 퍼지다 보면 엄청난 결과를 초래한다. 앞에서 언급한 행복 전염성 연구의 대상이었던 동일한 네트워크에서 고독감 전염성을 조사했더니, 고독감의 전이 또한 행복 전염처럼 3단계에 걸쳐 이루어지는 것으로 드러났다. 직접적 관계에서 52%, 친구의 친구 단계에서 25%, 3단계에서는 15% 정도가 고독감을 느끼는 것으로 나타났다. 수치로만 보면 나쁜 감정, 고독감이 행복감보다 훨씬 강하게 전염되는 것을 알 수 있다. 또한 친구가 많을수록 고독감을 덜 느끼는 것으로 보고되었고, 가족 수는 고독감과 연관성이 없는 것으로 나타났다.

일반적으로 네트워크상에서 모든 사람들은 6단계 안에서 연결되어 있고, 3단계까지 영향을 주고받는 것으로 여겨진다. 이러한 전염은 행복감, 고독감, 흡연 습관, 비만, 스토리텔링storytelling 등 매우 다양한 측면에서 일어난다. 영향의 범위가 3단계로 제한되는 이유는 단계를 거칠수록 전달의 파급력이 점차 줄어들고, 네트워크 유대는 영원히 지속되지 않으며, 심리적으로 가까운 사람들과 교류하는 것이 생존에 유리하기 때문이다.[21] 3단계 영향력이 우리에게 의미하는 바는 우리 모두는 연결되어 있고, 좋든 나쁘든 서로에게 영향을 준다는 사실이다. 만일 한 명이 스무 명을 알게 되면 3단계 법칙에 따라 20×20×20으로 연결되어 겹치는 사람을 제외해도 몇천 명에게 영향을 준다.

감정 전염은 인터넷 세계에서도 어김없이 일어난다. 실제로 페이스북 이용자를 대상으로 실시한 몇몇 실험에서는 소셜 네트워크에서의 감정 전이가 쉽게 일어나는 것으로 나타났다. 앞에서 소개한 파울러 등 일련의 네트워크 학자들은 2010년 미국 중간선거 기간에 '난 투표했다I voted'라는 버튼을 누른 페이스북 이용자들 중에서 무작위로 선택된 여섯 명의 사진과 글을 6100만 명의 다른 페이스북 이용자들에게 전달했다. '난 투표했다'라는 정치적 메시지를 이용자들에게 전달한 결과, 정치적 자기표현과 정보 추구가 늘어난 것은 물론, 수백만 명에 달하는 사람들의 실제 투표 행위에도 영향을 미친 것으로 나타났다. 이러한 전염 효과는 메시지를 직접 전달받은 당사자만이 아니라, 전달받은 사람의 친구, 친구의 친구 등에게도 나타나는 것으로 드러났다. 특히 이러한 영향은 친한 친구 관계일수록 더 크게 나타났다. 이 실험은 페이스북이 투표를 독려하기 위해 만든 도구인 '투표자 메가폰voter megaphone'을 개선하기 위해 실시된 것으로, 불과 몇 시간 만에 6000만 명의 페이스북 이용자들이 정치 메시지에 반응함으로써 서로에게 미치는 영향력을 측정할 수 있었다.[22]

보다 본격적인 감정 전염 연구는 2년 후에 다시 실시되었다. 68만 명의 사용자를 대상으로 페이스북 뉴스피드에 올라오는 콘텐츠가 사용자의 감정에 어떠한 영향을 미치는지를 조사한 것이다.[23] 이 실험에서 페이스북은 언어 처리 소프트웨어를 사용해 게시물을 긍정적인 것과 부정적인 것으로 분류한 뒤, 한 집단의 뉴스피드에는 부정적 게시물을 줄이고, 다른 집단의 뉴스피드에서는 긍정적 게시물을 줄였다. 그 후 각각의 게시물에 노출된 사용자들이 어떤 내용을 업데이트했는지를 조사했다. 그 결과, 긍정적 내용에 덜 노출된 사람은 부정적 게시물을 더 올리고, 반대로 부정적 게시물에 덜 노출된 사람은 긍정적 게시물을 더 올린 것으로 나타났다. 마치 우울한 친구와 어울리면 자신도 우울해지는 것처럼 뉴스피드에서도 감정 전이가 쉽게 일어나는 것을 확인했다. 앞의 연구 결과처럼 페이스북이 마음만 먹으면 사람들의 태도와 행동에 영향을 미칠 수 있다는 것을 스스로 증명한 연구라고 할 수 있다.

페이스북이 진행한 연구 결과로 우리가 추론할 수 있는 것은 페이스북 알고리즘이 수백만 명의 감정을 눈치채지 못하게 조작할 수 있다는 점이다. 페이스북이 이른바 가짜 뉴스를 퍼트리거나 특정 후보에게 유리한 이용자 정보를 빼내고 선거일에 사람들의 감정을 조작한다면 어떻게 될까? 실제로 이와 유사한 일이 벌어졌다. 페이스북은 2014년에 영국 케임브리지대학교의 알렉산드르 코건Aleksandr Kogan 교수가 '디스 이즈 유어 디지털 라이프This is Your Digital Life'라는 앱으로 페이스북 사용자의 정보를 수집할 수 있도록 허용했다.[24] 코건 교수는 페이스북 이용자에게 소정의 대가를 주고 해당 앱으로 성격 퀴즈를 풀도록 한 후, 이 앱을 내려받은 27만 명과 그의 친구들까지 총 5000만 명 이상의 페이스북 가입자 정보를 수집했고, 이 자료를 정치 컨설팅 업체 '케임브리지 애널리티카Cambridge Analytica'에 전달했다. 케임브리지 애널리티카는 트럼프 캠프를 위해 고용된 업체였다는 점에서 선거를 위해 이용자 정보가 이용되었다는 의심을 지울 수 없어 보인다. 결국 페이스북 이용자 정보 유출과 악용으로 인해 저커버그는 의회 청문회에 출석해 사과를 했다. 구글 같은 검색엔진도 예외는 아니다. 검색 환경에서 우호적 정보에 노출된 부동층 유권자의 20%가 마음을 결정했다는 결과도 있다.[25] 이처럼 온라인상에서의 감정 전이는 쉽게 이루어지고, 현실 세계에서의 행동에도 영향을 미친다는 것을 알 수 있다. 삼성 선엄의 매개 역할을 하는 구글이나 페이스북과 같은 플랫폼 기업의 힘과 영향력에 다시 주목하게 된다.

FAG (Facebook, Amazon, Google)의 시대

05

FAG의 전략

네트워크 시대의 중심에는 인터넷 플랫폼 기업이 자리하고 있다. IT 시대를 개막한 마이크로소프트에서부터 스마트폰으로 본격적인 소셜미디어 시대를 연 애플에 이르기까지 다양한 분야에서 자신들의 제국을 건설한 것이다. 2012년 더 웰The Well• 총회에서는 인터넷, 컴퓨터, 미디어 등 개별 기술이나 산업을 이야기하는 것은 의미가 없고, 구글, 애플, 페이스북, 아마존, 마이크로소프트 등 선도 플랫폼 기업을 연구하는 것이 미래를 이해하는 데 훨씬 좋다는 의견이 나오기도 했다.[1] 그들에 의해 세상이 변하기 때문이다. 이 책에서는 유통 거인 아마존, 소통을 관장하는 페이스북, 지식과 정보를 담당하는 구글 등 세 개 기업을 중심으로 논의를 이

• The Well은 The Whole Earth 'Lectronic Link'의 약자로, 1985년에 설립된 가장 오래된 가상 공동체이다. 이 공간에서 미래 네트워크 사회의 논의가 처음으로 시작되었다.

어간다. 이들 세 기업은 애플과 함께 미래 네트워크 시대를 열어갈 이른바 FANG(페이스북, 아마존, 넷플릭스, 구글)의 일원이다. 애플은 세계 최초로 시가총액 1조 달러의 시대를 연 장본인이자 시대의 아이콘인 스티브 잡스의 유산이지만, 기존의 전통적 사업 방식인 제조업이 주력 사업인 점을 감안해 제외했다. FAG, 즉 아마존, 페이스북, 구글은 애플과 달리 데이터에 기반을 둔 비즈니스 모델을 지녔다는 공통점이 있다. 온라인에서 벌어지는 다양한 상호작용의 결과로 축적되는 빅데이터를 이용해 사용자에게 다가가는 이들 세 기업은 미래 네트워크 사회의 특징을 설명하는 데 가장 좋은 사례이다. FAG의 구조는 정점에 그룹의 모태라 할 수 있는 플래그십 서비스가 있고, 그 밑에 긴밀한 관계를 유지하는 다양한 분야의 서비스들이 서로 뒷받침을 하는 형태이다. 구글을 예로 들면, 구글 검색을 필두로 G메일, 구글맵스, 구글플레이, 유튜브, 인터넷 브라우저 크롬, 안드로이드까지, 이용자가 10억 명 이상인 서비스 일곱 가지가 제공된다. 이처럼 구글, 페이스북, 아마존은 플래그십 서비스를 바탕으로 다양한 서비스들이 유기적으로 연계되어 서로의 가치를 상승시킨다. 이 장에서는 이들 세 기업이 정보를 축적하고 데이터화하는 전략의 구체적인 모습과 방향 그리고 이러한 전략 아래 숨어 있는 위험과 이로 인해서 발생하고 있는 개인 및 사회에 미치는 영향에 대해 살펴보자.

개인화 서비스

FAG의 수입원은 다양하다. 특히 광고가 차지하는 비중이 높다. 이들 플랫폼은 광고를 위해서 대상을 파악하고, 이를 바탕으로 다양한 전략을 구사한다. 이용자가 좋아할 만한, 그리고 관심을 가질 만한 정보만을 보내줌으로써 최적화된 광고 대상을 구축하는 것이다. 축구를 좋아하면 유럽 프리미어리그 정보를, 주식 투자를 하는 사람에게는 월가의 동향을, 독신에게는 간편식 정보를 보내주는 것이다. 개별 이용자들은 자신의 관심사에 맞춰진 특정 이슈나 분야 혹은 특정 방향으로 기울어진 정보를 자연스럽게 습득하게 된다. 상호작용이 거듭되면서 이용자가 어떤 정체성을 지녔는지를 가늠할 수 있는 개인들의 소비자 프로파일이 구축된다. 이러한 소비자 프로파일링을 통해 이용자가 어떤 사람인지, 무엇을 좋아하는지, 혹은 심리 상태는 어떠한지 파악한다. 더 나아가서 이용자도 인지하지 못하는 영역까지 이 플랫폼 기업들은 우리의 머릿속에 침투한다. 이와 같은 정보의 연관성 혹은 관련성relevance의 추구는 데이터 처리 기술이 뒷받침되어야 가능한 작업이다. 개개인이 원하는, 그래서 최적화된 정보를 보내주기 위해서는 인공지능 혹은 고도화된 소프트웨어의 도움이 필요하다. 컴퓨터의 도움으로 깨알 같은 데이터를 뒤지고 조합해서 개인화 서비스를 하는 것이다.

1990년대 인터넷이 처음으로 대중에게 확산되던 시기에 미국 고급 평론지 ≪뉴요커The New Yorker≫에 실린 만화 한 컷은 많은 사람의 주목을 받았다. 강아지 두 마리가 컴퓨터 앞에 앉아 대화를 나누는 이 그림은 인터넷의 익명성을 널리 알린 것으로 유명하다. 그러나 25년이 지난 지금 "내가 강아지인 줄 아무도 몰라"라는 경구는 더 이상 진실이 아니다. 익명성이 보장되는 특수 환경을 제외하고는 인터넷상에서 우리 모두가 그대로 노출되고 있다. 물론 우리는 노출되는지도 모르는 발가벗은 임금님이다. 오죽하면 『벌거벗은 미래Naked Future』라는 제목으로 미래 사회에 우리의 모든 것이 어떻게 낱낱이 드러나는지를 경고한 책도 있다.[2]

실제로 ≪뉴욕타임스≫의 한 기자는 온라인상의 검색 자료만을 가지고 사용자의 신원을 알아내는 쾌거(?)를 이루었다.[3] 그만큼 우리는 쉽게 노출된다. 실제로 개인의 신상 털기는 사회적 문제로도 비화되고 있다. 어쩌다 말 한번 잘못하면 그야말로 '신상이 털린다'. 이러한 에피소드는 애교 수준이다. 정말 심각한 것은 우리 모두의 신상이 언제든지 털릴 수 있다는 점이다. 물론 칼자루는 데이터를 갖고 있는 FAG 등 주요 기업들이 쥐고 있다. 보다 나은 서비스를 위해서, 광고를 위해서, 독점을 유지하기 위해서 우리들의 사생활 정보를 은밀히 수집하는 것이다. 월스트리트 조사에 따르면 CNN, 야후, MSN 등 상위 50개 사이트는 평균 64개 쿠키와 개인정보 추적 장치를 설치하고 있다.[4] 『필터버블Filter Bubble』의 저자 엘리 패리서Eli Pariser에 따르면 거대 사이트는 최대 223개 쿠키를 설치해 최적화된 광고를 내보낸다. 쿠키란 이용자의 컴퓨터에 심어진 그야말로 쿠키처럼 작은 정보의 조각을 의미한다. 쿠키를 남김으로써 이용자의 컴퓨터와 서버 간에 원활한 커뮤니케이션을 유지할 수 있지만, 쿠키는 개인정보 유출의 통로로 이용된다. 이처럼 최적화된 개인화 서비스는 구글, 페이스북, 아마존 등의 대형 플랫폼은 물론, 작은 사이트에서도 핵심 전략으로 채택되고 있다. 필터링 서비스로 말미암아 사용자는 대량의 개인정보를 일생에 걸쳐 기업에 제공하는 셈이다. 또한 기업들은 이용자들의 데이터를 서로 공유하는 것이 비즈니스에 도움이 된다는 것을 인지하고 이를 적극 활용한다. 클라우드 시스템은 이러한 데이터 공유에 최적화된 환경이다. 클라우드 시스템의 핵심은 데이터 관리이다. 한곳에서 수집한 정보들이 다양한 연결과 결합을 통해 새로운 모습으로 재탄생된다. 이는 물론 수집한 데이터의 부가가치를 높이기 위함이다. 아마존이 클라우드 서비스에 집중하고, 마이크로소프트의 CEO 사티아 나델라Satya Narayana Nadella가 클라우드 서비스를 사업의 중심에 놓은 이유도 여기에 있다(실제로 지금의 마이크로소프트는 클라우드 서비스에 집중한 결과, 예전의 명성을 되찾아 가고 있다). 그만큼 클라우드 서비스는 고객 데이터 관리의 핵심 영역으로 자리를 잡아가고 있다.

데이터베이스 공장이라 일컬어지는 미국의 액시엄Acxlom은 이름, 주소 등 기초 정보에서부터 가족 관계, 오른손잡이인지 여부, 약 처방 리스트 등을 포함한 1500여 가지의 상세한 개인정보 데이터를 보유하고 있다. 9·11 테러 직후 미국 정부가 테러범 색출을 위해 액시엄에 도움을 요청했을 정도로 액시엄 데이터의 방대함과 상세함은 널리 알려져 있다. 액시엄 이외에 사이신트Seisint, 초이스포인트ChoicePoint 등 다양한 데이터 관련 회사가 개인정보를 바탕으로 비즈니스를 한다. 그러나 이들 데이터 기업의 정보 보안과 관리 수준은 기대에 미치지 못한다. 방대한 개인정보 수집과 때때로 일어나는 개인정보 누출에 대해 질타를 받은 액시엄은 미 하원 출석 후 '어바웃 더 데이터aboutthedata.com'라는 사이트를 개설했다.[5] 개인정보와 관련해 어떤 종류의 데이터를 저장하고 있는지를 일반인들이 열람할 수 있게 한시적 기회를 제공한 것이다. 본인의 프로필을 수정할 수 있는 권한을 부여하고, 원하는 경우 개인정보의 삭제를 요청할 수 있도록 했다. 해당 사이트는 2019년 현재에도 운영되고 있지만, 이용은 매우 제한적인 것으로 알려져 있다.[6]

이처럼 개인정보를 바탕으로 한 개인화 서비스는 인터넷 플랫폼의 핵심 전략이다. 아마존 사용자는 한번 제품을 구매하면 그 이후에는 그것과 유사한 제품(그것이 책 혹은 DVD가 되었건 간에)이 추천 리스트로 떠오르는 것을 경험했을 것이다. 국내 온라인 서점도 마찬가지다. 이용자가 관심을 가질 만한 정보를 제공하고, 또다시 이용자 관련 정보를 재수집하는 구조인 것이다. 관련성을 극대화해 이용자에게 정보를 제공하는 이 시스템은 아마존으로서는 선순환 피드백이요, 이용자의 입장에서는 악순환 피드백이라 할 수 있다. 이러한 환경에서 산더미 같은 정보 더미를 뒤져 적절한 정보를 찾아주는 시스템인 지능형 에이전트의 개발은 너무나 당연한 귀결이라 하겠다. 아마존이 성공한 것은 바로 적절한 에이전트, 즉 개별화 엔진을 잘 적용했기 때문이다. 과거에는 데이터의 양이 한정되어 있었고 내용도 다양하지 못해 데이터 간의 관련성을 찾기 어려웠지만, 이제는 쉽게 연결시킬 수 있다. 인과관계를 통해 결론을 도출하는 기존의 방법보다 결과를 먼저 발견하고, 그 원인을 찾아냄으로써 더 쉽고 빠르고 정확하게 현상을 진단할 수 있게 된 것이다. 이로써 의약품의 효과부터 광고마케팅에 이르기까지 다양한 분야에서 연관성을 통한 접근이 가능해진다.

문제는 이러한 에이전트들이 일반 이용자들을 위해서 구동하지 않는다는 점이다. 에이전트들은 광고를 기반으로 하는 구글과 이용자의 취향을 알아내려는 아마존과 같은 대형 플랫폼을 위해 일한다. 구글과 아마존이 원하는 것은 더 많은 이용자 데이터이다. 단순히 이용자가 어떤 정보를 검색하거나 어떤 페이지가 어디에 연결되는 것만이 아니라, 링크되는 위치, 링크의 크기, 날짜 등 모든 관련 정보가 추적된다. 또한 로그인을 안 해도 최소한의 위치 추적이 가능하기에 어느 동네에 사는 아무개를 위한 정보의 제공도 가능하다. 결국 컴퓨터를 켜는 순간 구글, 아마존 그리고 페이스북은 당신의 존재와 정체성을 파악하고 접근한다. 구글은 정보 간의 관계에서, 페이스북은 사람 간의 관계에서 서비스가 시작되었지만, 결국 같은 목표인 개인화에 기반한 광고 시장을 두고 서로 격돌하는 상황이 벌어지는 현실이다. 광고 기법 중에 설득 프로파일링과 리타게팅retargeting이라는 개념이 있다. 프로파일링은 소비자가 일정 기간 반복해서 어떻게 반응하는지를 조사한 자료를 바탕으로 소비자를 그려나가는 것이다. 이 기법은 범죄자 프로파일링과 유사하다. 특정한 사람의 특정한 반응 정보를 축적한 후, 감정 상태를 이용해 마케팅에 활용하는 것이다. 가령 '노트북을 지금 구매하면 20% 할인'에 응한 사람은 'TV

20% 할인'에도 응할 가능성이 높다는 것이다. 리타게팅은 더 무서운 접근이다. 웹사이트에서 쇼핑을 안 해도 방문 기록을 바탕으로 사용자를 추적해서 개인화된 광고를 내보내는 것이다. 우리 모두 인터넷에서 무언가를 검색한 후, 검색했던 아이템과 관련된 광고가 매 화면마다 우리를 쫓아오는 것을 경험했을 것이다.

FAG 3형제는 더 많은 데이터를 수집, 가공, 공유하고 이를 통해 이용자들의 인터넷 경험을 세분화하고 개인화한다. 그들은 개개인의 특성에 맞춘 특별한 세계로 우리를 유인하고, 우리의 경험을 바꾸며, 결국 우리의 삶을 지배하게 된다. 이러한 상황이 옳고 그른 것인지를 인지하지 못한 채, 우리는 정보의 세계로 빠져든다. 피서사화emplotment는 이야기가 특정 방향으로 흘러가도록 부여되는 일종의 질서를 의미하는 문학비평 개념이다.[7] 한마디로 이야기가 흘러가는 방식이라 할 수 있다. 이러한 방식을 통해 이야기와 사건들은 자신들이 원래 가지고 있지 않던 새로운 성질을 부여받게 된다(역사 서술에서도 이런 식의 논의는 지속된다. 메타히스토리 meta-history, 즉 역사 서술은 문학 작품과 다를 게 없다고 주장하는 식이다). 그만큼 관여하는 사람의 주관이 개입되는 것이다. 이와 마찬가지로 우리의 삶도 외부 알고리즘에 의해 피서사화가 될 가능성이 높아진다. 즉, 자신이 주체가 되는 것이 아니라 외부자의 의도대로, 알고리즘 설계대로 움직인다. 페이스북이 제공하는 서비스에 자신을 맡기고 정보의 바다로 흘러 들어가는 것이다.[8]

패리서는 필터버블filter bubble이라는 개념을 통해 개인화 서비스의 부작용을 설명한다.[9] 필터버블이란 필터링filtering 서비스로 생겨나는 부작용을 의미하는 것으로, 우리는 거대한 정보의 바다에서 외톨이가 되고, 오리무중 헤매고, 이리저리 떠밀린다는 것이다. 물론 이것은 검색엔진과 지능형 에이전트 기술의 발전으로 인터넷 사용 기록에 기반한 최적화된 개인화 작업, 즉 필터링이 가능해짐에 따라 일어나는 현상이다. 사실 필터링은 수많은 외부 자극과 정보를 효율적으로 처리하기 위해 두뇌가 반응하는 일종의 지적 여과 과정이다. 효율적으로 정보를 취사선택함으로써 정보의 과부하로부터 자연스럽게 벗어나게 하는 과정인 것이다. 그러나 이러한 필터링 과정은 개인화 서비스에 의해 왜곡된다. 필터링 서비스로 정보는 특정 방향으로 유도되면서, 반대되는 의견을 찾기가 쉽지 않게 된다. 개인의 속성과 성향을 고려해 개개인에게 맞는 정보만 제공하기 때문이다. 필터링 서비스는 제공된 정보와 서비스가 개개인과 잘 맞도록 계속 조정되고, 이 서비스가 지속적으로 제공될수록 정보 선택의 권한이 대폭 줄어들며 자신이 검색한 정보의 바다, 즉 인터넷이 무슨 성격의 어떤 바다인지도 알지 못하고 표류하게 되기 십상이다. 개별화된 필터는 유사한 관련 정보를 잘 제공하지만, 관련 정보만 섭취함은 결국 영양 과잉으로 나타난다. 음식과 마찬가지로 정보의 폭식도 위험하다. 인터넷 포털사이트는 거대한 먹을거리가 있는 뷔페와 마찬가지다. 인지심리학자 파이롤리Peter Pirolli는 말한다. "우리는 정보를 탐색할 때 먹을 것을 찾을 때와 아주 비슷한 전략을 쓴다고 한다. '맛있는 것'만 먹는다. 그리고 과식한다."[10]

개인의 정체성이 매체 사용을 결정한다고 생각하지만, 이러한 개인화 과정을 통해서 매체 또한 개개인의 정체성을 형성할 수도 있다. 필터링을 거친 정보를 통해 우리는 동화되고 조정되며, 결국 필터링을 하는 매체와 평행을 유지하면서 궁극적으로 정보의 편식에 의해 왜곡된 모습으로 변하게 된다. 더 큰 문제는 이러한 사실을 인지하지도 못한다는 점이다. 내가 즐겨 찾고 만족하는 정보가 정말 내가 원하는 정보인지 알 길이 없다. 내가 좋아하는 것이 내가 진정으로 원하는 것이 아닐 수도 있다. 우리가 삶의 주인공이 되기 위해서는 다양한 선택 가능성과 생활 방식에 대한 인지가 필요하지만, 필터버블 환경에서는 주어진 정보 안에서만 모든 것이 이루어지는 정보결정주의의 함정에 빠질 가능성이 높아진다. 과다 집중은 다른 것은 배제하고 하나에만 집중하는 현상을 의미하는데, 개별화 필터는 과다 집중을 위한 각성제 효과를 보인다. 자폐 아동의 주의력 결핍증 치료를 위한 각성제로 애더럴Adderall이란 약이 있다. 애더럴은 새로운 자극에 대한 민감도를 감소시켜 주의력을 높여준다. 어쩌면 우리는 개별화 필터라는 애더럴을 매일 먹고 있는지도 모른다. 이것을 먹고 우리 모두가 한곳에만 집중하는 것이다.

배움은 새로운 것, 상상하지 못했던 것들과 맞닥뜨리는 것을 의미한다. 그러나 필터링으로 이런 배움의 기회가 사라지게 된다. 이른바 의미위협meaning threats이 사라지는 것이다. 의미위협은 혼돈스럽고 불안정한 사건을 만날 때 새로운 아이디어를 얻고 이해하려는 시도이다. 우리 모두가 인생을 살아가면서 경험하는 감정인 것이다. 의미위협이 없으면 알지 못하는 것을 인식할 기회조차 없어진다. 초현실주의 소설을 읽는 것도 의미위협의 경험이다. 뭔가 이상하고 불편하지만, 상황을 이해하려고 노력하는 것이다. 실제로 초현실주의 소설을 읽으면 학습 능력이 향상된다고 한다. 카프카의 소설을 읽은 사람의 성적이 향상되었다는 연구 결과도 있다.[11] 한편 개인화 과정을 통해 관련성이 높은 정보만을 접하면 창의성도 떨어질 수밖에 없다. 창의성은 연관성이 없는 두 생각의 충돌에 의해 일어난다. 바로 이연연상bisociation이다. 창조는 그야말로 무작위적인 아이디어의 연결 속에서 탄생하는데, 필터링으로 이러한 가능성은 없어진다. 수많은 작가와 예술가가 여행을 많이 가는 이유는 새로운 자극을 받기 위해서이다. 긍정적 일탈을 하는 것이다. 평상시의 삶에서 벗어나 새로운 자극을 받는 것이다. 새로운 거리, 새로운 음식, 새로운 잠자리, 새로운 사람들을 통해 일상에서는 얻을 수 없는 일탈의 자극을 받는 것이다. 이러한 자극이 우리 뇌 속의 무의식을 깨우고, 새로운 아이디어를 끄집어낸다. 그러나 개인화 서비스는 이러한 일탈을 허용하지 않는다. 자극을 잠재우고, 예측한 대로, 계획한 대로만 삶을 이어가도록 유지하게 만든다. 창의성의 씨앗이 발아할 기회를 없애는 것이다.

섀도 프로파일

페이스북은 섀도 프로파일shadow profile을 통해 이용자 개인정보 파일함을 구축하고 있다. 섀도 데이터shadow data, 즉 그림자 정보를 이용해 페이스북 이용자 프로파일링을 하는 것이다. 그림자 정보란 우리가 소셜미디어나 신용카드 등을 사용함으로써 발생하는 작은 정보를 의미한다. 편의점에서 음료수를 사고 지하철을 타는 등, 평상시의 활동에서 자연스럽게 탄생하는 정보의 파편들이다. 이러한 작은 정보의 조각들이 모여 빅데이터를 이룬다. 그림자 정보는 원본 데이터에 비해 불완전하지만, 당사자의 동의 없이 활용될 수 있다는 점에서 매우 중요하다. 물론 완벽하지는 않으니 많은 문제점이 도사리고 있다. 가장 큰 문제점은 역시 통제가 불가능하다는 것이다. 사람들은 그러한 정보들의 묶음이 있는지도 모르고, 있어도 어떻게 형성되고 있는지도 모르고, 그러한 정보에 접근할 방법도 없다. 프라이버시 보호 관련법이 있지만 늘 그렇듯이 뒷북을 치는 형국이다. 테코피디아Techopedia에 따르면 페이스북은 개인별 섀도 프로파일을 계속 유지·관리하고 있는 것으로 여겨진다. 물론 페이스북은 인정을 하지 않는다. 섀도 프로파일의 존재는 2013년 컴퓨터 버그bug로 600만 명의 개인정보가 노출되면서 수면 위로 드러났다.[12] 진공관에 달라붙어 타 죽는, 그래서 결국 초기 컴퓨터 시스템을 멈추게 하는 나방에서 유래된 버그라는 컴퓨터의 에러가 진실의 수호자가 된 것이다. 이러한 섀도 프로파일에는 이

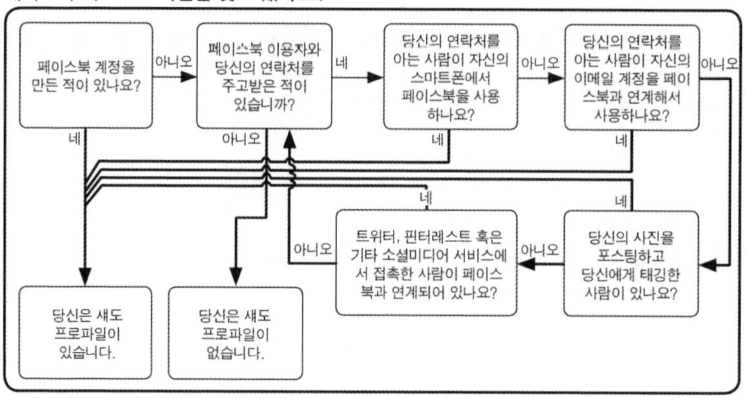

그림 5-1
페이스북 섀도 프로파일 테스트
자료: Austin, "You Might Have an Invisible Facebook Account Even if You Never Signed Up," August 27, 2013, https://www.groovypost.com/news/facebook-shadow-accounts-non-users/

용자와 관련된 정보는 물론, 페이스북 이용자가 아니더라도 이용자와 이메일 등으로 연결되어 있는 모든 사람의 정보가 포함된다. 한마디로 인터넷상의 모든 이의 정보가 체계적으로 수집, 관리, 유지되고 있는 것이다.

페이스북은 섀도 프로파일링으로 이용자의 성별, 나이, 인종 등 개인정보는 물론 세세한 개별 취향까지 알아내 이용자의 정체성을 구축한다. 저커버그는 "여러분은 단 하나의 정체성을 가집니다"라고 단언했다.[13] 저커버그가 말한 '단 하나의 정체성'은 페이스북이 만든 정체성으로, 우리의 의지와는 상관없이 마케팅 객체로서 존재한다. 페이스북이 구축한 개인별 정체성은 실제 정체성과 많은 차이가 있지만 페이스북은 개의치 않는다. 페이스북으로서는 광고와 마케팅에 도움이 되는 정체성이면 충분하기 때문이다. 자신의 속내를 과거에 털어놓은 것을 저커버그는 지금 후회하고 있을지 모르지만, 페이스북의 이런 기조는 계속 이어지고 있다.

〈그림 5-1〉은 개인별 페이스북 섀도 프로파일의 존재 여부를 테스

트하는 차트이다. 테스트는 페이스북 계정을 연 적이 있는지를 묻는 질문에서 시작한다. 만약 페이스북 계정을 만든 적이 있다면 프로파일이 있는 것이다. 중요한 것은 계정을 한 번이라도 열면 바로 프로파일은 생성되어 저장된다는 점이다. 계정을 만들고 이용하지 않았다고 해서 안전한 것은 아니다. 만약 계정을 한 번도 만든 적이 없다면 다음 질문으로 넘어간다. 페이스북 이용자와 연락처를 주고받은 적이 있는가? 계정을 한 번도 만든 적이 없는 사람도 여기에서 대부분 페이스북 섀도 프로파일이 생성될 것이다. 깊은 산 속에 들어가 있지 않고서야 어떻게 페이스북을 이용하는 누구와도 연락을 취하지 않을 수 있겠는가? 페이스북 이용자와 이메일만 주고받아도, 혹은 온라인에 사진을 한 번만 올려도 이러한 프로파일이 생긴다. 계속되는 질문을 따라가 보면 도저히 빠져나갈 길이 없다는 것을 깨닫게 될 것이다.

이러한 페이스북 프로파일은 네트워크의 허브로서 페이스북이 비즈니스를 하는 데 최상의 환경을 제공한다. 개인별 접근이 가능하고, 접근을 통해 얻어지는 경제적 가치를 추정할 수 있기 때문이다. 소셜미디어 이용자들이 착각하는 것 중 하나가 무료로 소셜미디어를 이용한다고 생각하는 것이다. 마치 공중파 방송을 공짜로 보고 있다고 생각하는 것과 같다. 물론 공중파 방송에서도 광고를 통해 직간접적으로 비용을 청구하고 있다. 차이가 있다면 소셜미디어 환경에서는 이용자에 대한 통제가 훨씬 수월하다는 점이다. 우리는 이용자로서 우리 자신의 값어치를 모르고 페이스북을 사용하고 있지만, 페이스북은 개개인에 대한 경제적 가치를 매년 확인하고 있다. 〈그림 5-2〉는 페이스북을 이용하는 개개인의 가치가 얼마인지를 환산한 도표이다. 이런 예측을 통해 페이스북은 미래 사업을 구상하고, 투자자들은 페이스북에 투자를 한다. 미국과 캐나다, 유럽, 아시아 그리고 그 밖의 나라들로 분류된 개인별 가치가 나와 있다.

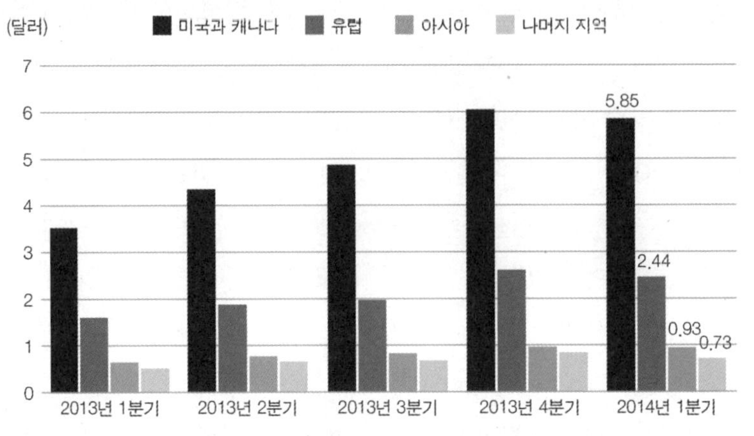

그림 5-2

페이스북 이용자의 경제적 가치 1: 페이스북은 공짜가 아니다

자료: Mathias Brandt, "How Much Is the Average Facebook User Worth," Statista, https://www.statista.com/chart/2175/facebooks-average-revenue-per-user/

그림 5-3

페이스북 이용자의 경제적 가치 2 : 페이스북과 당신

자료: Imgur, "Facebook and You," https://imgur.com/gallery/WiOMq(원작: Geek and Poke, 〈the Free model〉, http://geek-and-poke.com/geekandpoke/2010/12/21/the-free-model.html)

아무래도 페이스북이 탄생한 미주 지역에서의 개인별 가치가 가장 높은 것으로 나타났다. 2013년 1분기에는 개인당 3.5달러의 가치를 지닌 것으로 나타났다. 유럽은 1.5달러를 조금 넘었고, 아시아 지역은 1달러에 못 미치는 0.6달러인 것으로 나타났다. 이러한 수치는 불과 1년 뒤인 2014년 1분기에 각각 5.85달러, 2.44달러, 0.93달러로 늘어났다. 불과 1년 만에 미주 지역은 67%p, 유럽은 63%p, 아시아는 55%p 증가한 것이다. 보다시피 절대로 공짜가 아니다.

재미있는 삽화가 있어 같이 소개한다. 〈그림 5-3〉에서 왼쪽의 돼지는 공짜 숙소에서 지내게 된 것을 감사하게 생각하고 있고, 오른쪽 돼지는 밥도 공짜로 준다고 더 고마워하고 있다. 플랫폼의 울타리 안에 사로잡힌 우리들이나 축사에 갇혀 있는 돼지나 비슷한 신세이다. 미래를 예측 못 하는 측면에서는 언제 팔려 나갈지 모르는 돼지와 우리는 다를 것이 없다.

한편 페이스북의 2017년 이후 행보라 할 수 있는 커뮤니티 활성화 정책은 네트워크 연구자의 시각에서 볼 때 당연한 수순을 밟고 있는 것으로 보인다. 섀도 프로파일링을 통해 개개인에 대한 공략이 끝났으니 이제는 클러스터링을 할 차례인 셈이다. 커뮤니티라고 해도 좋고, 공동체라고 해도 좋다. 네트워크의 발전 원리를 그대로 따라가는 것이다. 2장에서 이야기했듯이 네트워크는 시간이 지남에 따라 작은 클러스터들이 모여 하나의 거대한 커뮤니티를 이룬다. 네트워크 내에서 서로를 이어주는 약한 연결들을 통해 하나로 뭉치게 되는 것이다. 그리고 페이스북은 이러한 연결을 담당하겠다고 나선 셈이 되었다. 과거 구글의 에릭 슈미트Eric Emerson Schmidt가 셰릴 샌드버그Sheryl Sandberg를 영입할 때 "우주선에 자리가 나면 올라타라"라고 했다고 전해진다. 우주를 향한 원대한 목표에 동승하자고 설득한 것이다. 노련한 경영자가 필요했던 저커버그는 구글에서 광고 담당 이사를 맡고 있었던 샌드버그에게 세상의 정보를 조직하는 일보다 더 강력한 것은 세상 사람들을 조직하는 일이라고 설득했다.[14] 실제로 페이스북은 세상 사람들을 조직해서 거대한 글로벌 공동체를 만들어가고 있다. 2016년 미국 대선 후 사회가 원치 않은 방향으로 흘러간다고 느낀 저커버그는 2017년 2월 페이스북 커뮤니티 서밋을 발족했다. 그는 사회적·정치적 격변은 공동체의 해체에서 비롯된다고 생각했다. 따라서 페이스북의 임무는 10억 인구가 의미 있는 공동체에 가입해 사회 조직social fabric을 강화하고, 세상 사람들이 서로 더 가깝게 연결되도록 하는 것임을 저커버그는 분명히 했다. 사람들이 사회 활동에 참여하지 않고 혼자서 볼링을 하는 등 공동체가 붕괴되는 것을 걱정했던 퍼트넘의 우려를 저커버그가 페이스북을 통해 해결하겠다고 나선 것이다.

개인들이 모여 작은 클러스터를 이루고, 클러스터들이 결국 하나의 거대한 공동체인 네트워크 세계를 만든다. 이러한 네트워크 세계의 사제 역할은 페이스북 전문가 집단이 맡는다. 이용자들에게 믿음과 신뢰를 주기 때문이다. 네트워크 사회의 발전은 신뢰 구축 여부에 달려 있다. 신뢰가 없으면 서로를 믿을 수 있는 암묵적 사회계약이 불가능하고, 공동체 형성이 안 되기 때문이다. 1장에서 이야기한 것처럼 국회, 사법부 혹은 언론 등 공적 영역에서의 신뢰가 무너지고 있는 상황에서 페이스북과 같은 소셜미디어 플랫폼의 위상은 점점 높아져 가고 있다. 수많은 학자들이 무너져 가는 공동체의 부활을 위해 공적 영역에서의 제도 개선과 새로운 역할을 요구하지만, 정작 신뢰는 소셜미디어 플랫폼에서 형성되고 있다. 물론 페이스북에 대한 신뢰가 미래 네트워크 사회를 위한 진정한 의미의 신뢰인지는 아직 가늠할 길이 없다. 그러나 신뢰의 진정성 여부와는 별개로 소셜미디어 플랫폼은 사람들을 엮어서 공동체를 건설하고 있다. 그리고 페이스북이 그 대업의 선두를 맡겠다고 나선 것이다.

사회물리학

사회물리학Social physics은 사회 현상을 물리학의 방법론으로 접근하는 분야로서, 미래 네트워크 사회를 진단할 수 있는 하나의 이론적 접근이자 방법이다. 사회물리학은 19세기 사회통계학을 처음 개척한 랑베르 케틀레Lambert Adolphe Jacques Quételet가 인간사를 수치로 이해하려고 시도한 것에서 그 기원을 찾을 수 있다. 한동안 잠잠했던 사회물리학적 접근은 2014년에 컴퓨터 공학자인 앨릭스 펜틀랜드Alex Pentland가 자신의 저서 『사회물리학Social Physics』[15]에서 본격적으로 소개했다. 기존의 물리학이 원자가 물질을 만드는 방식을 연구하는 학문이라면, 사회물리학은 개인이 사회를 움직이는 메커니즘을 분석한다는 목적을 지니고 있다. 개인을 사회라는 시스템을 구성하는 하나의 원자로서 접근하는 것이다. 2장에서 이야기한 점(노드)과 선(링크)으로 이루어진 네트워크 시스템처럼, 사회물리학은 시스템의 구성 요소들이 어떻게 연결되었는지를 조사함으로써 시스템의 전반적인 모습을 파악한다. “다이아몬드가 빛나는 이유는 원자가 빛나기 때문이 아니라 원자들이 특별한 형태(패턴)로 늘어서 있기 때문”이라는 네트워크 전문가 마크 뷰캐넌Mark Buchanan의 이야기처럼,[16] 시스템의 구성 요소들이 어떻게 연결되고 상호작용하는지에 초점을 맞춰야 미래의 데이터 기반 네트워크 사회를 정확하게 파악할 수 있기 때문이다.

사회물리학의 원동력은 빅데이터, 네트워크 분석 및 복잡계 등, 새로운 방법론에 기인한다. 마치 렌즈를 이용해 현미경과 망원경을 만들었듯이 소시오스코프socioscope를 개발해, 컴퓨터를 통해 온라인 활동의 실체를 밝혀내는 것이다.[17] 생물학과 천문학의 혁신이 현미경과 망원경의 발견과 응용에서 비롯된 것처럼, 소시오스코프를 이용해 인간의 행동 연구를 살아 있는 실험실에서 진행하는 것이다. 일반 대중의 태도와 의견을 측정하기 위한 기존의 연구 방법은 '좋아요', 별점, 혹은 다운로드 횟수 등에 기반을 둔 단순 서베이 연구가 주류를 이룬다. 이런 데이터는 사회적 상호작용이 없는 상황에서의 단순한 측정 결과, 즉 평균값 정도의 기초적인 정보만을 제공하는 데 그친다. 다시 말해 사람 간 상호작용이나 영향에 대한 답은 제시하지 못한다. 예를 들면 습관은 개인적 선택의 결과인지, 우리를 둘러싼 아이디어나 행위의 흐름에서 오는 것인지, 아니면 오롯이 개인의 감정 자체인지에 대한 답은 기존 방법이 아닌 사회물리학의 방법론을 통해서만 구할 수 있다. 실제로 습관이나 감정 변화에는 개인이 접하는 주변의 다양한 행위와 사건에 대한 경험이 강력한 영향을 미치는 것으로 나타난다.[18] 마치 표준화된 시험에서의 IQ의 효과만큼 강력하다. 체중 변화 역시 몸무게가 증가한 동료들과의 접촉 여부가 아주 중요한 요인으로 등장한다(몸무게가 감소한 동료들과의 접촉에서는 상관관계가 보이지 않았다). 체중은 음식 섭취만이 아니라 대인관계에서도 비롯되는 것이다. 이처럼 사회물리학은 실생활에서 사람들 간의 상호작용으로 나타나는 다양한 현상의 원인에 대한 해석과 결과에 대한 예측을 가능하게 한다. 앞에서 소개한 3단계 전염의 법칙도 물론 검증할 수 있다.

사회물리학과 비슷한 접근으로 통계역학이란 분야도 있다. 통계역학은 19세기 후반에서 20세기 전반에 태동한 물리학의 한 분야로서, 우리가 잘 아는 맥스웰, 볼츠만, 아인슈타인 등의 과학자들이 모두 통계역학과 관련이 있다. 통계역학은 거시적 성질을 미시적 원자 운동으로 설명한다. 즉, 눈에 띄는 간단한 요소로 거시세계를 예측할 수 있는 것이다. 예를 들면 기체 팽창과 같은 거시적 현상을 기체를 구성하는 미시적인 분자 간 '충돌과 반복의 힘'으로 설명한다. 이러한 이론을 바탕으로 주변의 작은 물질에서부터 거대한 우주 현상까지 규명한다. 중요한 원리는 교환의 반복이 많아지면 세부 내용을 자세히 몰라도 거시적 현상에 대한 예측과 제어가 가능하다는 것이다. 사실 이러한 사고는 동양 사상에서도 발견된다. 대도지간大道至簡, '진리란 단순하다' 혹은 '기본 원칙은 매우 간단하다' 정도로 해석하면 될 것이다. 이 표현은 중국 리커창 국무원 총리가 2015년 전인대 회의에서 정부 업무보고서를 발표하는 중에 인용한 말로 유명해졌다. 그는 "복잡한 일을 간단하게 하자. 정부의 간섭은 뺄셈을 하고 시장경제를 위해 곱셈을 하자"라고 해서 좋은 반응을 얻었다고 한다.[19] 한마디로 사물의 이치는 복잡한 것이 아니라 간단하다는 것이다. 과학 발전의 역사에서도 유클리드, 프톨레마이오스, 뉴턴 등은 간단한 공식으로 자연 현상을 묘사했다. 기본적인 것에 보편적 의미가 담겨 있는 것이다.

대표적인 사례로 히타치 연구소 야노 가즈오矢野和男 박사의 생활 패턴 연구를 들 수 있다.[20] 그는 명찰 혹은 손목 밴드형 웨어러블 센서wearable sensor를 통해 다양한 사회 현상 및 개인 감정(행복)을 측정했다. 구체적으로 팔의 움직임을 가속도 센서로 측정했다. 센서는 50ms(초당 20회)마다 팔의 미세한 움직임을 감지해 삼차원으로 24시간 측정하고 메모리에 기록했다. 그는 움직임이 활발할 때는 빨간색, 아닐 때는 파란색, 중간일 때는 녹색으로 표현해, 이른바 라이프 태피스트리life tapestry를 완성했다. 〈그림 5-4〉처럼 태피스트리는 다양한 색깔의 실을 이용해 그림으로 표현하는 직물 공예의 일종이다. 중세시대의 교회나 성의 우중충한 벽을 태피스트리로 장식해, 내부 분위기를 온화하게 만들고 겨울의 추위도 막는 효과를 얻을 수 있었다.

태피스트리는 비교적 간단한 요소라 할 수 있는 몇 가지 색깔의 실을 통해 매우 다양한 모습을 그려낼 수 있다는 점에서 우리에게 시사하는 바가 크다. 매우 간단한 요소로서 다양한 현실의 세계를 표현할 수 있다는 것은 디지털이나 네트워크 개념의 핵심이다. 디지털은 0과 1 혹은

그림 5-4
태피스트리 〈여인과 일각수〉
자료: Wikimedia Commons, "Unknown weaver - A Mon Seul Désir - WGA24179," https://fr.wikipedia.org/wiki/Fichier:Unknown_weaver_-_A_Mon_Seul_Désir_-_WGA24179.jpg

on/off의 전기 유무 등 이진법의 체계로 모든 정보를 표현하는 극히 단순한 요소로 이루어져 있다. 이 책의 초점인 네트워크 역시 점(노드)과 선(링크)이라는 매우 단순한 요소로써 네트워크 사회를 표현한다. 구성 요소는 매우 단순하지만, 그러한 요소들이 어떻게 상호작용하고, 연결되는지에 따라 세상은 달라지는 것이다. 이러한 원리를 바탕으로 빅데이터, 통계역학, 사회물리학 등 미래의 네트워크 사회를 바라보는 연구 방법들이 개발되고 있다.

가즈오 박사는 실험 대상자 A, B, C, D 네 명의 1년 치 데이터를 앞서 소개한 손목형 웨어러블 센서를 통해 수집하여 태피스트리 형태로 보여주었다. 매우 단순한 인간의 움직임을 세 가지 색상으로 구분하여 색상 간 경계의 뚜렷함에 따라 다양한 삶의 모습을 보여준 것이다. 그중 색깔의 경계가 뚜렷하지 않은 C는 기상 시간이 일정하지 않은 비교적 자유분방한 라이프스타일을 지닌 것으로 추측할 수 있었다. 반면에 색깔의 경계가 뚜렷한 D의 경우에는 매우 규칙적인 생활을 하는 것으로 나타나, 출퇴근이 일정한 직업을 지녔을 거라는 예측이 가능했다. 또한 D는 주말 오전에는 움직임이 별로 없는 것으로 나타나고 때로는 출장 등의 이유로 밤낮이 바뀐 경우도 있는 것을 알 수 있었다. 이를 종합하여 실험자 C와 D의 라이프스타일은 차이가 많다는 결론을 내릴 수 있는 것이다.

이러한 실험을 통해 수많은 사람의 몇 년 치 데이터를 수집한 후 인간 행동에 법칙이 있는지를 규명한다. 가령, 헤어진 사람을 다시 만날 확률은 마지막 만남 이후 시간이 지날수록 줄어든다. 헤어진 이후 시간이 T라면, 다시 만날 확률은 1/T에 비례해 감소한다. 이와 같이 단순한 신체의 움직임으로 인간 행동의 주요 법칙과 이론을 개발하는 것이다. 이 책에서 소개한 가즈오 박사의 연구 결과는 현재로서는 '흥미롭다' 정도의 수준이다. 상업적 이용 가능성이 적고, 대단한 과학적 발견도 아니다. 그럼에도 불구하고 이러한 연구를 계속 진행할 수 있는 환경을 기업에서 제공하고 있다는 사실이 더 눈에 들어온다. 괜히 일본이 기초 과학에서 노벨상을 많이 받는 것이 아니다.

행복감도 가속도 센서로 측정이 가능하다. 행복감과 신체 활동 총량 간의 상관관계는 매우 높은 것으로 나타난다. 내면 깊숙한 곳에 있다고 여겨지는 행복감이 움직임의 정도로 측정되는 것이다. 즉, 일의 내용이나 누구를 만나는가가 아니라 활동량이 행복감과 관계가 있다. 콜센터 상담원을 대상으로 실험한 '모시모시 핫라인 콜센터 연구'에서는 휴식 중

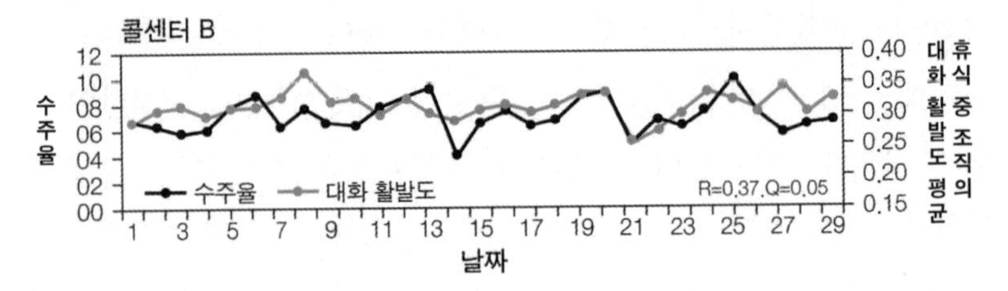

그림 5-5
수주율과 대화 활발도 간의 상관관계
자료: 야노 가즈오, 『데이터의 보이지 않는 손』, 홍주영 옮김(서울: 타커스, 2015).

대화 활발도와 날짜별 수주율이 밀접한 관계를 보이는 것으로 나타났다. 대화 활발도는 상담원 목에 걸린 센서의 흔들림 지표로 측정했다. 실험 결과에 따르면 휴식 중 잡담을 하면서 움직임이 활발한 날에는 수주율이 상승하고, 그렇지 않은 날에는 수주율이 하락했다. 조용히 쉬는 것이 아니라 상대방과 대화를 하면서 다양한 제스처나 활동을 하는 것이 수주율 향상에 도움이 된다는 것이다. 또한 개인보다 네 명씩 동시에 휴식을 할 때 활발도는 10% 증가하고, 수주율은 13% 상승하는 것으로 나타났다. 〈그림 5-5〉는 수주율과 대화 활발도의 상관관계를 보여주는 그래프로, 통계적으로도 유의미한 결과를 보여주고 있다.[21]

'모시모시 핫라인 콜센터 연구'의 결과는 뱅크오브아메리카를 대상으로 한 MIT 연구 결과와도 일치하는 것으로 나타났다. MIT의 연구 결과, 대화가 활발한 조직은 생산성이 올라가고, 그렇지 않을 경우 내려가는 것으로 드러났다. 또한 개인별 휴식 대신 팀별 휴식 방식으로 상호작용 횟수와 직원들 간의 참여 수준을 높임으로써 콜센터의 생산성이 증가하는 것으로 나타났다. 실제로 뱅크오브아메리카는 AHT average call handling time를 줄임으로써 1500만 달러 이상의 비용 절감 효과를 얻었다.[22]

여기서 주목할 것은 이 실험에서 전화를 받는 업무는 개인 업무이지 팀플레이가 아니라는 점이다. 즉, 개인적인 성격이 강한 콜센터의 업무조차 대화 활발도라는 집단적인 요소에 영향을 받아, 결국 생산성과 비용 절감에 큰 영향을 미치고 있다는 점이다. 사원의 신체 움직임은 연쇄작용을 일으켜 조직의 활발도를 상승시키고, 사원의 행복감과 만족도를 향상시켜서 결국 높은 생산성과 수익성을 가져오는 것으로 유추해 볼 수 있다. 이러한 결과는 이론적 논의를 통해 얻어질 수 있는 것이 아니라 데이터 분석을 통해서만 예측이 가능하다. 다시 말해 일반적 상식과 논리를 통해 끌어낼 수 있는 예측의 범위를 넘어서는 현상에 대한 설명이 빅데이터 분석을 통해 가능해진다. 움직이면 행복하고, 행복하면 생산성이 증가한다는 논리를 구축할 수 있게 되는 것이다. 앞서 소개한 연구의 결과를 좀 더 확장시켜 보면 업무 효율성과 생산성 향상을 위해서 도입한 IT 기술이 생산성을 오히려 떨어뜨릴 가능성도 있다는 것을 유추할 수 있다. IT 도입에 조직 활발도는 우선순위가 아니고, 따라서 생산성 향상을 위한 IT 도입이 오히려 생산성 저하를 가져올 수 있는 것이다. 가령 이메일이나 메신저를 통한 업무 처리로 대면 기회가 사라진다는 것은 그만큼 상호작용의 가능성이 줄어듦을 뜻하는 것이고, 이는 생산성 저하로 이어질 가능성도 배제할 수 없다는 것을 의미한다. 물론 이런 연구의 결과와 관계없이 재택근무자를 위한 오프라인 만남을 적극적으로 추진하는 기업도 상당수 있다.

통계역학이나 사회물리학은 이처럼 다양한 방법론을 통해 온라인상에서 생성되는 디지털 빵 부스러기digital bread crumbs 속에 담겨 있는 인간들의 상호작용과 다양한 경험의 패턴에 대한 분석을 가능하게 한다. 빵을 먹으면 빵 부스러기가 생기듯이, 인터넷상에서 우리의 작은 활동으로 생겨나는 쓸모없어 보이는 작은 조각의 데이터들이 모여 빅데이터를 이룬다. 산업 혁명의 주요 동력으로서 석탄, 전기, 석유에 이어 데이터가 그 자리를 차지하는 것이다. 문제는 우리가 온라인 활동을 통해 매일 흘리는 정보의 부스러기가 FAG를 비롯한 수많은 IT 기업의 서버에 저장된다는 사실이다. '좋아요'와 같은 단순한 클릭 한 번이 모여 만들어진 빅데이터는 물론 이용자가 만들지만, 그러한 빅데이터는 FAG의 전문가들이 설계한 알고리즘의 목표에 따라 해석되고, 활용된다. 내용이 다양하고variety, 거대한 볼륨volume을 지니며, 빠른 속도velocity로[23] 변화하는 빅데이터의 특성은 플랫폼 기업의 입맛대로, 의지대로 활용된다. 이것은 곧 우리 삶에 대한 거의 모든 정보가 기업의 통제하에 들어가는 것을 의미한다. 프랜시스 골턴Francis Galton의 우생학이 위험한 것은 인간이 지니고 있는 다양한 정보를 통해 개개인을 분류하고 기준에 맞지 않는 인종은 거세하는 등 인간의 운명을 통제하기 때문이다. 빵 부스러기와 같이 온라인상에서 우리들이 자발적으로 흘리는 다양한 정보는 우리의 모든 것을 보여준다. 이러한 정보의 종합을 통해 인종, IQ 등 기존의 단순한 분류를 뛰어넘는 세세한 카테고리화가 가능해지고, 더 효율적인 통제의 가능성을 높여준다.

아마존의 디렉터였던 로니 코하비Ronny Kohavi는 아마존에서는 데이터가 모든 것을 지배한다고 말한다. "데이터는 우리에게 옳고 그름을 알려준다"라고 천명할 정도로 베조스는 데이터에 기반을 두어 사업을 운영하고 미래의 방향을 잡아간다. 아마존은 전자상거래 사이트에서 구매 이력을, 킨들에서 행동 이력을, 아마존 에코와 알렉사에서 음성과 이미지 데이터를, 아마존 고에서 얼굴 인식 데이터를, 드론과 우주 사업에서 시공 데이터를, 홀푸드 체인에서 위치 정보 데이터를 수집한다. 이를 통해 아마존은 일반적 마케팅 세그먼테이션segmentation보다 세밀한 1인 세그먼테이션, 그리고 그것을 훨씬 넘어서는 0.1 세그먼테이션을 가능하게 한다.[24] 다음에 소개하는 『대량살상 수학무기Weapons of Math Destruction』에서는 미래의 석유라고 불리는 빅데이터가 경우에 따라서는 어떻게 우리 모두에게 걸림돌로 다가올 수 있는지를 보여준다.

대량살상 수학무기

『대량살상 수학무기』는 수학 모형에 기반한 빅데이터가 어떻게 가공할 만한 나쁜 영향을 발휘할 수 있는지를 경고하기 위해 수학자 캐시 오닐Catherine Helen O'Neil이 쓴 책으로, 제목은 대량살상무기weapons of mass destruction에서 따온 은유적 표현이다. 수학과 교수직을 버리고 헤지펀드의 선물 거래 팀을 이끌었던 캐시는 2008년 금융위기 당시 금융과 수학이 만들어내는 파괴적 힘에 환멸을 느낀 후, 알고리즘을 감시하고 위험성을 측정하는 조직인 ORCAA O'Neil Risk Consulting and Algorithmic Auditing를 설립해 빅데이터의 위험성을 알리고 있다.[25] 그에 따르면, 빅데이터의 모든 것이라 할 수 있는 수학 모형 프로그램의 기초인 알고리즘은 인간의 편견, 오해, 편향성이 내재되어 반드시 문제를 일으킨다. 이러한 알고리즘은 점점 우리의 삶을 지배하는 시스템에 그대로 주입되어 신과 같은 방식으로 우리를 지배하게 된다. 물론 최고의 사제들인 수학자와 컴퓨터과학자들을 제외하고는 내부 작동 방식도 알지 못한다. 신처럼 이해하기도 힘들고, 신의 평결처럼 잘못되거나 유해한 결정을 내릴지라도 반박하거나 수정해 달라고 요구할 수도 없다. 결국 알고리즘에 의해 구동되는 시스템에서는 사회적 약자를 차별하고, 부자를 더욱 부자로 만든다. 빅데이터는 한마디로 강자의 시스템을 위해 봉사한다는 것이다.[26] 버지니아 유뱅크스Virginia Eubanks는 특히 사회적 약자들이 이러한 자동 의사 결정 시스템, 즉 알고리즘에 의해 어떻게 불이익을 받는지를 다양한 사례연구를 통해 밝히고 있다.

미국 인디애나주의 복지 수급 자격 판정 자동화 시스템, 캘리포니아주 로스앤젤레스의 노숙인 선자등록 시스템, 그리고 학내나 방치 희생자가 될 아이를 예측하는 펜실베이니아주의 위험모형 연구를 통해 미국의 저소득 계층이 받는 불평등과 불이익에 대해 설명한다. 이러한 자동화된 의사 결정은 때때로 기본적인 사회 안전망을 파괴하고, 가난한 사람들을 범죄자 취급하며, 차별을 심화한다.[27]

이처럼 데이터의 잘못된 활용은 때로는 불평등을 조장하고 민주주의를 위협한다. 앞서 언급한 『대량살상 수학무기』의 저자 오닐이 소개한 프레드폴PredPol 사례를 통해[28] 빅데이터를 활용한 시스템이 어떻게 현실을 왜곡하는지 자세히 살펴보자. 프레드폴은 톰 크루즈가 주연인 영화 〈마이너러티 리포트Minority Report〉에서처럼 범죄가 일어날 것을 예측하고, 예방하는 시스템이다. 지리적 데이터를 이용해 범죄가 일어날 장소, 종류, 시간 등을 예측해 방지하는 프로그램으로, 범죄를 미리 예방할 수 있다는 장점으로 인해 국내 신문에도 소개된 적이 있다. 범죄는 살인, 강간, 폭행, 소액 사기, 경범죄의 순으로 빈번하게 발행한다. 프레드폴 모형은 자주 발생하고 주로 일정한 장소에서 규칙적으로 일어나는 경범죄를 가장 잘 예측한다. 경범죄는 가난한 지역에서 많이 일어나는 경향이 있다. 따라서 가난한 지역에 범죄 발생 확률이 높다고 판단해, 가난한 지역에 더 많은 경찰 인력이 배치된다. 더 많은 경찰 인력은 불심검문을 높이고, 경범죄 체포 건수도 높인다. 결국 더 많은 범죄자가 양산되는 부정적 피드백 루프가 생기는 것이다. 이러한 범죄 예측 모형은 더 많은 경찰 인력 투입과 불심검문 증가, 이에 따른 범죄자의 증가 순으로 이어지는 피드백을 통해 경찰 활동의 정당성을 부여한다. 모형이 원하는 대로 현실이 맞춰지게 되는 것이다. 통계 시스템에서 양만큼 중요한 것이 피드백 시스템이다. 피드백은 통계 시스템이 항로를 벗어나면 알려주는 장치로,

피드백을 통해서 오류를 확인하고 모형을 개선해 완벽에 근접하게 만든다. 그러나 적지 않은 시스템에서 피드백 장치가 없거나, 약하거나, 혹은 피드백이 있다고 해도 나쁜 방향으로 악화되는 것을 목격할 수 있다. 프레드폴도 부정적 피드백 시스템의 대표적 사례이다.[29]

빅데이터가 대량살상 수학무기로 전환됨에 따라 나타나는 문제점을 오닐은 불투명성, 확장성, 피해 세 가지로 꼽고 있다. 첫째, 불투명성으로 인해 모형의 구조가 대중에게 공개되어 있지 않다. 혹은 공개되어도 무엇인지 이해를 하지 못한다. 둘째, 확장성으로 인해 모형이 다루는 범위를 넘어서 개개인의 삶 전체 그리고 사회 전반에 영향을 미친다. 셋째, 그 피해가 말 그대로 다수에게 파괴적인 영향을 미치게 된다.[30]

대학 순위 매기기는 불투명하고, 개인에게 많은 영향을 주고, 사회 전반에 걸친 피해 또한 만만치 않은 대표적 사례이다. 대학 순위 매기기는 매체로서의 위상이 하락하던 때 광고 수익 증대를 위해 고안된 아이디어다. 원조는 미국 ≪유에스뉴스 앤드 월드리포트US News & World Report≫의 대학 순위표다. 순위 매기기는 학생들의 진학 결정을 도와주는 길잡이라기보다는 현실을 왜곡하는 하나의 기제로 작용한다. ≪유에스뉴스 앤드 월드리포트≫의 경우 SAT 점수, 교수 비율, 입학 경쟁률, 기부 비율 등이 주요 평가 항목으로 구성되어 있다. 가장 큰 문제점으로 제기되는 것은 데이터의 조작 가능성과 평가 모형을 어떻게 설계하느냐에 따라 순위가 달라질 수 있다는 점이다. 대개의 경우 타당성 확보를 위해 대중의 인식 속에 있는 상위 대학이 상위권에 오르도록 모형을 설계한다.[31] 물론 이때의 타당성은 과학적 검증과 전혀 관계가 없다. 전혀 과학적이지 않다는 이야기이다. 이러한 대학 순위 평가 역시 자기강화적 특징을 지닌다. 부정적 피드백이 발동한다는 의미이다. 대학은 평가에서 높은 순위를 받으려고 하고, 따라서 평가 지표를 제외한 요소는 무시된다. 수업료,

재학생 만족도, 학업 성취도, 학자금 지원 같은 다양한 요인을 평가에서 배제한다.

도서관을 지으면 순위가 안 올라갑니다.

'네트워크 사회와 인간'이라는 저자의 수업 시간에 『대량살상 수학 무기』와 관련해 학생들이 발표한 내용 중에 들어 있는 문구이다. 이것은 국내 대학 총장과 대학 구성원들과의 면담 중에 나온 이야기로, 경쟁적 환경에서는 대학의 도서관 확대도 의미가 없는 일이 되었음을 보여준다. 대화의 내용을 좀 더 가져와 본다(아래 기사가 나온 후 도서관 증개축 공사가 2018년 하반기부터 시작되었다).

> 교수를 150명 뽑으면 한 분당 거의 1년에 1억씩 듭니다. 누적으로 보면 첫해 40억, 둘째 해 80억, 셋째 해 120억, 넷째 해에 160억 이렇게 돈이 들어가는데 그 돈을 다 합치면 도서관을 두 개 짓고도 남습니다, 내가 교수를 안 뽑았으면. 근데 내가 교수를 왜 뽑았느냐? 교수 열 분을 뽑으면 우리 학교 순위가 2, 3단계 올라갑니다. 도서관을 지으면 순위가 안 올라갑니다. 왜냐하면 도서관은 만족도의 수준이지 …… 그냥 총장은 없는 비용을 선택을 할 수밖에 없었어요. 그래서 교수를 뽑아서 우리 대학이 종합대학 8위까지 올라갔습니다.[32]

국내 주요 일간지의 대학 순위가 매해 입시철마다 주요 참고 자료로서 돌아다니는 상황 속에서 대학 총장은 한정된 재원을 가지고 한 단계라도 대학의 순위를 높이기 위해 안간힘을 쓴다. 좋은 쪽으로 해석하면 대학 순위라는 자극을 통해 교수를 더 뽑음으로써 강의 환경이 개선될 수 있다고 볼 수 있지만, 나쁜 쪽으로 생각하면 대학 전체가 오로지 순위 경쟁에 모든 것을 걸게 될 수도 있다. 순위에 나와 있지 않은 척도들, 예를 들면 시간강사에 대한 처우에서부터 대학의 본질적 사명에 대한 고민은 꿈도 못 꾸게 되는 것이다. 대학 자체가 경쟁이니 그 속에 있는 구성원도 경쟁에 내몰릴 수밖에 없다. 학생은 학점 상대평가로 경쟁해야 하고, 교수는 업적평가로 서로 경쟁한다. 국내 대학이 모두 이런 상황이니 유령 학회가 생기고, 유명무실한 학회지에 논문을 실어 교수 업적평가에서 우수한(?) 업적을 남기는 것이다. 유령 학회지에 게재된 다수의 논문이 정부 지원 사업의 결과로 나타난 것이라 하니 상황이 얼마나 곪아 있는지를 알 수 있다. 이런 사실이 2018년에 ≪뉴스타파≫에서 보도된 후, 정부는 감사에 착수했다고 한다.

결국 경쟁이 심화되고, 교육비는 상승하고, 교육의 질은 저하되며, 교육의 평등을 저해하는 결과를 가져온다. 이러한 상황은 개인의 문제를 넘어서서 전반적인 사회 불평등을 확산하는 계기로 작용한다. 대학 순위 매기기는 미국이나 한국이나 똑같이 자녀의 대학 입학에 목숨을 건 부모들의 마음을 악용하는 것이다. 미국과 한국의 차이가 있다면 미국은 삼류 주간지가 대학 평가를 하는 데 비해, 우리나라는 이른바 '메이저'라는 신문들이 이런 행동을 한다는 차이가 있기는 하다.

물론 빅데이터가 늘 사회에 해를 끼치는 것은 아니다. 빅데이터는 미래 네트워크 사회를 구동할 가장 중요한 원료라는 역할을 담당한다. 그러나 데이터가 무조건 많아야만 좋은 것은 아니다. 현실을 잘 설명해 줄 적절한 데이터가 필요하다. 구글 데이터가 중요한 것은 양이 많아서가 아니라 사람들의 솔직한 생각이 담겨 있기 때문이다. 예를 들면 성적 취향, 자신의 정신건강 상태, 이민자에 대한 적대감, 미래의 불안감을 구글에서는 가감 없이 드러낸다. 이것이 바로 빅데이터의 힘이다. 『모두 거짓말을 한다Everybody Lies』의 저자 세스 스티븐스 다비도위츠Seth Isaac Stephens-Davidowitz는 구글 검색을 통해 드러나는 인간의 민낯을 가감 없이 보여준다. 그는 빅데이터 연구가 다음에 소개하는 네 가지 측면에서 기존 연구를 넘어서는 새로운 세상을 보여준다고 주장한다.[33]

첫째, 새로운 유형의 데이터를 제공한다. 이전에는 존재하지 않았던 데이터들이 생성됨으로써 추측만 할 뿐 확인할 수 없었던 새로운 영역의 창을 열어준다. 예를 들자면 인간의 내밀한 성적 취향 같은 것이다. 이런 측면에서 페이스북의 상태 업데이트에 대한 해석은 매우 신중하게 접근해야 한다. 사람들은 자신의 삶에 대해 거짓말을 하기 때문이다. 크리스마스에 외롭게 혼자 지내도, 이것을 페이스북에 올리지는 않는다. 반면에 어쩌다 한번 여행을 가면 매일 가는 것처럼 호들갑을 떨고 여행 사진을 올리는 것이 우리 인간들이다. 개인들의 이러한 이중적 태도는 정치 성향과 태도에서도 극명하게 드러난다. 2015년 캘리포니아주에서는 대규모 총기 사건이 일어났다. 리즈완 파룩과 타쉬핀 말릭이라는 아랍계 이름을 지닌 두 청년이 반자동 소총 등으로 시민 14명을 살해했다. 그 당시 구글 검색 중 이슬람교도가 들어간 내용에서 1위를 차지한 검색어는 '이슬람교도를 죽이자'였다. 사건이 일어나자 오바마 대통령은 포용과 관용의 중요성을 이야기하는 연설을 했다. ≪로스앤젤레스타임스Los Angeles Times≫나 ≪뉴욕타임스≫ 등 모든 언론이 대통령의 연설에 대해 "우리의 판단력을 흐리지 못하게 경고하는, 강인하고 차분한 연설이었다"라고 좋은 평가를 내렸다. 그러나 구글에서 사람들은 다른 이야기를 하고 있었다. 실제로 대통령 연설 직후 이슬람에 대한 부정적 검색이 늘고, 긍정 관련 검색은 오히려 줄어드는 모습을 보인 것이다. 옳은 말을 한 오바마의 이야기는 전혀 먹혀들지 않았던 것이다. 이후 또 다른 연설에서 오바마가 교훈적인 이야기보다 미국 사회에서 아랍인들이 이룩한 공헌과 같은 내용을 언급하자 부정적 검색이 줄어들었다. 오바마 전 대통령과 관련해 한마디 덧붙이면, 2008년 말 오바마의 당선으로 미국에서는 백인 민족주의 운동이 급증했지만, 표면적으로는 이러한 경향이 무시되었다. 그러나 구글은 백인 민족주의 운동 상황을 계속 보여주고 있었으며, 결국 트럼프가 미국 힐빌리•를 등에 업고 2016년 말 대통령에 당선되었다.

둘째, 솔직한 데이터를 제공한다. 빅데이터는 사람들이 정말로 원하는 것, 정말로 하고 있는 것을 보여준다. 속내를 드러내는 것이 아닌 무엇인가 정답을 말하려고 하거나 때로는 거짓말을 하는 서베이 응답 결과와는 달리, 빅데이터는 우리의 솔직한 마음을 보여준다. 스티븐스 다비도위츠는 구글 검색 사례를 통해 우리들의 지적 허영과 겉치레를 낱낱이 보여준다. 그는 미국 식자층이 주로 보는 잡지인 ≪애틀랜틱Atlantic≫과 선정적 내용이 많이 담긴 잡지 ≪내셔널 인콰이어National Enquire≫를 비교했다. 주간인 ≪내셔널 인콰이어≫가 월간인 ≪애틀랜틱≫보다 총 판매 부수는 물론 많았지만, 한 호당 판매 부수가 비슷해 비교가 가능했다. 페이스북에서 ≪애틀랜틱≫에 대해 '좋아요'를 클릭한 사람은 150만 명이었고, ≪내셔널 인콰이어≫는 5만 명만 '좋아요'라고 답한다. 물론 남에게 보이지 않는 구글 검색은 판매 부수와 동일하게 1 대 1로 나타난다. 판매 부수와 구글 검색 횟수는 둘 다 정확한 실제 현상을 보여주지만, 페이스북에서 나타나는 고급 잡지와 대중 잡지에 대한 '좋아요' 클릭 횟수는 무려 30배 차이가 난다. "나는 고급 잡지가 '좋아요'" 하고 클릭하는 것이다. 실제 자신의 모습과 남에게 보이고 싶어 하는 모습에서 현격한 차이가 드러난다. 마치 내가 남들에게 좋아한다고 말하는 영화와 실제로 즐겨보

• 미국 러스트벨트 지역(몰락한 중공업 도시들이 많은 중서 및 동부 지역)에 사는 가난하고 소외된 백인 하층민을 말한다. 힐빌리 출신의 저자 J. D. 밴스의 『힐빌리의 노래(Hillbilly Elegy)』로 유명하다.

는 영화가 다른 것과 같다. 이러한 상황에서 빅데이터는 과장되고 부풀려진, 그래서 왜곡된 가짜 모습이 아니라, 우리의 실제 모습을 가감 없이 보여준다.

셋째, 매우 자세한 데이터를 보여준다. 빅데이터는 작은 집단도 클로즈업해서 볼 수 있다. 데이터가 많기 때문에 작은 규모의 집단에 관한 유의미한 정보가 존재한다. 나이, 성별, 위치, 사는 지역 등등 매우 다양한 차원과 항목에서 우리들의 모습을 보여준다. 계급의 이동 가능성은 어느 지역이 높은지, 가난하지만 오래 사는 지역은 어디인지, 야구를 좋아하게 되는 나이는 언제인지 등 매우 세세한 정보를 데이터는 제공한다. 계급 이동과 관련해 스티븐스 다비도위츠가 같은 책에서 소개한 예를 살펴보자. 전 세계적으로 가난한 부모를 둔 사람이 부자가 되는 확률은 미국 7.5%. 영국 9.0%, 덴마크 11.7%, 캐나다 13.5%이다. 아메리칸 드림이라는 구호와는 걸맞지 않게 미국은 계급의 이동성이 매우 낮은 국가로 나타난다. 그러나 미국이라는 나라를 좀 더 자세히 들여다보면 상황은 달라진다. 미국의 계급 이동성은 지역마다 편차가 매우 심한 것을 알 수 있다. 가난한 부모를 둔 사람이 부자가 될 확률이 높은 지역을 다시 들여다보면 캘리포니아주 새너제이(산호세) 12.9%, 워싱턴 DC 10.5%, 일리노이주 시카고 6.5%, 노스캐롤라이나주 샬럿 4.4%로 나타난다. 미국 평균 7.5%도 나름대로 중요한 정보이지만, 지역 간의 격차가 심하다면 이러한 평균은 의미가 없어지고 개별 지역의 데이터가 더 의미 있는 정보로 남게 된다. 이는 평균의 허상을 여실히 보여주는 사례이기도 하다.

넷째, 인과관계를 보여주는 다양한 실험을 할 수 있다. 한마디로 온 세상이 실험실이다. 데이터를 기반으로 하는 아마존, 구글, 페이스북은 실험연구를 언제든, 무한히 그리고 신속하게 할 수 있다. 이러한 실험을 통해 단순한 상관관계만이 아니라 인과관계도 확인할 수 있다. 사실 서베이와 실험연구의 가장 큰 차이는 변인에 대한 통제력에 있다. 변수를 완벽히 통제하면 그만큼 정확한 인과관계를 측정할 수 있다. 일반적으로 서베이 결과는 상관관계 정도를 밝혀내는 것이지 인과관계까지 얻을 수는 없는 방법론으로 알려져 있다. 매우 강력한 인과관계를 얻을 수 있는 실험연구는 비용과 시간의 제약 등으로 인해 사회과학 연구자들이 쉽게 진행하기 어려운 방법론의 하나로 남아 있었다. 그러나 온라인에서의 실험은 시간과 비용이 적게 든다. 물론 데이터를 수집하고 통제할 수 있는 플랫폼 기업만이 힘 안 들이고 쉽게 실험연구를 할 수 있다.

대표적인 실험연구로 A/B 테스트가 수시로 수행되고 있다. A안과 B안을 동시에 다수의 사람에게 노출시켜 어느 것이 더 많은 클릭을 유도하는지 체크하는 것이다. 2001년 구글은 A/B 테스트를 7000건 진행했다고 한다. 광고 클릭 수를 늘리기 위해 어떤 바탕색을 광고 화면에 입히는 것이 좋을지와 같은 간단한 사항을 수시로 테스트한 것이다.[34] 페이스북은 A/B 테스트를 하루에 1000건 진행한다. 이처럼 하루에 진행되는 온라인 실험연구의 수치는 미국 전체 제약업계 전체가 1년 동안 하는 실험보다 많다고 한다.[35] 이러한 다양한 실험을 통해 가장 적합한 알고리즘을 플랫폼 기업들은 발견하고, 수시로 수정해 적용한다. 사실 알고리즘에 대한 경계는 인터넷법 전문가 레시그가 『코드Code』라는 책에서 이미 언급했다.[36] 다양한 규칙과 법규 그리고 상식에 따라 움직이는 오프라인 세계처럼 온라인 세계도 나름의 규칙에 따라 구동된다. 코드code는 인터넷이라는 네트워크 시스템을 가동하는 일종의 규칙이자 법을 의미하는 것으로, 인터넷의 세계를 구동하는 원리이자 알고리즘이다. 인터넷은 당연히 코드나 규칙을 만든 전문가의 의도대로 돌아간다. 문제는 인터넷상의 규칙이나 법규는 우리 눈에는 잘 안 보일뿐더러 이해하기도 힘들다는 점이다. 오프라인 세계를 움직이는 기본적인 규칙이나 법규를 우리는 교육과 실생활의 경험을 통해서 어느 정도 이해한다. 그러나 인터넷의 경우에는 시스템을 구동하는 원리나 규칙에 대해 거의 무지한 상태이다. 바로 이 점을 우리가 경계하고 준비해야 한다고 레시그는 언급한다. 정보와 지식의 비대칭, 그리고 정보와 지식을 통제하는 규칙에 대한 무지로 생겨나는 네트워크 사회의 불균형과 불공정에 대한 경고인 셈이다. 2006년 9월 페이스북이 뉴스피드를 처음 도입했을 때, 많은 사람들이 뉴스피드를 반대했다. 누군가가 프라이버시를 침해하는 것 같다고 생각했던 이용자들은 다양한 모임을 만들어 반대 의사를 적극적으로 표현했다. 물론 언론도 페이스북이 위기에 처했다고 거들었다. 그럼에도 저커버그는 뉴스피드 관련 인터뷰를 전혀 동요하지 않고 매우 차분히 진행했다.[37] 저커버그는 상황이 좋아지고 있는 것을 이미 알고 있었기 때문이다. 뉴스피드 이전의 8월 페이스북 사용자는 하루에 120억 페이지를 보았지만, 뉴스피드가 진행 중인 10월에는 220억 페이지를 보는 것으로 나타났다. 페이지뷰가 뉴스피드 서비스 제공 후 80%나 늘어난 것이다.

『사피엔스Sapiens』로 유명한 유발 하라리Yuval Noah Harari도 신이 된 인류라는 의미의 『호모데우스Homo Deus』라는 책에서 최고의 사제들이 지배하는 사회를 경계했다. 최고의 사제들은 인터넷을 움직이는 소수의 프로그래머, 자본가 그리고 이 책의 주인공들인 FAG의 CEO와 측근 전문가들이다. 인공지능, 생명공학, 나노기술 등의 발전으로 기술적 특이점technology singularity이 나타나고 새로운 세상이 펼쳐진다고 구글 수석 엔지니어 레이먼드 커즈와일Raymond Kurzweil은 예언한다.[38] 기술적 특이점은 컴퓨터의 두뇌로 불리는 정보처리 능력이 기하급수적으로 향상되어 인간을 넘어서는 인공지능이 가까운 시일 안에 도래하는 현상을 의미한다. 이러한 급변의 과정에서 소수의 인간은 생명이 연장되고, 새로운 지식과 정보를 통제할 수 있는 영역인 최고의 사제, 즉 신이라 할 수 있는 호모데우스의 위치에 오르게 된다. 역사학자인 하라리가 인공지능이나 나노기술 등의 기술적 가능성을 액면 그대로 받아들인 것에 대해서는 비판의 여지가 많지만, 주장하는 바는 분명히 새겨들어야 할 부분이다. 미래의 네트워크 사회는 평등한 사회가 아니라는 것이다.

『호모데우스』에서 소개되는 네트워크 사회의 미래를 좀 더 살펴보자.[39] 우선 일부 사람들은 업그레이드가 되어, 초인으로서 필수불가결한 동시에 해독 불가능한 존재로 남아 소규모 특권 집단을 이룰 것으로 예측한다. 여기서 초인은 알고리즘 개발자나 구글의 페이지와 같은 플랫폼 소유자 등 소수의 엘리트 그룹을 의미한다. 소수의 그들은 전 세계적인 차원에서 중요한 결정을 내리며 시스템을 통제한다. 대부분의 사람은 업그레이드되지 않고, 컴퓨터 알고리즘과 새롭게 탄생하는 초인 양쪽의 지배를 받는 열등한 계급이 될 것이다. 20세기에 시작한 기아, 역병, 전쟁 극복 프로젝트가 전 인류를 위한 것이었다면, 21세기의 불멸, 행복, 신성을 얻는 프로젝트는 전 인류를 대상으로 시작하지만 결국 소수의 초인을 위해 진행된다. 보통 사람들과 소수의 초인은 마치 19세기의 유럽인과 아프리카인 간의 차이와 같다. 19세기 유럽인들이 아프리카인들을 자신과는 다른 종족으로 생각해, 동물원의 동물처럼 전시하고 관람했던 것을 상기해 보자고 하라리는 이야기한다.

또한 신격화된 소수의 알고리즘 개발자와 소유자를 넘어서, 알고리즘 자체가 신이 될 수도 있다. 과거 수메르 땅의 대부분은 인간이 아닌 엔키와 같은 신이 소유했다. 미래에는 알고리즘이 땅도 소유하고 시스템도 소유할 수 있을 것이라고 하라리는 예측한다. 유럽 제국들의 전성기 때 스페인 정복자들이 색깔 있는 구슬을 주고 섬과 나라를 통째로 샀다면, 21세기에는 우리들이 제공하는 데이터를 통해 모든 세상이 소수의 지배자에게 넘어간다. 소수의 개발자에 의해 도입된 알고리즘이 모든 것을 아는 신탁이 되면, 그다음에는 대리인으로 진화하고, 마침내 주권자로 진화할 것이다. 알고리즘이 신뢰를 얻으면 그 자체가 신탁이 되는 것이다. 모든 사람이 알고리즘의 신탁에 의지하면, 알고리즘은 주권자로 변해서 결정을 내릴 것이다. 아마존의 알렉사와 같이 현재 유행하는 가정용 AI 머신들은 정교한 개인 비서로서 우리에게서 통제권을 위임받는다. 이러한 AI는 신탁에서 대리인으로 진화하고, 결국에는 자기들끼리 대화를 나눌 것이다. 처음에는 알고리즘에 따라서 행동하다가, 나중에는 자기 의견이 가미되는 것이다.

이상이 유발 하라리가 『호모데우스』에서 예측한 미래의 모습이다. 과장된 것 같은가? 물론 과장되었다. 그러나 방향은 틀리지 않았다. 불평등의 심화나 소수의 지배 등은 미래 네트워크 사회의 커다란 걸림돌이 될 것이다. 라플라스의 악마는 프랑스 수학자 피에르 라플라스Pierre Simon Marquis de Laplace가 『확률에 대한 철학적 고찰Essai philosophique sur les probabilités』에서 언급한 전지전능한 존재를 의미한다. 수학자 라플라스는 상상의 존재인 라플라스의 악마를 통해 인간 세상을 수학과 물리학으로 설명하고자 했다. 이 같은 전지전능한 존재는 자연을 움직이는 모든 힘과 사물의 상호 위치를 알고 있다. 그는 모든 데이터를 분석할 만한 막대한 능력으로 거대한 우주의 움직임과 극소의 원자까지도 하나의 공식으로 압축해 표현한다. 이러한 존재에게 불확실성은 없다. 미래를 정밀하게 계산해서 그려볼 수 있기 때문이다.[40] 라플라스의 악마가 바로 호모데우스이다. 상상 속 라플라스의 악마가 현실화되고 있는지도 모른다.

지식의 사유화

소셜미디어 플랫폼을 장악한다는 것은 우리의 정보를 통제한다는 의미이다. 다양한 이용자 데이터를 독점적으로 이용해 광고나 마케팅의 수단으로 활용하는 것은 이미 잘 알려진 내용이다. 정보 독점의 문제는 여기서 그치지 않는다. 정제된 정보라 할 수 있는 지식의 독점 또한 우리가 관심을 기울여야 할 이슈이다. 학자들마다 의견이 조금 다르지만, 통상적으로 데이터가 정보로 추려지고 이러한 정보를 바탕으로 지식이 생산된다는 것에 동의한다. 즉, 데이터, 정보, 지식의 순으로 데이터는 정제되고 압축되는 것이다. 이러한 과정의 결과로 나타나는 것이 지식경제 혹은 지식산업이라 할 수 있다. 지식경제란 지식 집약적 고용의 비중이 높으며, 지식을 포함한 정보라는 무형 자본의 비중이 유형 자본의 비중을 넘어선 경제를 의미한다. 한마디로 지식을 경제적 재화로 바라보고, 경제 성장에 주목하는 것이다. 지식경제의 확산은 지식의 생산과 유통 비용이 정보통신 기술의 발전으로 획기적으로 감소했기 때문에 가능했다. 지식을 코드화하고 정보통신 기술을 혁신하는 자체가 지식의 재생산 비용을 줄인다. 지식산업은 기존 산업보다 집약적이고 부가가치가 더 높다. 우리들이 주목하고 있는 페이스북, 구글, 아마존 모두 지식산업의 최전선에 있는 기업들이다.

지식산업에서 지식은 당연히 가장 중요한 요소이다. 지식과 정보를 바탕으로 산업이 움직이기 때문이다. 이러한 지식과 정보를 어떻게 정의하고 관리하는지에 따라 미래 네트워크 사회의 모습은 달라질 것이다. 지식에 대한 우리의 태도와 인식이 결국 그 사회의 성격을 만들어간다. 문제는 지식이라는 공적 영역의 자산 대부분이 사적 영역으로 넘어가고 있다는 점이다. 산업사회를 거치면서 지적재산권의 강화에 따라 개인 창작물의 권리 보호는 강화되었지만, 개인 창작을 통한 지식 콘텐츠의 비중은 미래 네트워크 사회에서는 극히 일부분에 지나지 않는다. 온라인상에서 우리가 하는 모든 행위는 일련의 정보로 빅데이터화되며, 이러한 데이터는 정보 그리고 지식으로 수렴되어 네트워크 사회를 이끌어갈 방향을 제시한다. 물론 이렇게 수집되고 정제되어 새로운 지식으로 탄생한 콘텐츠는 FAG를 비롯한 다양한 플랫폼 기업에 의해 통제된다. 데이터 생산은 온라인상의 모든 사람들이 참여하지만, 데이터의 결정체인 지식 콘텐츠에 대해서는 인지도 못 하고 통제할 수도 없다. 이것이 디지털커먼즈digital commons의 독점 이야기가 나오는 이유이다. 커먼즈commons는 일종의 공동 자산으로, 모두가 이용 가능한 공동체의 자산이다. 커먼즈와 관련 있는 개념으로 공기, 석양, 지식과 같은 공공재public goods, 그리고 어장, 목초지, 전파와 같은 공유자원을 의미하는 커먼 풀 리소스common-pool resources가 있다. 이들은 모두 공공재의 성격을 띠고 있으며, 요금을 지불해야 하는 클럽재나 독점적 점유 대상인 사유재와 상반되는 개념이다. 한편 디지털커먼즈는 온라인상에서 생산된 다양한 형태의 정보와 지식의 집합체이다. 학자들이 저술한 논문에서부터 온라인상에서 개인들의 다양한 행위의 결과로 만들어진 디지털 정보 등을 포함한다. 일반적으로 디지털커먼즈는 정보사회의 공공재로서, 네트워크 사회를 지탱하는 가장 중요한 기반 요소의 하나로 인식되고 있다.

여기서 주목해야 할 부분은 디지털커먼즈의 법률적 경계가 매우 모호하다는 점이다. 생산한 사람과 통제하는 사람이 다르기 때문이다. 온라인상에서 우리가 하는 모든 행위는 FAG 등 플랫폼 기업에 의해 작은 정보 조각으로 수집되어 관리된다. 그러나 이러한 정보, 더 나아가서 이러한 정보의 집합이라 할 수 있는 빅데이터의 소유권이 누구에게 있는지는 불분명하다. 데이터의 생산은 서비스를 이용하는 일반 개인들이 하고, 통제는 서비스를 제공하는 구글이나 페이스북이 하니 경계가 모호한 것이다. 물론 구글, 페이스북 혹은 아마존이 이용자 관련 정보에 대한 소유권을 주장한 적은 없다. 구글이나 페이스북을 통해 구축된 데이터는 공적이지도 사적이지도 않은 상태이지만, 수십억 이용자의 이해관계가 얽혀 있다. 이처럼 모호한 상황에서 이익을 취할 수 있는 쪽은 구글이나 페이스북과 같은 플랫폼 기업이지 이용자는 아니다. 이용자들은 이러한 상황을 인지하지도 못하고, 알아도 어찌할 도리가 없기 때문이다.

지식과 정보에 대한 통제는 그만큼 미래 사회의 힘과 권력의 원천이라 할 수 있다. 앞에서 소개한 빅데이터처럼 이용자에 의한 정보의 생산, 그리고 그러한 정보를 바탕으로 지식의 수렴과 축적 과정이 자연스럽게 일어나는 모습은 네트워크 시대의 초입에 있는 현재 상황을 잘 보여주고 있다. 또 다른 한편에서는 보다 적극적으로 지식의 집대성을 추구하는 집단도 있다. 바로 구글이다. 힘의 원천인 지식을 구글은 디지털 라이브러리Digital Library 프로젝트를 통해 집대성하고 있다. 구글의 목표는 자신들 이야기대로 '지구상의 모든 정보를 통합·관리하는 것organizing all of the world's information'이다.[41] 그리고 디지털 라이브러리는 이러한 목표를 가지고 지금까지 출판된 모든 책을 디지털로 전환해 온라인을 통해 제공하는 프로젝트이다. 2014년 말에 이미 3000만 권에 이르는 도서가 스캔되었고, 셰익스피어의 작품 등 저작권 보호 기간이 지난 책들은 무료로 서비스되고 있다. 지식 세계에서 지식을 통제하는 게이트키퍼gatekeeper 역할을 맡겠다는 것이다. 물론 프로젝트 초반에 많은 문제가 제기되었다. 미국 출판업계는 구글을 상대로 소송을 걸었고, 2008년에는 구글이 1억 2500만 달러를 제공하는 합의안이 마련되기도 했다. 그러나 심리를 담당한 연방법원 친Denny Chin 판사는 구글과 출판업계가 제출한 합의안을 거부했다. 한마디로 "너무 나갔다Simply go too far"는 것이다. 지식의 통제와 관련된 중요한 이슈를 구글과 출판업계만이 합의했다고 그냥 지나갈 수는 없다는 의미이다. 디지털 도서관은 많은 사람에게 혜택을 줄 수 있으나, 구글이 시장을 독점할 우려가 있고, 저작권 침해 소지도 있는 등, 사안이 간단하지 않다는 것이다. 이 소송은 결국 대법원까지 갔고, 2016년 연방 대법원은 구글의 손을 들어주었다. 원작의 저작권을 훼손하지 않았고, 오히려 가치를 더해주는 역할을 한다고 판단한 것이다. 2018년 4월 구글은 국립중앙도서관 등 한국의 국립 도서관과 대학을 상대로도 디지털 라이브러리 프로젝트 참여를 제안했다.[42]

구글의 궁극적인 목표는 무엇일까? 구글의 주장을 액면 그대로 받아들이면 지구상의 모든 정보를 통합·관리함으로써 더 완벽한 지식을 이 세상 모든 사람들에게 무료로 편리하게 제공하겠다는 것이다. 이 세상의 모든 지식을 통합해 이른바 글로벌 브레인global brain을 구축하는 것이다. 이미 여러 학자들이 지구의 모든 구성원들이 서로 긴밀하게 연결되는 전 지구적 차원의 지성인 글로벌 브레인에 대해 언급했다. 제임스 러브록James Ephraim Lovelock은 『가이아Gaia』•에서 "지구는 하나의 살아 있는 유기체이다"라고 주장한다.[43] 인간을 포함한 지구의 모든 생명체를 단순히 주위 환경에 적응해서 간신히 생존을 이어가는 소극적이고 수동적인 존재로 인식하는 것이 아니라, 서로 연결되어 지구의 환경을 활발하게 변화시키는 적극적이고 능동적인 존재로 맞이해야 한다는 것이다. 피터 러셀Peter Russell도 『글로벌 브레인The Global Brain』에서 더 많이 연결되어 하나로 통합되는 전 세계 인류에 대해 설명한다.[44] 러셀에 따르면 개인은 더 이상 자기 자신을 고립된 개체로 지각하지 않으며, 개인들은 빠른 속도로 통합

• 가이아란 고대 그리스 신화에 등장하는 대지의 여신을 일컫는 말로, 지구의 생물들을 어머니처럼 보살펴 주는 자비로운 신이다.

되고 있는 글로벌 네트워크, 즉 지구라는 뇌를 이루는 신경 세포의 일부가 된다고 한다. 이처럼 모든 인류가 연결되고 모든 정보와 지식이 한곳에 모이는 것이 궁극적인 글로벌 브레인이라 할 수 있다. 물론 구글의 창립자 페이지와 브린이 엉뚱한 생각을 가지고 이런 프로젝트를 추진했다고 생각하지 않는다. 그러나 구글 자신들의 표현대로 "사악해지지 말자 Don't be Evil"라는 다짐은 거꾸로 자신들이 사악해질 가능성이 있기 때문에 사명으로 쓰는 것은 아닌지 궁금해진다. 수많은 시스템 전문가들의 경고처럼 매우 복잡한 시스템은 특정한 임계점을 넘어서면 인간이 통제할 수 없는 영역으로 들어설 수 있기 때문이다. 페이지와 브린이 원하지 않아도 알고리즘이 스스로 알아서 우리가 원치 않는 방향으로 유도할 수 있기 때문이다. 선의의 출발이라도 과정과 결과에 대한 감시가 필요한 이유이다.

이처럼 지식에 대한 우리의 인식과 관리는 미래 네트워크 사회에서 의미하는 바가 매우 크다. 지식 공동체와 관련해 반드시 언급되어야 할 부분은 사회의 공기로서 우리에게 끊임없이 경각심을 불어넣어 주는 언론의 역할과 존재이다. 수많은 문제점이 있음에도 불구하고 여전히 기존 매스미디어의 역할 중 가장 중요한 부분의 하나는 감시 기능이다. 사회가 제대로 돌아가고 있는지 끊임없이 부엉이의 눈으로 지켜보는 것이 언론의 가장 중요한 역할이다. 물론 앞에서 이야기한 것처럼 언론에 대한 신뢰 역시 다른 공적 시스템과 마찬가지로 하락 추세에 있다. 신뢰할 수 있는 감시견의 역할을 하지 못하기 때문이다. 이러한 상황 속에서 언론의 역할과 비중은 점점 축소되고 있다. 특히 언론 환경의 주역이라 할 수 있는 신문 산업은 쇠락의 길을 걷고 있다. 신뢰 하락과 함께 신문을 둘러싼 콘텐츠 산업 전체의 게임의 룰이 바뀌고 있기 때문이다. 이제 기업은 신문에 비싼 광고비를 지불할 필요 없이 액시엄 같은 데이터 회사에서 구매

한 정보를 통해 소비자들에게 다가간다. 광고주들이 기존의 독자, 즉 소비자에게 다가가기 위해 신문에 돈을 지불할 필요가 없어지는 것이다. 기사는 ≪뉴욕타임스≫가 쓰지만 해당 기사 구독자를 상대로 한 표적 마케팅은 구글 등 플랫폼 기업이 가로채니, 그야말로 죽 쒀서 남 주는 꼴이 되어버렸다. ≪뉴욕타임스≫가 자사의 기사를 구글이나 페이스북에 제공하지 않았다면 두 기업의 가치는 현재 가치의 1%에 불과할 것이라고 혹자는 이야기한다.[45] 그만큼 이들 플랫폼 기업이 성장하는 데 결정적 역할을 한 것은 뉴스라는 콘텐츠를 싼값에 제공한 신문 산업이었다. 2018년 미국 신문 산업 전체의 가치는 구글이나 아마존 등 플랫폼 기업 하나의 가치를 넘어서지 못한다. 아이러니가 아닐 수 없다. 물론 우리나라도 예외는 아니다. 국내 주요 포털 서비스의 성장에는 기존 신문 콘텐츠가 결정적인 역할을 했다. 그러나 2018년 신문 산업 전체의 매출 규모는 단 하나의 검색포털 네이버의 매출 5조 6000억(2018년 말 기준)을 못 따라간다.

사실 신문 산업의 위기는 어제오늘의 일이 아니다. 인터넷이 상용화되면서 네트워크 사회의 인프라로 탈바꿈을 시작한 1990년대 초반부터 종이신문의 종말에 대한 논의는 끊임없이 제기되어 왔다. 초기에 진행된 온라인 기반 뉴스 서비스의 기술적 한계나 비즈니스 측면에서의 불확실성 등은 신문업계가 새로운 규칙과 룰로 움직이는 네트워크 사회에서 위치 매김을 하는 데 걸림돌로 작용했다. 결국 신문업계는 창조적 파괴를 통한 자기 혁신을 못 하고, 시대에 뒤떨어진 구시대의 유물로 남게 되었다. 신문업계가 적절한 위치 매김을 하지 못하고 우왕좌왕하는 사이에 뉴스를 포함한 거대한 콘텐츠 시장은 새로운 플랫폼상에서 이용자들을 직접 맞이하게 되었다. 물론 이곳에서의 승자는 기존 언론 산업이 아닌 플랫폼을 장악한 FAG이다. 신문은 네트워크 시대에서 연결의 의미를 찾지 못했고, 이용자와의 접점을 얻지 못했다. 구독자와 직접 연결이 안 되는 비즈니스 모델은 네트워크 시대에서 성공 가능성이 거의 없다고 봐도 무방하다. 결국 신문업계에게 남겨진 역할은 플랫폼상에 존재하는 수백 개의 콘텐츠 소스의 하나일 뿐이게 되었다. 세상을 바라보는 창이 너무 많아졌기 때문이다. ≪뉴욕타임스≫도 ≪워싱턴포스트Washington Post≫도 수많은 창 중의 하나일 뿐이다. 물론 이러한 창들을 한 곳에 아우르며 거느리고 있는 것이 페이스북과 구글 같은 플랫폼 기업들이다.

이러한 상황에서 다른 정보 소스와의 경쟁을 위해서 신문이 할 수밖에 없는 것을 ≪허프포스트Huffpost≫는 극명하게 보여준다. 증권사의 주식 시세 전광판처럼 독자의 반응을 보여주는 거대한 스크린이 ≪허프포스트≫의 편집국에 걸려 있다. 이들은 기사의 반응을 즉각적으로 고려해 첫 페이지를 꾸민다. 반응이 좋으면 기사를 확대하고, 시원찮으면 기사를 '죽인다'. 개인적이고 감정적 세상에서 공공의 문제는 실종되기 십상이다. 과거 매스미디어의 고질적 문제점인 공공 이슈의 실종이 재현되는 것이다. 국제 정치를 다루는 경성뉴스는 줄어들고, 먹방 관련 연성뉴스가 늘어난다. 불안, 공포, 분노, 행복 등의 감정이 미디어를 지배하는 것이다. ≪허프포스트≫는 독자의 반응에 매우 신속하게 대처하는 것처럼 보이지만, 개별 독자가 아닌 집단으로서만 다가간다는 한계 역시 지니고 있다. 네트워크 사회에서 구성원 개개인에 다가가지 못하고 집단으로 다가가는 것이다. 개별 시청자 또는 개별 독자가 무슨 생각을 가지고 무엇을 하는지 알 수가 없다. 한마디로 비디오 대여 업체인 블록버스터와 온라인 동영상 서비스 업체인 넷플릭스의 차이라고 할 수 있다. 구글과 페이스북 그리고 아마존은 개별 이용자를 대상으로 접근한다. 2016년 1월과 2월의 페이스북 뉴스피드는 뉴스 사이트 수백 곳으로 향하는 추천 트래픽의 41%를 차지했다. 구글 또한 39%를 차지해, 전체 뉴스 흐름의 80%를 페이스북과 구글이 통제하고 있는 것으로 나타났다. 한편 페이스북의 뉴스피드는 1분마다 2억 개의 이야기를 전달한다.[46] 개인 맞춤형 신문이라 할 수 있는 뉴스피드는 이용자의 정체성을 파악해서 접근한다. 이용자의 특성 파악과 뉴스피드의 조합이 사실상 오늘의 페이스북 참여도와 규모를 만든 것이다. 시간이 흐를수록 이용자 데이터를 수집하는 측은 유리한 고지로 올라가고, 그렇지 않은 쪽은 낭떠러지로 떨어지게 된다. 심지어 뉴스피드에는 '공감' 기능도 있다. '좋아요', '슬퍼요', '화나요' 등의 공감 기능을 통한 이용자의 다양한 반응은 빅데이터로 전환되고, 새도 프로파일링을 위한 기초가 된다.

신문 산업의 하락은 게임의 룰이 바뀌는 상황에 신속하게 대처하지 못했다는 이유도 있고, 어쩌면 매스미디어 시대의 최고 상품이라 할 수 있는 효력과 가능성이 다한 것일 수도 있다. 과거 뉴스는 힘의 원천이자 비즈니스의 근간이었다. 빠른 뉴스를 통해 상황에 신속히 대처하고, 정확한 뉴스를 이용해 자본을 투자했다. 그러나 네트워크 시대에서 뉴스는 하나의 지식이요 정보일 뿐, 그 자체로 힘을 발휘하기는 힘든 상황에 이르렀다. 정보의 제공자와 이용자가 직접 연결되지 않는 과거에는 뉴스를 통제하는 매개 권력이 힘을 발휘하지만, 제공자와 이용자가 직접 연결되는 네트워크 사회에서 뉴스 매개자의 힘은 자연스레 빠지게 된다. 신문 산업의 쇠퇴와 함께 사회 속 공기公器로서의 신뢰 역시 전술한 것처럼 하락을 면치 못하고 있다. 2018년 ≪시사IN≫의 조사에서는 가장 신뢰하는 언론매체를 순서대로 두 곳 답해달라는 질문에 JTBC가 32.2%로 1위, KBS가 16.4%로 2위를 기록했다. 이어서 네이버가 15.2%, 다음카카오 8.6%, MBC 8.5%로 각각 3위, 4위, 5위를 차지했다. 1순위 응답률만 비교하면 JTBC 1위, KBS 2위, 네이버 3위, 그리고 구글과 조선일보가 공동 4위를 기록했다. 언론의 신뢰도는 하락하지만 새로운 정보 전달자인 네이버, 다음, 구글은 언론으로서의 신뢰를 다져가는 것을 알 수 있다. 한편 가장 신뢰하는 언론인은 손석희 JTBC 보도 담당 사장이 35.5%로 1위였고, 2위는 언론인이라기보다는 시사평론가라 할 수 있는 김어준이 3%를 얻었다. 1위와 2위가 매우 큰 격차를 보이는 가운데, 손석희 사장의 뒤를 잇는 언론인은 보이질 않는다. 특히 신뢰하는 언론인을 묻는 항목에서 '없다/모름/무응답'으로 답한 사람이 45.5%를 차지하고 있다. 응답자의 절반이 신뢰하는 언론인이 없다고 생각하는 것이다.[47] 언론에 대한 우리의 신뢰 수준을 단적으로 보여준 사례라 하겠다. 정치인의 신뢰도 하락은 그렇다 쳐도 신뢰를 최우선의 가치로 삼는 언론에 대한 신뢰 수준이 이처럼 추락하는 상황은 결코 바람직하지 않다. 네트워크 사회로 세상이 변하고 지식의 사유화가 일어나도, 등불을 켜고 세상 곳곳을 비출 수 있는 언론인은 여전히 필요하다. 그러나 신문 산업이 쇠퇴하는 가운데, 이러한 언론인의 역할을 누가 대신할 수 있을지 쉽게 떠오르지 않는다. 독재정권에 항거했던 1975년 동아투위, 1980년대 군부정권에 맞선 언론인들의 해직 사건 등, 그들의 희생은 2018년 촛불혁명을 가능하게 했던 밑거름이었다. 권력과 시장에 흔들리지 않는 언론인이 중심을 잡아야 사회가 안정된다. 이를 통해 전반적인 제도신뢰가 구축되고, 사회자본의 축적이 가능해진다. 지식 공동체의 핵심 세력으로서 네트워크 사회의 중심을 잡아줄 수 있는 균형추, 언론의 부활을 다시 생각해 보자.

06 소셜스낵킹

소셜미디어의 확산으로 우리는 스낵을 통해 식사를 대신하듯이 소셜스낵social snack을 통해 직접적 사회교류를 대체하고자 한다. 그러나 소셜스낵킹은 오히려 외로움을 증가시키고, 소셜미디어 중독으로 이어져, 결국 단절과 고독감의 심화를 가져오기도 한다. 이처럼 소셜스낵킹이 우리 삶에 미치는 영향력은 매우 큰데, 네트워크의 감정 전염 논의의 연장선상에 있는 소셜스낵킹 관련 이슈는 네트워크 현상 연구에 매우 중요한 실마리를 제공한다.

※ 6장은 2017년 ≪동서언로≫ 제41호에 실린 논문인 「소셜 스낵킹과 페이스북 이용」의 내용을 수정·보완한 것이다.

연결과 단절의 패러독스

우리는 그 어느 때보다 다양한 커뮤니케이션 기제를 통해 많은 사람들과 연결될 수 있는 네트워크 사회에 살고 있지만, 또 한편으로는 매우 고립된 삶을 영위해 나가고 있다. 연결과 단절의 패러독스 시대에 살고 있는 셈이다. 더 많이 연결되지만, 또 한편으로 더 많이 외롭고 고독해진다. 지구촌의 개념을 전 세계에 퍼트린 마셜 매클루언Herbert Marshall McLuhan부터 지구는 평평하다고 외친 토머스 프리드먼Thomas Loren Friedman에 이르기까지 세상은 점점 더 좁아지고 연결된다는 것이 일반적인 정설이다. 또한 개인적 차원에서 다양한 커뮤니케이션 기제의 도입은 개인 간의 상호연결을 더욱 원활하게 한다. 2장에서 자세히 소개한 것처럼 스탠리 밀그램이 이른바 6단계 분리 이론을 처음 소개한 이래, 오늘날에는 온라인을 통해 5단계 혹은 4단계만으로도 전 세계의 모든 사람들이 연결된다는 연구 결과들이 계속 나오고 있다. 그만큼 상호연결성이 높아진 것이다. 그러나 이러한 연구 결과의 의미가 네트워크 사회에서 개인의 고독함, 소외감, 외로움을 상쇄시켜주는 것은 아니다.

인구사회학적인 측면에서도 현대인의 외로움을 보여주는 지표는 많이 발견된다. 미국의 종합사회서베이GSS 결과에 따르면 '아주 가까운 지인core discussion group'의 평균 크기가 1985년에 2.94명에서 2004년에는 2.08명으로 줄어들었다.• 쉽게 이야기하면 지난 20년 사이에 자신의 진심을 털어놓을 수 있는 사람이 세 명에서 두 명으로 줄었다는 것이다. 또한 1985년에는 전체의 10%만 아주 가까운 친구가 없다고 답했고, 한 명이라고 답한 사람은 15%인 것으로 나타났다. 그러나 2004년에는 25%에 달하는 응답자가 전혀 말할 상대가 없고, 20%에 해당하는 사람이 친한 친구가 한 명이라고 답했다.[1] 미국 인구의 절반이 마음을 터놓을 상대가 전혀 없거나 단 한 명뿐이라는 것이다. 2010년 미국은퇴자협회AARP 조사에서는 45세 이상 연령층 중 35%가 주기적으로 외로움을 느끼는 것으로 나타났다. 10년 전의 조사에서 20% 정도만 외로움을 느낀다고 답한 결과와 많은 차이를 보인다. 2012년 다른 조사에서는 미국인 전체 인구 중 20%인 6000만 명이 외로움으로 인해 불행한 것으로 집계되고 있다.[2] 국내의 실정도 크게 다르지 않다. 2018년 9월 통계청 보도자료에 따르면 2015년을 기준으로 1인 가구는 전체의 27.2%를 차지해 가장 흔한 주거 형태가 되었고, 2017년에는 28.6%로 계속 증가하고 있다. 혼밥과 혼술이 시대의 유행인 것처럼 이제는 1인 가구, 나 홀로 식사, 나 홀로 음주가 더 이상 현대인의 특이한 모습이 아니다. 국내외를 막론하고 개인이 혼자 있을 가능성이 점점 높아져 가고 있으며, 사회적 교류의 폭과 깊이의 수준 또한 담보할 수 없는 상태에 이른 것이다.

물론 혼자 산다고 외로운 것은 아니지만, 사회적 교류가 줄어들 가능성은 그만큼 높아진다. 노인 사망 원인 중 고독사 비율이 급격히 증가하는 것도 같은 맥락이라 할 수 있다. 실제로 수많은 의료진들은 현재의 네트워크 사회를 외로움의 시대라고 일컫는다. 사회적 교류의 단절로부터 파생되는 외로움을 공중보건의 차원을 넘어서는 심각한 사회 문제로

• 아주 가까운 지인의 크기(1985년과 2004년의 GSS 샘플)

	전체 네트워크		친인척 네트워크		비친인척 네트워크	
크기	1985	2004	1985	2004	1985	2004
0	8.10%	22.50%	24.40%	37.80%	36.10%	52.30%
1	14.80%	19.60%	29.70%	30.50%	22.40%	22.10%
2	14.70%	19.70%	22.60%	16.50%	19.70%	14.80%
3	21.60%	17.40%	13.10%	9.70%	12.60%	6.20%
4	15.40%	9.10%	6.70%	4.10%	6.10%	3.20%
5	25.40%	11.70%	3.50%	1.30%	3.00%	1.50%
평균	2.98	2.06	1.58	1.16	1.39	0.9
최빈값	5.00	0.00	1.00	0.00	0.00	0.00
표준편차	1.62	1.64	1.35	1.22	1.39	1.20

N(1985)=1, 531; N(2004)=1, 426

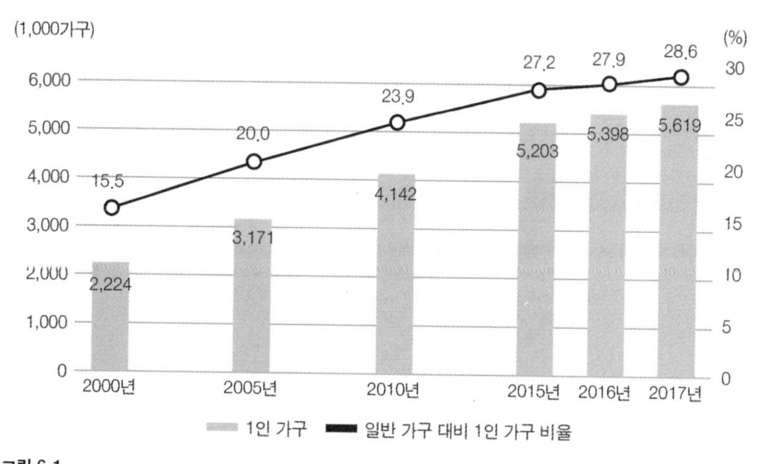

그림 6-1
1인 가구 변화 추이(2000~2017년)
자료: 통계청, "인구주택총조사에 나타난 1인 가구의 현황 및 특성"(보도자료)(2018.9.27).

인식해야 한다고 주장하기도 한다.[3] 이러한 환경에서 사회적 교류의 공백을 메우기 위해 필연적으로 나타나는 것이 인간관계를 전문적으로 관리하는 다양한 직종의 확대이다. 수많은 결혼 및 가족 상담사나 심리 치료사는 물론이고, 이른바 인생 코치life coach가 문제 해결의 전문가로 등장한다. 이제는 상당수의 사람들이 혼자 힘으로는 정상적인 교류, 더 나아가 정상적인 삶의 과정을 헤쳐 나가는 것이 어렵게 된 것이다. 전술한 상담 치료사와 인생 코치는 외롭고 무기력한 인간이 기댈 수 있는 삶의 보완재가 된 셈이다.

외로운 현대인이 기댈 수 있는 또 하나의 방법은 소셜미디어의 활용이다. 기존 미디어가 정보 획득이나 오락을 위한 기제였다면, 소셜미디어는 상호 교류를 위한 도구이다. 스마트폰을 통해 쉽게 접근할 수 있는 페이스북이나 카톡과 같은 다양한 소셜미디어의 활용은 이제 선택이 아닌 삶의 필수 영역으로 자리 잡고 있다. 네트워크 사회에서 인간 교류의 공백을 메우는 첨병 역할을 소셜미디어가 담당하는 것이다.

소셜미디어의 이러한 역할에 대한 연구 또한 다수 진행되었다. 미국 대학생들을 대상으로 한 연구에서는 페이스북을 자주 업데이트한 사람이 그렇지 않은 사람보다 외로움을 덜 느끼는 것으로 나타났다. 자주 업데이트한 학생은 친구들과 좀 더 연결된 느낌을 받았다고 진술한다. 이러한 연결의 감정은 당사자를 외로움으로부터 벗어나게 하는 하나의 요인으로 작동한다고 연구자는 주장한다. 2개월간 진행된 이 실험에서는 연구 대상자의 페이스북 업데이트 정도를 먼저 조사한 후, 연구 대상자를 무작위로 실험 집단과 통제 집단으로 나누었다. 실험 집단에게는 다가오는 주에 신상 관련 업데이트status updates를 자주 하라는 주문을 했다. 실험 집단은 일주일에 평균 2.2회 업데이트를 하는 것으로 나타났고, 전체 업데이트의 79%에서 '좋아요' 혹은 다양한 댓글 형태의 반응이 나타났다. 또한 친구들의 반응이 있어야만 외로움을 덜 느끼는 것은 아니었고, 단순히 글을 올리는 등의 업데이트를 하는 자체만으로도 외로움이 줄어드는 경향을 보였다.[4]

업데이트 효과가 지속될지의 여부를 짧은 기간에 한정된 대상으로 진행한 이 실험의 결과만으로는 단정할 수는 없지만, 이 연구는 외로움의 보완 기제로서 소셜미디어의 활용 가능성을 보여주는 계기가 되었다. 정상적인 사회적 교류를 대체하는 소셜스낵킹의 도구로서 소셜미디어를 제시한 것이다. 소셜스낵킹은 마치 식사를 대체할 수 있는 스낵을 통해 배고픔을 해결하듯이, 사회적 교류의 결핍이 생기면 사회적 스낵(소셜스낵)을 통해 단절을 해결하는 것이다. 페이스북을 통한 다양한 상호작용은 실제의 만남을 대체하는 대표적인 소셜스낵킹의 하나라고 할 수 있다. 그러나 식사 대용으로 스낵이 매우 한정된 범위에서만 작동하는 것처럼, 앞의 연구가 보여준 페이스북 업데이트 효과도 매우 한정된 시간과 범위에서만 발휘될 가능성을 배제할 수 없다. 과연 소셜스낵으로서의 페이스북 이용이 사회적 단절의 공백을 메우고 외로움을 해소할 수 있을까? 우선 인터넷 사용과 관련된 대표적 논쟁의 하나인 노출증과 관음증을 외로움과 연결 지어 이야기해 보자.

노출증과 관음증 그리고 외로움

노출증과 관음증은 인터넷에 심취한 이용자들의 심리적 특성과 문제점을 잘 나타내는 대표적인 사례들이다. 많은 소셜미디어 이용자들이 끊임없이 자신의 신상정보를 페이스북에 올리고, 또 한편으로는 남의 사생활을 엿보듯이 타인의 페이스북 업데이트를 꾸준히 서핑한다. 이러한 행위는 일부 청소년의 단순한 시간 때우기가 아니라, 현대인의 심리 구조를 파악할 수 있는 중요한 상징으로 작용한다. 결정장애를 앓고 있는 젊은 이들의 문제를 제기한 예게스Oliver Jeges는 페이스북이 관음증과 피관음증(노출증)으로 뒤덮여 있는 공간이라고 역설한다.[5] 노출증과 관음증은 뫼비우스의 띠처럼 노출증이 관음증의 '능동적 양태active version'로, 관음증이 노출증의 '수동적 양태'로 인식된다. 관음증은 반드시 질투심을 유발한다. 질투의 결과는 나를 내세우는 노출증으로 치환되거나 혹은 현실을 외면하고 유리하는 상황으로 발전해 결국 외로움으로 이어진다. 노출증은 병리학적으로 '어떤 무의식적 욕망들을 방어하는 목적과 다른 대상이 반응하게 만듦으로써 자기도 무엇인가를 가졌다는 것을 증명하는 기능을 가지는 신경증적 증후의 일환'이라고 한다.[6] 지위 고하의 여부를 떠나 자신의 위치에 자긍심은 없고, 그렇지만 남들의 시선을 끌고 싶은 사람들의 자연스러운 행위로 나타나는 것이 바로 노출증이다.

자기를 보여주고 과시하는 노출증은 나르시시즘과 긴밀히 연결되어 있다. 자기과시를 하는 심리적 기저에는 나르시시즘의 기운이 깔려 있기 마련이다. 호주의 한 연구 결과에 따르면 페이스북 이용자는 페이스북을 이용하지 않는 사람보다 나르시시즘, 과시주의, 그리고 리더십이 더 높은 것으로 나타난다. 특히 페이스북은 자기과시와 추상적 행위를 통해 개인의 나르시시즘을 충족시킬 수 있는 좋은 기제라고 연구자들은 주장한다.[7] 나르시시스트의 내면을 조사해 보면 '나', '나 자신' 같은 단어들을 '증오', '사악', '쓰레기' 같은 단어들과 연결시키는 등의 뜻밖의 결과를 보여준다.[8] 이런 단어들은 심리학자들이 무의식적 자존감의 척도로 사용하는 것으로, 나르시시스트들은 마음속 무의식 세계에 뿌리 깊은 자기회의와 무기력함이 내재되어 있어 자기 자신을 좋아하지 않음을 보여준다. 나르시시스트는 지나치게 경쟁적이고 자존감이 낮아, 같은 분야에서 성공한 사람들을 싫어하며, 누군가가 어떤 분야에서 우월한 경우 당혹감을 느끼고, 자기 가치관이 위협받을 때 폭력성 및 공격성을 나타내기 쉽다.[9] 이러한 특성은 3장에서 소개한 소시오패스 혹은 사이코패스의 성격과도 매우 유사하다.

나르시시즘과 외로움은 상호 연관성이 높다. 스웨덴 여성에 대한 한 장기 연구에서는 젊었을 때 나르시시즘 성향이 강한 사람이 노년이 되면 외로움을 더 많이 느끼는 것으로 나타났다.[10] 이러한 결과에 대한 해석은 다양하게 내려질 수 있다. 자기과시를 통해 나르시시즘을 향유하는 사람이 노인이 되어 자기과시가 힘들어지면 그만큼 삶의 의미를 찾지 못할 가능성은 많아지고 외로울 가능성이 높아질 수 있다. 혹은 나르시시즘 자체가 나이와 상관없이 외로움을 보여주는 또 하나의 상징일 수도 있다. 외부와의 소통과 연결보다 거울을 통한 내 자신과의 대화가 더 편안하고 만족스러운 나르시시즘 자체가 외로움을 전제로 하고 있기 때문이다. 외로움은 노출증과 관음증 그리고 나르시시즘에 깔려 있는 기본 전제조건인 셈이다.

≪플레이보이Playboy≫지의 플레이메이트였던 이베트 비커스가 자기 집에서 홀로 숨졌을 때 그의 컴퓨터는 켜진 상태였다고 전해진다. B급 호러영화의 아이콘으로도 활동했던 비커스는 이제 또 다른 호러영화의 아이콘이 되었다. 홀로 죽음으로써 현대인의 외로움을 상징하는 인물이 되었기 때문이다. 말년에 자식도 없고, 교회에도 나가지 않았으며, 어울릴 만한 친구나 집단도 없이 오로지 소셜미디어만을 통해 바깥세상과 교류했던 비커스의 죽음은 많은 사람들의 관심을 끌었다. 비커스의 온라인 활동은 광범위하게 이루어졌으나, 그 성격이 매우 얕고 피상적인 관계여서 비커스가 죽음에 임박한 순간 연락을 취할 만한 대상은 없었던 것이다.[11] 이러한 고독사는 미국 혹은 일본만이 아니라 우리나라에서도 심각한 사회 문제로 대두되고 있다. 특히 고독사가 과거에는 독거노인에게 집중되었다면, 최근에는 저소득층이나 고소득층, 젊은 층이나 노년층을 가리지 않고 일어난다.[12]

혼자 산다고 반드시 불행해지는 것은 아니다. 그러나 불행해질 수 있는 환경이 조성되는 것임에는 틀림이 없다. 외로움은 '홀로 있음being alone'과 같은 것은 아니지만 같이 가는 경향이 있기 때문이다. 외로움에 영향을 미치는 요소들은 대개의 경우 특정한 시간이나 상황하에서 힘을 발휘한다. 가령 결혼하면 외로움이 감소한다고 이야기하지만, 배우자가 서로 신뢰하고 부정을 저지르지 않을 때에 한해서만 결혼의 힘이 발휘된다. 신에 대한 의지도 같은 모습이다. 교회를 가거나 종교를 가진 사람들이 덜 외롭다고 하지만, 이 경우에도 차이가 있다. 신에 대한 절대적 믿음과 신뢰를 바탕으로 영적인 삶을 사는 경우와 단순한 의지의 대상으로서 신에게 다가가는 사람 간에는 차이가 있다는 것이다.[13]

물론 외로움을 가장 잘 예측할 수 있는 것은 양이 아닌 질의 문제라고 설명하기도 한다.[14] 또한 외로움은 외적인 조건이 아니라 개인의 심리적인 상태를 의미한다. 아무리 친구가 많아도 외로울 수 있기 때문이다. 또한 일반적인 믿음과 달리 혼자 사는 사람들도 그렇게 외롭지 않고, 수많은 도시의 직장인들이 번잡한 사회적 교류로부터 벗어나기 위해 애쓰는 것도 사실이다. 물론 이처럼 혼자 살고, 도시에서 벗어나 한적함을 영위할 수 있는 것은 다양한 커뮤니케이션 기제를 통한 연결의 가능성이 있기 때문에 가능하다. 실제로 전화의 보급은 도심의 스카이라인 형성과 함께 교외 주거지 건설에 결정적 역할을 했다. 페이스북도 실제로 만나기 어려운 상황을 풀어줄 효과적인 기제로 작동할 가능성이 매우 높다. 복잡한 네트워크 사회에서 사회적 교류의 일정 부분을 소셜미디어 서비스가 담당하는 것이다. 그러나 페이스북을 자주 이용하는 것 자체가 외로움을 보여주는 증거라는 주장도 있다. 사회적 교류가 어려우면 그것을 대체하는 무엇인가를 찾기 때문이다. 분명한 것은 공백이 생기면 채우려 하고, 그런 과정에서는 순기능과 함께 부작용도 따라온다는 점이다.

소셜스낵킹

허기가 질 때 우리는 음식을 찾는다. 그러나 음식이 제때 준비되지 않으면 식사 대용품인 스낵을 통해 문제를 해결한다. 같은 이치로 사회적 교류의 결여, 결핍이 생기면 이를 대체할 방법을 찾게 된다. 이른바 사회적 스낵을 통해 단절을 해결하는 것이다. 간단한 초콜릿바나 감자칩 등이 스낵의 대표적 예라 한다면, 이에 상응하는 소셜스낵은 매우 다양한 형태로 나타날 수 있다. 기억의 연결 고리 역할을 하는 단순한 상징들(예를 들면 추억이 깃든 사진이나 편지 등)이나 커뮤니케이션 기제를 통한 가상의 연결을 시도하는 것 등이 이에 해당한다. 사진을 바라보며 옛 추억을 기억하고, 소셜미디어에 글을 올리면서 교류한다. 사랑하는 이를 생각하고, 가족사진을 보며 추억을 떠올리는 행위 등은 소셜스낵을 통한 감정 교류의 대표적 예이다. 또한 우리는 이러한 행위들을 단순한 다른 여가 활동(웹서핑이나 잡지 보기 등)보다 더 선호한다.[15] 대학생을 대상으로 진행한 연구 결과에서 사람들이 가장 자주 이용하는 소셜스낵은 사랑하는 사람의 사진을 보는 것으로 나타났다. 실제로 사진의 위력은 여러 연구에서 증명된다. 가족 간의 결합에서부터 환자의 치료에 이르기까지 다양한 형태로 사진은 활용되고 있다.

이러한 감정의 교류는 사진만이 아니라 다양한 형태의 대상물을 가까이함으로써 이루어지기도 한다. 해리 할로Harry Frederick Harlow의 유명한 붉은털원숭이 실험은 인간만이 아니라 동물도 다양한 상징물을 통한 감정의 교류를 시도하는 것을 보여준다. 어미 없는 새끼 원숭이는 차가운 금속으로 만들어진 물체는 무시하고 따뜻한 털로 겉을 둘러싼 통나무를 대리 엄마로 인식하며 다가간다. 한 사례연구에서는 회사 동료와 교류가 별로 없던 외로운 사람이 집안의 화분에 정을 듬뿍 주며 키우다가, 근무부서를 옮기고 동료들과 교류가 활발해지니 자신이 키우던 식물에 대한 관심이 시들해지는 것을 목격하기도 한다.[16] 5장에서 소개한 일본 '모시모시 콜센터 연구'는 감정 교류의 힘을 보여준다. 이 연구에서는 다양한 감정 교류를 한 사람이 그렇지 않은 사람보다 생산성이 훨씬 높다는 결과를 보여주었다. 감정 교류를 통한 정서적 측면에서의 긍정적 자극이 결국 개인의 생산성이라는 외적 결과로 나타난 것이다. 콜센터의 업무는 상호 교류를 통한 팀의 업무 향상이나 사기 진작과는 전혀 관계가 없는 철저히 개인 고유의 영역이어서 그 의미를 더한다.[17]

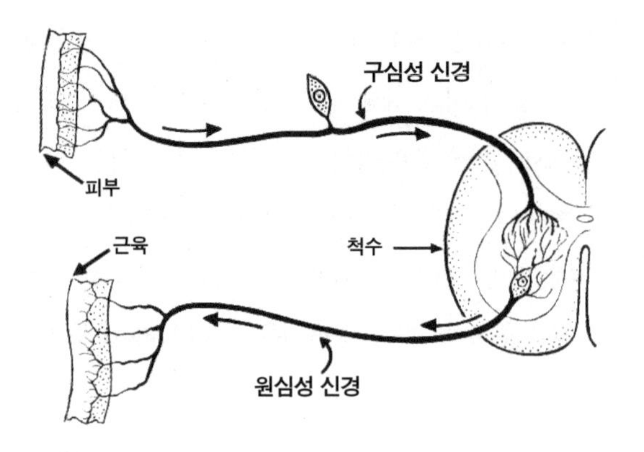

그림 6-2

구심성 신경

자료: Wikimedia Commons, "Afferent(PSF)," https://en.wikipedia.org/wiki/Afferent_nerve_fiber

사진만이 아니라 다양한 무형의 인식, 사고, 기억 등도 소셜스낵으로 기능할 수 있다. 또한 긍정적인 사회관계의 추억을 떠올리는 것만으로도 사회적 연결의 느낌을 가질 수 있다. 사랑하는 사람과 같이 보낸 시간을 회상함으로써 유대감과 소속감을 느끼고 긍정적 태도가 형성된다. 감정의 구심성을 고려하면 당연한 결과이다. 구심성 신경은 신경 자극이 말초에서 중추를 향해 전해지는 것으로, 본능적인 공감을 유발하는 부위이다. 무서운 곰을 봤을 때 무서워서 소름이 돋는 것이 아니라, 소름이 돋으니 무서운 감정이 드는 것이다. 얼굴 피드백facial feedback 이론처럼 상대방의 얼굴 표정을 모방하면 그 사람과 똑같은 감정을 느끼는 것과 유사하다. 웃는 얼굴을 따라함으로써 마음이 따뜻해지는 것이다. 감정이 표정을 지배하는 것이 아니라, 표정이 감정을 조절하는 것이다. 사진을 포함한 다양한 자극을 통한 감정 교류는 어쩌면 너무나도 당연한 일인지도 모른다. 이처럼 소셜스낵은 유형·무형의 다양한 모습으로 우리의 삶 속에 스며들어 있다.[18]

소셜스낵으로서의 소셜미디어 역시 같은 맥락에서 이해할 수 있다. 실제로 소셜미디어는 사진보다 더 현실적이며, 감정의 교류에 더 기능적이고 효율적이다. 모든 사람이 접근할 수 있는, 다양한 커뮤니케이션 양식과 채널을 확보한 소셜미디어는 현대인의 소셜스낵으로 작동하기에 충분한 기술적·사회적 의미를 지니고 있기 때문이다. 그러나 모든 미디어의 영향과 효과가 그러하듯이 순기능의 측면에서만 소셜미디어를 사회적 교류의 대체물로 접근하기에는 많은 걸림돌이 있다. 대체물이나 대용물은 그만큼 한계가 있기 때문이다. 스낵은 정상적인 식사보다는 양이 적으며, 보통 식사와 식사 사이에 먹는 간식 정도로 이해할 수 있다. 이러한 스낵이 때로는 정규 식사를 대체하기도 한다. 실제로 점심 식사를 간단한 스낵과 소다수로 대체하는 경우도 많다. 미국 회사 사무실 복도에 즐비한 자판기들은 음료수만 파는 것이 아니라 다양한 종류의 스낵들을 제공한다. 그러나 간편한 스낵은 당분이나 탄수화물로 주로 구성되어 다양한 영양소의 섭취를 방해한다. 따라서 스낵은 단기적으로는 식사 대용 역할을 하지만, 장기적으로는 다양한 영양소의 결핍으로 인한 신체의 불균형을 가져올 수밖에 없다. 같은 이치로 사회적 교류의 대용물로서 페이스북을 통한 교류는 한계가 있고, 더 나아가서 정상적인 교류를 방해할 가능성도 충분히 있다. 애완동물과의 접촉, 온라인 상호작용 혹은 신에 의지하는 것에 이르기까지 특정 대상과의 감정의 교류를 인간은 피할 수 없다. 그러나 상호 교류의 대체물이 실체가 없는 상황에서 벌어지는 공백을 완전히 메울 가능성은 그다지 높지 않다. 사회적 교류의 대안으로서 페이스북의 역할 또한 매우 신중한 접근이 필요한 이유이다.

셸던Kennon Marshall Sheldon 등의 연구에 따르면 페이스북과 같은 소셜미디어는 사회적 비교도구medium for social comparison로서의 기능을 하는 것으로 나타났다. 이러한 서비스를 자주 체크하는 경우 그렇지 않은 사람보다 자존감이 낮고, 삶의 성취감이나 지위 등에 대한 인식이 부정적인 것으로 드러났다. 전술한 나르시시스트의 낮은 자존감이나 지나친 경쟁문화가 가지는 특징과 일치하는 결과이다. 그러나 여기에서도 예외는 존재한다. 페이스북 친구들이 많지 않은 경우, 즉 매우 가까운 친구들과만 교류를 하는 경우에는 이러한 부정적 영향은 없는 것으로 나타났다.[19] 카시오포John Terrence Cacioppo와 패트릭William Patrick의 연구에서도 인터넷에만 집중해 사회적 교류를 대체할 경우 인터넷 사용의 증가는 사회적 고립과 우울증을 증가시킨다는 결론을 내고 있어,[20] 소셜스낵킹의 가능성을 보여준 디터즈Fenne grosse Deters와 멜Matthias R. Mehl의 결과[21]와는 엇갈린 모습을 보이고 있다. 1998년에 발표된 카네기멜론대학교의 조사 결과에서도 인터넷 사용이 증가하면 할수록 외로움도 증가된다는 결론을 내린 바 있다. 물론 1998년에는 이른바 소셜미디어 서비스가 활성화되지 않은 환경이었기 때문에 페이스북 연구 결과와 직접 비교는 어렵지만, 인간 교류에 인터넷이 부정적 영향을 미칠 수 있다는 것은 확인할 수 있다.

전술한 연구들이 다소 제한적인 대상으로 진행되었는 데 비해, 버크Moira Burke 등의 연구는 1200명의 페이스북 이용자를 대상으로 서베이와 함께 페이스북 이용자 로그log 파일을 분석함으로써 방법론상의 여러 문제점을 해결했다.[22] 이 연구의 결론은 한마디로 페이스북의 영향은 이용자가 어떠한 의도로 페이스북을 이용하느냐에 달려 있다는 것이다. 버크 등은 페이스북에서의 활동을 '직접 커뮤니케이션directed communication'과 '소비consumption'로 구분한 후 이러한 행위의 결과가 사회자본 형성과 웰빙well being에 미치는 영향을 살펴보았다. 특정 상대방을 향한 문자의 교환, '좋아요' 버튼 혹은 포토태깅 등의 직접 커뮤니케이션은 결속형 사회자본의 형성과 외로움의 감소에 많은 영향을 주었으며, 교량형 사회자본 형성에도 약간의 영향을 미치는 것으로 나타났다. 반면에 신상정보 업데이트 등 불특정 다수를 대상으로 '소비' 활동을 하는 경우에는 결속형은 물론 교량형 사회자본 형성도 감소시키고, 외로움을 증가시키는 것으로 드러났다. 2011년에 발표된 버크 등의 또 다른 연구에서도 비슷한 결과가 나타났다. 페이스북 이용자 415명을 대상으로 한 장기연구 결과, 단순히 친구의 페이스북 업데이트 내용을 둘러보거나 자신의 활동을 업데이트하는 이른바 '수동적 소비passive consumption' 혹은 '방송broadcasting'을 하는 행위는 오히려 단절감과 상관관계가 있는 것으로 나타났다. 또한 이러한 수동적 소비는 좌절감과도 관계가 있는 것으로 드러났다.[23]

버크의 '수동적 소비'는 이른바 패러소셜 관계parasocial attachment와도 연관이 있다. 준사회적 관계로 불리는 패러소셜은 양방향 소통이 이루어지지 않는 측면에서 직접적 사회적 관계가 아닌 가짜 혹은 대리 관계를 의미한다. 여성이 애완동물에 빠지고 남성은 컴퓨터에 빠지는 현상도 패러소셜로 설명할 수 있다. 영화 〈캐스트 어웨이Cast Away〉에서 척 놀랜드(톰 행크스 분)가 윌슨이라는 배구공과 교감을 나누는 것도 준사회적 관계를 잘 보여주는 예이다. 미디어 환경에서 보자면 TV 속 주인공 등에 대한 일방향적인 이끌림이나 트위터에서 유명인을 팔로우하는 상황을 준사회적 관계로 설명할 수 있다. 그러나 준사회적 관계가 대인관계의 좌절에서 오는 공백을 완벽히 메우는 것은 힘들다. 또한 통상적으로 실제 환경에서의 사회적 위치가 불안정하고 사회관계가 원만하지 않은 경우, 회피나 불안을 수반한 양가적 감정anxious-ambivalent에 기인한 패러소셜 지수는 올라간다고 한다.[24] 결국 '수동적 소비'와 패러소셜 지수는 같은 방향으로 움직이는 인간의 외롭고 불안한 감정의 모습이라 할 수 있다.

버크의 연구 결과는 외로움을 감소시킬 수 있는 소셜스낵으로서의 페이스북 효과가 복합적 메시지를 주고받을 경우에만 실현되는 것을 보여준다. 단순한 '좋아요'가 아니라 감정이 실린 복합적 커뮤니케이션의 교류가 있어야 페이스북이 사회적 교류의 단절을 해소할 수 있다는 것이다. 한편 페이스북 이용이 외로움을 감소시키는 결과는 보여주지 않고, 오히려 '수동적 소비'가 가져오는 부작용인 단절감이 소외감으로 이어질 수 있으며 이는 다시 외로움으로 연결될 수 있다는 점은 많은 함의를 남긴다.

소셜 네트워크 중독

건강하고 행복한 삶을 누리기 위해서는 적절한 사회관계가 반드시 필요하다. 사회적 교류는 줄어들고 준사회적 관계는 늘어나는 네트워크 사회에서 준사회적 관계의 한계를 극복하고 사회적 교류의 공백을 채울 기제에 대한 탐구는 매우 중요한 과제이다. 교회에 다닐 경우 사망률이 25% 감소한다는 연구 결과가 있다. 논쟁의 여지가 있지만 만약 다양한 온라인 활동을 통해서 그런 효과를 누릴 수 있다면 소셜미디어는 현대인에게 없어서는 안 될 필수 기제가 될 것이다. 그럼에도 불구하고 이러한 소셜미디어의 역할에 대해 많은 의구심이 드는 것은, 기존 미디어에서도 발견되었듯이 단기적으로는 나타나지 않는 수많은 부작용을 염려하기 때문이다. 한마디로 간식은 간식이기 때문이다. 대체재가 진짜를 완전히 대변할 수는 없다. 전쟁터에 나간 병사가 평온한 고국의 가족과 전화 통화를 하지만, 기대와 달리 많이 실망한다고 한다. 개인 차원에서부터 사회적·제도적 차원에 이르기까지 그 원인이야 다양하지만, 기본적으로 너무도 다른 두 세계의 이질감을 극복하기가 어렵기 때문이다.[25]

전술한 버크 등 수많은 학자들이 소셜스낵으로서의 페이스북의 영향은 개개인이 페이스북을 어떻게 사용하느냐에 달려 있다고 주장한다.

소셜미디어를 가치중립적 기제로 접근하는 것이다. 예를 들면, 자동차는 인간의 고립을 가능하게 하는 기술적 장치로, 전화와 함께 수많은 교외 주거지를 탄생시킨 원동력이었다. 그리고 교외는 도시 안의 혼잡한 교류를 피해 비교적 한가롭고 여유 있는 환경을 갈망하는 사람들이 이사한 곳이다. 당연히 지리적·물리적인 측면에서 시내보다 교외에서 외로움이 증가할 가능성이 크지만, 자동차가 외로움을 증가시킨 주범이라고 보기는 어렵다. 자동차는 도시 밖으로의 탈출을 도와주지만, 외딴곳에 칩거하는 친구를 방문하는 데에도 도움을 주기 때문이다.[26]

페이스북은 사회적 관계를 단절시키지도 않지만 사회적 관계를 새로 만들지도 않는다. 또한 페이스북 자체가 아닌 오프라인에서의 사회적 네트워크 성격이 결국 페이스북의 질과 깊이를 결정짓는다. 신경학자 료타 카나이Ryota Kanai 등의 연구에 따르면 측두엽 및 전전두엽 등 뇌의 특정 부위 크기와 페이스북 친구 수와는 긍정적인 상관관계가 있는 것으로 나타났다. 카나이 등은 21세 생일파티의 초대 손님 수, 호의를 부탁할 수 있는 친구 수, 학교 친구를 제외한 사회 친구 수, 그리고 페이스북 친구 수 등 아홉 가지 소셜 네트워크의 유형을 통해 소셜 네트워크 크기를 측정했다. 연구 결과, 온라인 소셜 네트워크는 기존 오프라인의 인간관계를 유지하는 데 사용되고 있다는 결론이 도출되었다.[27] 실제로 운동을 잘하는 사람이 운동을 더 열심히 하듯이, 남과 교감을 잘하는 사람이 남들과 더 자주 그리고 잘 교류한다. 온라인 소셜 네트워크의 크기가 오프라인에서의 사회적 사고와 인지 능력을 통해 결정되는 것이다.

사회적 유대감이 큰 사람은 주변 환경과 조화를 이루며 다양한 긍정적 신호를 주변에 내보내고, 주변으로부터 돌아오는 반응도 자연히 긍정적이고 조화롭다. 또한 이런 피드백이 오가면서 각자의 자기 조절 능력도 당연히 높아지게 된다. 이른바 공동조절co-regulation의 기능이 작동하는 것이다. 이러한 사람들은 결국 사회적 뇌를 더 많이 사용함으로써 사회적 관계의 성장과 발전을 도모한다. 이것은 곧 뇌의 크기와 소셜 네트워크 크기 사이에 긍정적 상관관계가 존재하며, 사회적 연결과 사고의 바탕에는 뇌의 물리적 기능성이 작동되고 있음을 뜻한다.[28] 특정 부위의 뇌 크기와 사회적 교류 간의 기능적 연결성을 의미하는 것이다. 이러한 현상은 인간만이 아닌 동물의 세계에서도 나타난다. ≪사이언스≫에 게재된 원숭이를 대상으로 연구에 의하면 집단의 크기와 뇌의 측두엽 및 전전두엽 부위의 부피 간에 상관관계가 존재하는 것으로 나타난다. 또한 사회적 우위의 정도가 높아질수록 전전두엽 부위의 크기도 커지는 것이 확인되었다.[29] 근육과 마찬가지로 쓰지 않는 뇌세포가 소멸된다는 뇌가소성neuro-plasticity의 원리는 사회적 교류의 관점에도 적용할 수 있다. 제한되고 폐쇄적인 소셜미디어의 사용은 특정 부위의 뇌세포 활동에만 긍정적인 영향을 주게 될 뿐, 다양한 다른 뇌세포 활동에는 지장을 주게 된다. 이것은 정상적인 사고와 공감 능력의 상실을 의미하고, 결국 정상적인 사회적 교류를 더 어렵게 한다.

이러한 연구 결과들을 종합해 보면 사회적 교류 단절의 대체재로서의 소셜미디어 활용 가능성에 대한 논의는 매우 신중하고 거시적인 접근이 필요하다. 사회적 교류의 단절과 고립, 그리고 그에 따른 외로움은 사실상 개인 차원의 문제를 넘어서는 사회병리학적 현상임과 동시에 네트워크 사회의 한계를 설명하는 매우 중요한 이슈이다. 개인적 차원에서의 사회적 고립은 보통의 인간에게는 매우 힘든 시련이다. 인류는 고대 사회에서부터 오스트라시즘을 통해 사회적 유대감을 갈망하는 인간에게 가혹한 처벌을 내려왔다. 현대에 이르러 교도소에서 재소자를 독방에 홀로 가두는 목적 역시 단절을 통한 고통을 주기 위함이다. 이러한 단절은 결국 개인을 외톨이로 만들어 황폐화시키고, 자존감을 낮추며, 무기력하게 만든다. 문제는 이러한 사회적 교류의 단절이 이제 더 이상 대인관계에 어려움이 있는 특별한 계층(자폐증이나 아스퍼거증후군 환자 등)에게만 해당되는 사안은 아니라는 점이다. 자아 통제력과 자존감이 뒷받침되는 '홀로 있음'이 아니라, 떠밀려서 고립되고 외롭게 살아가는 인간의 모습이 이제 더 이상 특별한 것이 아닌 보편적인 사회 현상으로 고착화되어 가고 있기 때문이다.

사회적 유대 관계의 상실로 인한 공동체의 붕괴를 퍼트넘은 사회자본 유실의 시각에서 걱정했다. 사실 사회 구성원의 파편화로 인한 사회적 교류의 단절은 에밀 뒤르켐David Emile Durkheim의 『자살론La Suicide』에서부터 제기되어 온 현대 사회의 사회적 병리 현상의 하나이다. 이러한 무기력과 소외감은 법과 질서를 무시하며 공유된 가치관의 상실을 가져오는 아노미 현상을 불러일으킨다. '악의 평범성'으로 유명한 아렌트는 나치의 만행을 잔인성과 후진성보다는 개인이 처한 고립과 정상적인 사회적 관계의 결핍으로 설명하려고 했다. 사회적 교류의 단절이야말로 사회를 아노미의 상태로 만들고, 그래서 전체주의가 들어설 자리를 조성하는 데 결정적인 밑거름이 되었다는 것이다. 개인의 사회적 교류 단절이 개인적 차원에서만 논의되어서는 안 되는 이유이다. 이와 더불어 소셜미디어 이용의 부작용에 대한 심도 깊은 논의 또한 필요하다. 어쩌면 소셜스낵으로서의 소셜미디어 서비스의 가장 큰 위험은 욕구 대체의 왜곡을 통해 홀로 있음의 진정한 의미를 왜곡하는 것에 있는지도 모른다. 외로움loneliness은 혼자 있는 고통이지만, 홀로 있음은 혼자 있는 즐거움을 영위할 수 있는 고독solitude과 관련이 있기 때문이다. 마치 스낵의 적절한 이용을 통해 식사를 대체함으로써 편리한 생활을 영위하지만, 지나치면 건강을 해치는 것과 똑같은 원리라 할 수 있다.

개인에게 힘을 주는 동시에 개인을 고립시키는 기술의 경향성을 주장한 셰리 터클Sherry Turkle의 이야기처럼,[30] 선택적으로 이루어지는 소셜미디어 환경에서의 상호작용은 그야말로 일방적인 선택일 뿐, 공동체 형성에 필요한 긍정적 갈등은 사라지게 된다. 사회적 교류에서 필연적으로 발생하는 갈등 해결의 연습 기회는 없어지고 편한 길만 택하기 때문이다. 밥하기가 귀찮아 라면을 먹는 셈이다. 신경학자 애비게일 베어드Abigail A. Baird는 사람들과 교류하는 법을 배울 때 사람들과 직접 부딪치는 것보다 더 좋은 방법은 없다고 주장한다.[31] 다양한 온라인 데이트 사이트가 현실 세계에서 누군가를 만날 가능성을 점점 약화시킨다는 주장도 있다.[32] 소셜미디어를 통해 연결됨으로써 외로움이나 상실과 같은 두려움에서 일시적으로 벗어날 수도 있지만, 직접 대면함으로써만 얻을 수 있는 감정의 충만함을 놓치게 되는 것이다.

선택적이며 습관적인 소셜미디어의 사용으로 이용자는 자신이 원치 않거나 모르는 방향으로 끌려갈 가능성이 높아진다. 자신이 무엇을 모르는지, 어디로 가고 있는지를 판단할 수 없는 것이다. 자신이 무엇을 모르는지를 모르는 것unknown unknowns이야말로 미래 네트워크 사회의 구성원이 풀어야 할 난제이다. 인류 역사상 그 어느 때보다 우리는 네트워크상에 연결된 타인의 영향력에 직간접적으로 노출될 수밖에 없다. 주변 환경과 타인의 영향으로 인해 자신의 힘과 능력만으로는 헤쳐나가기 힘든 상황에 자주 맞닥뜨리게 되는 이러한 환경에서, 관심 있는 정보만을 습관적으로 섭취하는 소셜미디어 사용자는 자신만의 세계에 갇히게 되고 세상과 조우할 기회를 잃어버리게 된다. 이렇게 갇힌 환경에서는 이른바 의미위협meaning threats을 통한 자기 성찰과 비판의 기회는 사라지고, 세렌디피티serendipity를 통한 창조의 가능성도 줄어든다. 이는 5장에서 개인화 서비스의 문제점을 이야기하면서 강조했던 내용이다.

수많은 작가와 사상가들이 자연 속으로 들어간 이유는 자연과의 교감을 통해 자신의 문제를 치유하는 한편, 홀로 있음을 통해 창조의 힘을 얻을 수 있었기 때문이다. 레몬나무 밑에서 생각의 조각이 떨어지기를 기다렸던 니체에서부터 초턴의 조그만 오두막에 기거한 제인 오스틴에 이르기까지 현재의 지성을 일군 수많은 사람들은 자연과의 대화 속에서 그 업적을 이루었다. 자연은 우리들에게 속세로부터 한걸음 벗어나 객관성과 균형 감각을 되찾게 하고, 고독 속에서 자기 성찰을 할 수 있는 기회를 부여한다. 창조 또한 이러한 환경에서 일어난다. 실제로 창조는 깨어있는 것과 잠든 것의 중간 형태인 몽상 상태에서, 그때까지 이질적으로 보이던 실체들을 새로운 고리로 연결할 때 일어난다고 한다. 이러한 창조의 과정은 일생을 통해 계속 진행되며, 주로 고독 속에서 일어난다.[33] 페이스북을 통한 끊임없는 연결됨과 단절의 반복은 인간이 누려야 할 '홀로움'의 기회를 없애버린다. 혼자 있음의 힘을 역설한 황동규 시인의 이야기처럼, '홀로움'은 외롭게 혼자 있지만 고독감의 심연으로 빠져드는 것이 아니라 능동적으로 외로움을 받아들이면서 즐기는 태도이다. 혼자 있는 것과 외로움은 동류로 분류할 수 있지만, 어떻게 상황을 대처하느냐에 따라 그 결과는 달라진다.

우리는 하루에 수십 차례 스마트폰을 들여다본다. 스마트폰을 들여다보는 가장 큰 이유는 물론 소셜 네트워크에 접속하기 위함이다. 하루 두 시간 이상 텔레비전을 시청하는 사람은 우울함과 두려움을 느끼는 비율이 평균보다 높다. 그리고 정신적 고통 때문에 집에만 머무는 사람이 텔레비전을 과도하게 시청한다고 한다. 같은 논리로 집에 머무는 사람이 소셜 네트워크 서비스에 더 의존할 가능성이 높다. 의존 원인은 개인 혹은 사회적 요인은 물론, 소셜미디어 자체의 속성에서도 찾을 수 있다. 소셜미디어를 통해 사회적 결속감을 느끼고, 게임이나 성적 자극 등 보상을 받고, 외로움과 우울증 그리고 두려움을 극복하기 위해서 인터넷에 다가간다. 물론 사회적 요인인 가족 문제나 직장 문제, 성공에 대한 압박감, 소외된 경험 등이 다양하게 우리를 소셜 네트워킹 사이트로 몰아간다.[34] 소셜 네트워크 중독이라는 말은 더 이상 새롭지 않다.

소셜 네트워크에 접속하는 가장 큰 이유가 스트레스와 부정적인 기분을 해소하고 외로움을 이겨내기 위해서라면, 정상적 사용이 아닌 병적인 사용으로 넘어갈 확률이 커진다. 혹자는 스마트폰이 본격적 중독으로 인도하는 초기 약물gateway drug로 작용할 수 있다고 경고한다. 『저항할 수 없는Irresistible』의 저자 애덤 알터Adam Alter는 현대인의 부산한 행동 중독에 대해 강력한 경고를 하고 있다. 특히 많은 사람이 인터넷을 끊기가 점점 어려워진다고 한다. 실제로 구글에 보고된 10대 중독은 마약, 알코올, 도박, 섹스, 설탕, 페이스북, 포르노, 사랑 등으로, 페이스북 이용이 당당히 그 명단에 올라와 있다.[35] 온라인 게임 중독이나 포르노물의 유통 관련 이슈 등은 충분하지는 않지만 최소한 논쟁의 테이블 위에는 올라와 있다. 이제는 소셜미디어 중독에 대해 논의할 시점이다.

07
네트워크 시스템의 한계

시스템의 원죄

폴 비릴리오Paul Virilio는 기술에 내포되어 있는 원죄를 이야기한다. 배를 발명하면 난파도 동시에 발명하는 것이고, 비행기를 발명하면 비행기 추락 또한 발명하는 것이다.[1] 네트워크 시스템도 네트워크 구축과 동시에 따라오는 문제점이 있다. '멧칼프의 법칙Metcalfe's law'으로도 알려진 네트워크 외부 효과는 네트워크에 새로운 사용자가 추가될수록 네트워크의 유용성과 가치는 증가하는 것을 의미한다. 그러나 네트워크가 확산되는 만큼 네트워크 이용자들은 네트워크에 종속될 가능성도 높아지고, 탈출의 가능성은 희박해진다. 외부 효과의 이면에는 이런 부작용도 같이 따라오는 것이다.

모든 기술은 위험을 내포하고 있다. 위험 전문가 찰스 페로Charles B.

Perrow는 시스템이 복잡할수록 내재하는 위험의 가능성은 더 높아진다고 주장한다.[2] 복잡한 기술을 요구하는 원전이 대표적인 사례이다. 테크늄technium도 복잡하기는 마찬가지다. 미래학자 케빈 켈리Kevin Kelly가 소개한 테크늄은 단세포 생물에서 시작해 복제 분자들의 상호작용을 통해 탄생한 새로운 지능을 지닌 미래의 객체를 의미한다.[3] 테크늄은 하드웨어를 넘어서 문화, 예술, 사회 제도 등 모든 유형의 지적 생산물을 포함하는 미래의 인공지능이다. 켈리는 테크늄을 사실상 진화 과정상의 한 유형으로 간주하지만, 테크늄의 미래가 어떠할지에 대해서는 명확한 결론을 내리지 못한다. 이와 마찬가지로 지식과 정보를 바탕으로 구글이 구축하고자 하는 글로벌 브레인이나 사람들의 연결에 근거한 페이스북 커뮤니티 역시 미래에 어떻게 발전하고 성장할지는 미지수이다. 구글의 엔지니어는 자신들이 개발하고 있는 알고리즘의 미래를 예측하지 못한다. 실제로 그들은 단기적인 목표는 있지만 미래에 어떻게 변할지는 자신들도 예측하기 어렵다고 말한다.[4] 현재 고안된 기술이 먼 미래에 어떻게 진화할 수 있는지를 판단하기 어렵다는 것이다.

네트워크 시스템도 예외는 아니다. 현재 구축된 네트워크 시스템도 충분히 복잡하고 이해하기 어렵다. 2010년 벌어진 미국 플래시 크래시flash crash 사태는 금융 네트워크가 한순간 통제 불가능한 상황으로 가는 것을 극명하게 보여준다. 알고리즘에 의한 주식 거래를 하는 상황에서 일종의 폭탄 돌리기가 일어났는데, 이로 인해 1조 달러의 손실이 발생했고, 상당수의 개별담보거래가 '말도 안 되는' 가격(1센트 정도의 아주 낮거나, 또는 10만 달러 정도의 아주 높은 가격)에 거래되었다. 장이 마감되고 나서 거래소 대표들은 규제기관 관계자들과의 협의하에 원래 가격에서 60% 이상 차이가 나는 가격으로 거래된 주식 거래를 모두 없던 것으로 했다.[5] 이 프로그램은 일정 조건이 충족되면 자동으로 실행되는데, 인간이 감지하고 반응하기에는 너무나 짧은 순간에 문제의 상황이 일어나고 말았다. 인간의 능력으로는 네트워크 시스템의 복잡함으로 인해 발생하는 문제를 해결할 수가 없었던 것이다.

네트워크 시스템과 관련된 문제점은 인터넷을 포함한 전반적인 네트워크 인프라는 물론 소프트웨어와 인공지능 분야에 이르기까지 매우 다양하게 퍼져 있다. 이러한 분야는 미래 네트워크 사회를 구축하는 데 반드시 필요한 요소이기 때문에 포기할 수 없는 환경이고, 따라서 적절한 조치가 필요하다. 개인정보 시스템 또한 이러한 범주에 포함시켜야 한다는 주장도 있다. 데이터베이스 절도범 스콧 러바인Scott Levine의 예를 들어보자. 그는 2006년에 데이터 기업인 액시엄의 데이터베이스에 접근해 137회에 걸쳐 16억 건의 기록을 훔쳤다.[6] 해킹을 통한 실력 과시는 물론, 경제적 이득을 노린 행위였다. 러바인이 훔친 데이터에는 전화번호, 신용카드 정보, 운전면허, 사회보장번호, 범죄 기록, 직장 이력, 상품 구매 기록 등 다양한 정보가 있고, 이들을 결합하면 개인별 소비자 프로파일을 만들 수 있다. 이러한 상황에서 정보 보안에 관한 문제의 해결은 쉽지 않아 보인다. 정보를 수집하는 데이터베이스 기업만이 아니라 이곳으로부터 개인정보를 사들이는 모든 기업들이 다 같이 엮여 있기 때문이다. 모든 데이터들이 연결되고, 데이터베이스 또한 연동되는 시스템이기 때문에 어느 한쪽에서 대비를 한다고 해서 문제가 해결되지는 않는 것이다. 이처럼 매우 복잡하게 연결되어 있는 네트워크 시스템은 그만큼 문제가 발생했을 때 그 원인을 찾기도 매우 어렵다.

이력현상hysteresis은 파괴된 뒤 결코 다시 회복할 수 없는 현상을 가리키는 용어이다. 네트워크 시스템 역시 임계점을 넘어서는 걷잡을 수 없는 상황으로 돌진할 가능성이 높다. 통제가 어려워지는 것이다. 앞에서 소개한 위험 전문가 페로는 이처럼 돌이킬 수 없는 시스템 사고에 대처하는 방법으로 세 가지를 제안한다.[7] 첫째, 합리적 편익보다 불가피한 위험이 더 크다면 해당 기술이나 시스템은 완전 폐기한다. 핵무기가 여기에 해당된다. 일부는 원자력 발전소도 이 범주에 포함해야 한다고 주장한다. 페로 역시 원자력 발전소를 포함한 몇몇 시스템은 결코 충분한 안전도를 확보할 수 없고, 만약 사고가 나면 결과가 너무 심각해서 절대 구축되어서는 안 된다고 주장한다. 둘째, 편익이 너무 크기 때문에 위험을 감수하기 위해 상당한 노력을 해야 하는 경우이다. 수천 개의 컨테이너를 싣고 다니는 해상 운송 시스템이나 DNA 재조합을 통한 의료 기술의 혁신 등이 여기에 해당된다. 전술한 원전을 이 범주에 포함시켜 가동하자는 의견 역시 있다. 셋째, 적절한 노력이 있으면 추가적인 개선이 가능한 시스템이다. 대규모 화학 공장, 항공 시스템, 화력 발전소 등이 해당된다. 커뮤니케이션 네트워크 시스템은 이러한 분류 중 어디에 해당될지 가늠하기가 쉽지 않지만, 두 번째 접근으로 대처하는 것이 타당해 보인다.

그러나 더 큰 문제는 구글의 엔지니어처럼 무엇이 문제인지를 모르는 것 자체를 우리가 인지하지 못한다는 사실이다. "무엇을 모르는지를 모른다Unknown unknowns." 미국의 이라크 침공이 잘못된 판단에 따른 실패라는 지적에 대해 2002년 당시 미국 국방장관이던 럼스펠드가 이같이 답변해 널리 알려진 용어이다. 모든 것을 알았다면 그에 따른 대응책이 나왔겠지만, 그렇지 않은 상황에서는 어쩔 수 없었다는 것이다. 물론 럼스펠드의 답변을 액면 그대로 수용하기는 어렵다. 당시의 결정은 이른바 집단사고group think의 대표적 결과로서, 동질적인 사람들로 구성된, 소통이 안 되는 부시 행정부의 잘못된 판단에서 비롯된 것이라는 점에 모든 이가 의견을 같이한다. 여하튼 불확실한 상황에서의 대처가 얼마나 어려운 것인지를 잘 보여주는 사례임에는 틀림이 없다.

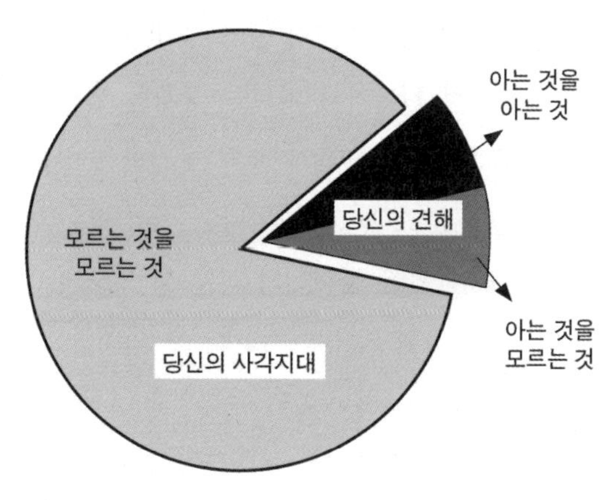

그림 7-1

인지의 사각지대

자료: Alissa Millenson, "The Key to Growth is Discovering your Unknown Unknowns," https://www.peerinsight.com/musings/key-to-growth-unknown-unknowns

〈그림 7-1〉은 인지의 사각지대를 보여주는 모형이다. 아는 것을 알고 있는 것과 모른다는 것을 알고 있는 부분이 우리들이 인지하고 있는 대상이다. 한편 우리가 무엇을 모르는지를 인지하지 못하는 부분이 블라인드 스팟blind spot, 즉 인지의 사각지대이다. 블라인드 스팟은 운전 중 시야 확보가 안 되는 지점으로, 맹점이라고도 한다. 차선을 바꿀 때 항상 조심해야 하는 것은 우리의 시야를 가리는 사각지대가 있기 때문이다. 이러한 사각지대는 매우 좁은 영역으로, 몸을 앞으로 조금만 숙이면 쉽게 사라진다. 문제는 운전 중의 사각지대와 달리 인지의 사각지대는 매우 넓게 퍼져 있을 수 있다는 점이다. 어쩌면 우리가 알고 있는, 알고 있다고 생각하는 부분은 〈그림 7-1〉에서처럼 사실상 작은 부분에 지나지 않고, 인지의 사각지대가 이보다 훨씬 클 수도 있다. 물론 우리는 이러한 상황을 인지하지도 못하고 있다.

기술의 이중성은 인지 사각지대의 좋은 예이다. 기술의 이중성은 긍정적 측면과 함께 부정적 결과가 뒤따르는 상황을 설명하는 개념이다. 기술의 이중성은 기술 자체의 문제라기보다는 기술을 적용하는 데 발생하는 사회적·정치적 개입의 결과로 나타나는 현상이다. 한마디로 기술을 둘러싼 정치적 맥락에 관한 문제이다. 따라서 의도치 않게 발생하는 부작용은 물론 의도적인 고도의 정치적 개입을 의미하는 측면도 있다. 기술의 이중성은 랭던 위너Langdon Winner가 자신의 논문에서 인공 구조물이 어떤 정치적 맥락을 지니고 있는지를 설명하면서 본격적인 논의의 대상이 되었다.[8] 미국 뉴욕주의 고속도로 건축과 관련해 뉴욕시 공원관리공단의 이사장이자 부동산 개발업자였던 로버트 모지스Robert Moses가 취한 일련의 결정이 사회적 파장을 일으켰다.• 뉴욕시 동부 해안의 부촌인 롱아일랜드 지역을 통과하는 고속도로 위에 세워지는 다리의 높이를 조정함으로써 일부 특정 계층이 접근하지 못하게 했다. 고속도로를 지나가는 다리의 높이를 낮춤으로써 버스 등 대중교통을 이용하는 흑인들이 마을에 접근하지 못하도록 한 것이다. 모지스 하이웨이로도 유명한 모지스의 이러한 행적은 2004년에 『고속도로 강도Highway Robbery』라는 책에서 본격적으로 다루어지기도 했다.[9] 이 책은 사회적 약자가 도로 네트워크에서 배제됨으로써 그야말로 삶의 생존권을 약탈당하는 상황을 묘사했다.

이러한 기술의 이중성은 도로나 건축물 등 하드웨어뿐만이 아니라 방송 콘텐츠나 컴퓨터 프로그램에서도 나타난다. 〈세서미 스트리트Sesame

---

• 로버트 모지스는 공직에 선출된 적은 없지만 정부의 전폭적인 위임을 받아 뉴욕시를 포함한 뉴욕주 전반에 걸친 거대한 개발 사업을 통해 막대한 권력과 이익을 얻었다. 대개발자(master builder)로 불리었던 모지스는 실제로 658개의 놀이터와 416마일(약 669.5킬로미터)의 공원로와 13개의 다리를 세우는 등 현대의 뉴욕이 탄생하는 데 밑그림을 제공한 것으로 유명하다.

Street〉라는 TV 프로그램은 또 다른 기술의 이중성의 한 측면을 보여주는 좋은 예이다. 〈세서미 스트리트〉는 재미있는 동물 캐릭터와 사람들이 등장해 취학 전 아동들, 특히 저소득 계층 아이들에게 영어 알파벳이나 수리의 개념을 가르치는 미국의 유명한 어린이 TV 프로그램이다. 이 프로그램은 취학 전 아동들에게 매우 유용한 콘텐츠로 인정받았지만, 〈세서미 스트리트〉에 푹 빠진 아이들이 초등학교에 들어가면서부터 TV 중독 현상이 나타났다. 원치 않은, 의도치 않은 부작용이 발생한 것이다. 모지스가 다리 높이를 낮춘 것이 건축물을 교묘한 방식으로 뒤틀어서 적극적으로 정치적 이해를 추구한 것이라면, 〈세서미 스트리트〉는 선한 마음에서 접근했지만 전혀 예상하지 못한 그림자가 드리운 경우라 하겠다. 특정한 목적을 위해 인위적 개입을 하는 기술의 이중성은 사회의 감시와 다양한 정책을 통해서 방지가 가능하지만, 〈세서미 스트리트〉처럼 눈에 보이지 않고 예측할 수 없는 부작용이 나타나는 상황은 통제가 쉽지 않고, 따라서 문제의 심각성이 더욱 크다.

놀이와 교육이 융합되고 교실이 멀티미디어 환경으로 바뀌면서 나타나는 상황 중의 하나는 교육을 위한 컴퓨터의 과도한 활용이라 할 수 있다. 게임과 연계된 교육을 하면서 아이들은 오히려 게임 중독으로 갈 가능성이 높아지고, 하이퍼텍스트와 하이퍼미디어 기능이 내재된 정보를 늘 접하면서 생각의 깊이가 얕아지는 상황이 벌어진다. 실제로 온라인 게임은 디지털 네이티브 세대에게는 없어서는 안 될 삶의 필수불가결한 존재가 되었다. 소셜 네트워크에는 점점 더 게임적 요소가 가미되고, 온라인 롤플레잉 게임에는 점점 더 소셜 네트워크의 특징이 가미되고 있다. 또한 전 세계 게임 매출액의 42%가 스마트폰과 태블릿 게임에서 나오고 있다.[10] 언젠가는 이용자들의 정체성과 사회적 관계를 마음대로 지정할 수 있는 소셜 롤플레잉 게임이 인터넷 전체를 지배할 것이라고 학자들은 예견하기도 한다. 게임 내에서 소액의 현금을 지속적으로 쓰게 유도하는 부분 유료화도 이용자들을 중독으로 몰아넣고 있다. 부분 유료화 게임의 대표주자는 우리나라의 넥슨이다. 이 회사의 목표는 '사용자가 몇 년 또는 몇 달 동안 계속해서 게임에 접속하게 하는 것'이라고 한다.[11] 노골적으로 중독을 노린 비즈니스 정책이다. 이러한 정책은 게임 개발자는 물론 그러한 게임을 유통시키는 소셜미디어 플랫폼들에게 큰 수익원을 가져다준다. 물론 이처럼 게임에 쉽게 중독되는 이유는 수많은 전문가들이 앞에서 소개한 수많은 A/B 테스트를 통해 사람들을 길들이고 중독시키기 때문이다. 온라인 게임 의존증은 인터넷 의존증 중 발생률이 가장 높다고 한다. 경쟁이 치열하고 성공에 대한 압박이 높은 한국과 중국에서 유독 컴퓨터 게임 의존증이 만연한 것에도 주목해야 한다. 컴퓨터를 통한 학습 환경의 구축은 당연한 수순이지만, 그런 순기능의 이면에는 늘 역기능도 따라온다는 사실을 명심해야 한다. 기술의 이중성은 눈이 보이지 않으며, 때로는 예상하지 못한 때에 우리에게 다가온다.

불평등 사회

2장에서 이야기한 것처럼 네트워크 시스템은 성장함에 따라 중심부가 생기게 된다. 당연히 주변부도 탄생하고, 불균형과 불평등이 그림자처럼 뒤따라온다. 소셜 네트워크 환경도 마찬가지로 불평등이 내재되어 있다. 네트워크 자체가 어느 정도 불평등한 특성을 지니기 때문이다. 네트워크 자본의 영향력은 개인이 지닌 소셜 네트워크의 특성과 밀도에 따라 많은 차이가 난다. 실제로 구직 확률이나 응급 상황에서 살아날 확률 같은 실질적인 가치는 인종이나 수입보다 소셜 네트워크 내에서의 위치에 따라 영향을 더 받는다. 누구하고 연결되는지, 누구하고 친구인지, 어디서 태어났는지가 중요한 변수가 되는 것이다. 마치 어느 지하철역 근처에서 모이느냐에 따라 귀갓길이 편한지 아닌지가 결정되는 것처럼, 네트워크는 평등하지 않다. 건강도 소셜 네트워크 불평등과 밀접하게 연결되어 있다. 실험의 방식이 매우 과격하기로 유명했던 '콧물 실험'이 있다. 실험 대상자 모두에게 감기 바이러스가 있는 콧물을 투여해 일정량의 감기 병원균에 노출시켰는데, 그 결과 사회적 연결망이 넓은 사람은 좁은 사람보다 감기에 덜 걸렸다. 좁은 네트워크를 지닌 사람은 감기에 네 배 더 많은 수가 걸렸다. 물론 개개인의 면역력이 주요 원인의 하나이지만, 소셜 네트워크의 양과 질도 면역력을 결정하는 주요한 인자였던 셈이다. 마찬가지로 사망률, 심근경색을 앓은 후의 생존율도 사회적 연결망과 상관관계가 높았다.[12]

불평등은 매우 다양한 차원에서 이루어진다. 조직 안에서의 차별에서부터 벤처 기업의 대출이나 개인의 건강에 이르기까지 매우 다양한 차원에서 교묘하게 불평등은 진행되고 고착화된다. 실리콘밸리의 에인절 투자자angel investor가 일반 회사원과 다른 점은 다루는 자금의 액수가 아니라 에인절 투자자가 기업을 위해 다양하고 가치 있는 정보를 제공하는 것에 있다. 최고의 에인절 투자자와 벤처 투자자는 고객에게 단지 투자만 하는 것이 아니라 정보를 함께 준다. 특정 네트워크의 구성원과 정보 네트워크의 허브에 위치한 사람들은 권력의 정점 혹은 지근거리에 있는데, 이들이 바로 리처드 플로리다Richard Florida가 이야기하는 창의적 계급creative class이다.[13] 창의적 계급의 인재들은 다양성이 보장되고 개방적인 도시에 모여 네트워크를 형성하고, 그중 소수가 혁신을 이끌어가며 세상을 지배한다. 자본, 정보, 기술의 자유로운 유입과 출입으로 해당 지역이나 공동체는 다양한 형태의 특화된 지역으로 분화된다. 이른바 앙클라브

enclave의 탄생이다. 독립되거나 고립된 특별한 역할을 담당하는 지역을 의미하는 앙클라브[14]에서 물리적 네트워크는 상대적으로 조밀한 형태를 보이면서 상당히 높은 수준의 정보 교환이 일어난다. 문제는 특정 앙클라브 지역에서 활동하는 사람들은 일반적으로 소수의 엘리트 계층으로, 일반인이 접근하기 힘든 폐쇄된 공간에서 클러스터 혹은 도당clique을 이루면서 자기들만의 세계를 형성하고 계급 간의 불평등을 초래한다는 점이다. 마피아 도당이나 실리콘밸리의 도당이나 자기들만의 이익을 추구한다는 점에서는 다를 바가 없다.

대학 캠퍼스와 같은 멋진 건물과 유기농 건강식 점심으로 유명한 구글도 불평등에서는 벗어날 수 없다. 구글은 명찰로 직원의 등급을 정한다. 빨간 명찰은 2등급(비정규직)이고, 하얀 명찰을 단 직원은 1등급(정규직)이다. 비정규직이 본격적으로 채용된 것은 구글북스 서비스가 시작되면서였다. 디지털 도서관을 감독할 인원으로 비정규직 채용을 늘렸고, 새로운 사업에 진출할 때마다 비정규직을 늘렸다고 한다. 빨간 명찰을 단 사람 중에는 청소부나 버스 운전사, 유튜브 감시 요원뿐만 아니라 컴퓨터 프로그래머, 인력 채용 담당자 등 정규직과 똑같은 일을 하는 이들도 있다. 현재 구글의 모기업 알파벳의 2018년 2분기 정규직원 수는 9만여 명이고, 비정규직은 이보다 더 많을 것으로 추측된다.[15]

사실 불평등 문제는 인류 역사가 시작한 이래 계속 존재했던 우리의 숙제이다. 제임스 우드번James Woodburn은 고대의 평등 사회와 불평등 사회를 즉각적 보상 혹은 연기된 보상delayed return으로 설명했다.[16] 수렵·채집 사회에서는 농경사회보다 일을 적게 했지만 생각보다 훨씬 풍족했다고 한다. 농경사회는 연기된 보상을, 수렵 사회는 즉각적 보상을 제공하는 환경으로, 농경사회가 기근에 훨씬 취약했다. 농경사회 시작 당시 인간의 유골 모습이 더 나빠진 것은 고고학적 발견을 통해 알 수 있다. 초기

농경사회에서 발견된 치아와 뼈를 분석한 결과, 건강이 나빠지고 키도 줄어든 것이 확인되었다.[17] 수확물의 분배에 불평등이 존재했기에 이러한 결과가 나오는 것이다. 농경사회에서는 당연히 계급이 형성되기 쉬웠다.

인간 사회의 불평등을 논의할 때 빼놓을 수 없는 사람이 장 자크 루소Jean-Jacques Rousseau이다. '자연으로 돌아가자'를 외친 것으로 유명한 루소는 시민사회 형성을 위한 이론적 초석을 다진 『사회계약론Du Contrat Social』 말고도 『인간 불평등 기원론Discours sur l'origine et les fondements de l'inégalité parmi les hommes』 등 다양한 저술 활동을 했다. 『인간 불평등 기원론』은 제목에서 드러나듯이 유사 이래 계속 이어져 온 불평등의 상황에 대한 고찰과 개선 방향을 1753년 당시 프랑스 디종아카데미가 현상공모한 질문에 대한 답변으로써 발표한 것이다.[18] 루소가 '자연으로 돌아가자'라고 외친 이유는 원시적 자연 상태에서는 인간들이 평등하고 행복한 삶을 누렸지만, 시간이 흐름에 따라 인간 사회에 계급이 형성되고 부와 권력을 지닌 소수의 지배계급과 그렇지 못한 절대다수 간의 불평등을 개선하고자 함이었다. 200년 전 루소의 이러한 저항과 고민은 프랑스 혁명을 이끄는 원동력이 되었지만, 루소의 고민거리이자 우리들의 영원한 숙제인 인간 사회의 불평등은 여전히 해소되지 못하고 있다.

택시 기사와 이야기를 나눌 기회가 있었다. 새로 마련한 그랜저로 개인택시 영업을 하는 사람이었다. 택시를 타고 아무런 말 없이 있으니 차가 어떠냐고 묻는다. 새 차 그리고 일반 택시 차종보다 한 단계 윗급인 그랜저를 이틀 전에 마련한 기사는 자랑하듯 물어온다. 그제야 주변을 둘러보고, 좌석도 넓고 깨끗해서 좋다고 했더니 만족한 눈치다. 대화가 계속되면서 자동차의 전자제어 장치에 대한 이야기가 시작되었는데, 한마디로 통제 불가란다. 이는 나도 늘 느끼는 부분이다. 비단 자동차뿐이랴. 컴퓨터, 스마트폰, 하다못해 스마트TV도 기능을 잘 몰라 쩔쩔맬 때가 있다. 쉰이 훌쩍 넘은 운전기사가 이어서 넋두리를 한다. 자신은 교육을 제대로 받지 못해 컴퓨터와 인터넷에 문외한이고, 따라서 새로운 변화에 무기력하게 대응할 수밖에 없었다고, 다행히 자식들이 잘 자라서 택시 구입 비용도 보태준 것이 그나마 말년의 복이라고 한다. 그는 비록 교육을 받지 못해서 디지털과 인터넷 세상에 대처할 수 없었지만, 미래 네트워크 사회의 문제점에 대해 매우 정확한 진단을 내리고 있었다. 새로운 변화에 대처할 수 있는 교육과 노하우를 제공받지 못하면 누구나가 도태될 수밖에 없다는 사실이다. 혁신은 소수의, 교육을 받은, 노하우가 있는 사람들에게만 혜택을 부여한다.

2008년 금융위기는 많은 사람들에게 '자본주의 시스템을 미래 사회에서도 계속 유지해야 하는가'라는 질문을 우리에게 던져주었다. 이른바 양적 완화quantitative ease를 통해 시장이 붕괴되는 것을 막았지만, 그러한 사후 처방의 이익은 고스란히 문제를 일으킨 장본인들인 금융자본가들에게 되돌아갔다. 문제를 일으키고, 세금으로 자신들이 만든 문제를 해결하고, 이익을 취하는 것이다. 헬리콥터 머니라고도 불리는 시장에 돈을 푸는 아이디어는 그야말로 시장을 알고, 시스템을 이해하는 사람들을 위한 것일 수밖에 없다. 일반 국민을 위한 것이 아니라 문제를 일으킨 장본인들인 월가의 은행가를 위한 양적 완화이기 때문이다.[19] 돈이 언제 어디서 어떻게 뿌려질지를 아는 사람들이 결국 뿌려진 돈을 차지하게 된다. 대마불사는 우리나라만이 아니라 전 세계 모든 나라에서 벌어지고 있는 불평등의 대표적 사례이다. 월가의 시위 등 크고 작은 항의성 집회가 전 세계 곳곳에서 펼쳐진 것도, 버니 샌더스가 미국 대통령 선거에서 많은 지지를 받은 것도 이러한 상황에 대한 일반 시민들의 항의의 연장선상에서 바라봐야 할 것이다.

새로운 시스템의 도입, 즉 혁신으로 인해 성장은 하지만 과실은 소수만이 따 먹게 된다. 우버 등으로 대표되는 공유경제하에서도 성장의 대가는 소수만이 가져간다. 다 같이 공유하고 협력해 가용 자원을 활용함으로써 모두에게 이익이 되는 시스템으로의 성장을 기대했지만, 결국 일종의 비정규직인 프리캐리엇의 양산을 낳는 또 다른 약탈적 자본주의 predatory capitalism가 재현되는 것이다.[20] 겉모습은 다르지만 제국주의 시대에 횡행했던 식민지의 약탈 시스템처럼, 우리는 저항할 수 없는 상태에서 그대로 우리의 몸을 맡기게 된다. 결국 기존의 시스템이건 공유경제와 같은 새로운 모델이건 간에 시장에 불균형과 의존성을 초래해 일반 이용자 혹은 소비자는 불이익을 당할 가능성이 높아진다. 애덤 스미스가 『국부론 The Wealth of Nations』에서 사회적 퇴보의 지표로 주목한 것은 두 가지였다. 첫째는 대다수 사람의 임금이 아주 낮아질 경우, 둘째는 부패한 권력층이 자신들의 이익을 위해 법과 행정 시스템을 부당하게 이용할 수 있는 상황이 발생할 때이다. 이는 현재의 상황과 매우 흡사하다. 19세기에 나타났던 영국과 프랑스의 불평등이 재현되는 것이다. 니얼 퍼거슨 Niall Campbell Douglas Ferguson은 애덤 스미스의 이러한 주장을 바탕으로 미국의 침체를 설명한다. 퍼거슨은 『거대한 퇴보 The Great Degeneration』에서 미국은 기본적인 삶을 살아가는 데 필요한 것이 충족되었지만, 더 이상 진전이 없는 정체 상태 stationary state에 도달했다고 진단한다.[21] 이 상태에서 권력의 상층부에 위치한 지배그룹은 법과 규제를 악용하고, 사회는 불평등으로 치닫게 된다고 역설한다. 당연히 일반 국민은 시민으로서의 역할을 하지 못하고, 주위에서는 폭력을 포함한 엉뚱한 일들이 벌어진다.

불평등이 증가하고 위계적 관계가 강화되면 소수 인종을 포함한 취약집단에 대한 차별도 심해진다. 동물의 세계에서도 이러한 불평등은 늘 벌어진다. 자기보다 서열이 낮은 동물에게는 발길질을 하고 서열이 높은 동물에게는 등을 굽실거린다. 갑이 을에게, 을이 병에게, 병이 정에게,

정은 구경꾼에게 발길질을 하는 것이다. 이른바 '자전거 타기 반응bicycling reaction'이다. 하급자에게 발길질하며 상사에게 머리 조아리는 모습이 자전거를 타고 가는 모습과 유사하다고 해서 이런 별명이 붙었다. 자전거 타기 반응은 테오도어 아도르노Theodor Ludwig Wiesengrund의 『권위주의적 인성The Authoritarian Personality』에 나오는 용어로서, 나치의 만행이 어떻게 작동할 수 있었는지, 그리고 그 안에서 어떻게 유대인들이 대량으로 학살될 수 있었는지를 분석하는 과정에서 나왔다.[22] 수치심을 느끼고 자기존중감이 손상된 사람은 사회적 약자나 취약집단보다 자신이 더 우월하다는 사실을 보여줌으로써 자존감을 찾으려 한다. 실업률이 높아지고 불경기가 되면 상대적 빈곤으로 지위나 존엄성을 위협받게 된다. 이런 시기에는 인종 차별이나 인종주의적 공격이 많이 일어난다. 외국인 혐오, 국수주의, 이민자 홀대, 각종 테러 등 지금 미국에서 벌어지는 상황과 매우 유사하다. 미국 힐빌리의 고함을 등에 업고 대통령에 당선된 트럼프가 자연스레 떠오른다. 그리고 퍼거슨이 주장한 제국의 몰락과도 맥이 닿는다.

건강 격차

지난 몇십 년간 모두의 부가 증가했지만, 그 혜택은 소수가 가장 많이 가져갔다. 실제로 경제, 교육, 문화, 예술 등 우리를 둘러싸고 있는 모든 환경에서 불평등의 상황은 더욱 악화되고 있다. 건강도 물론 예외는 아니다. 건강은 기본적 삶의 유지라는 측면에서 앞서 언급한 그 어떤 분야보다도 중요한 이슈이다. 실제로 모든 이의 건강 상태가 좋아졌지만, 사회적 지위가 높은 사람이 가장 큰 혜택을 본다. 영국은 알코올 소비 패턴과 피해 패턴이 다르다고 한다. 사회적·경제적 지위가 높은 사람의 알코올 소비가 더 많지만, 음주로 인한 입원과 사망은 사회적 지위가 높을수록 낮은 것이다. 예를 들어 교육 수준이나 사회적 지위가 높은 직장인 여성이 그렇지 않은 여성보다 술을 더 마시지만 병원에는 훨씬 덜 간다.[23] 가난한 사람들이 자신의 이해관계에 부합하지 않는 결정을 내리는 이유는 결핍이 사람의 작동기억을 제한하기 때문이다. 굶주린 사람은 먹을 것부터 생각하게 되므로 다른 데 관심을 가질 여유가 없어진다. 시간에 쪼들리는 사람은 당장의 시간 압박에 신경을 쓰느라 장기적 계획을 세우지 못한다. 빈곤한 사람들은 장기적인 전략적 의사 결정보다 단기적인 생존에 집중할 수밖에 없다. 마치 요요현상으로 다이어트를 실패하는 것과 같은 이유이다. 영양분이 안 들어오니 조금이라도 들어오면 비축을 한다. 우리 몸이 유전적으로 그렇게 작동하기 때문이다.

지위가 수명을 결정한다는 연구도 다수 있다. 영국 화이트홀Whitehall의 연구에서는 남자 공무원의 직급과 질병에 의한 사망 위험이 강한 부負적 상관관계가 있는 것으로 나타난다.[24] 직급이 높을수록 질병에 의한 사망 위험이 낮아진다는 의미이다. 오래 앓는 병의 발병률은 최고위 직급 여성 공무원보다 최하위 여성 공무원들이 네 배 높은 것으로 나타났다. 아카데미상을 받은 배우가 더 오래 산다는 연구도 있다. 리처드 버튼은 아카데미 후보로 일곱 번 올랐지만 한 번도 상을 받지 못했다. 그는 58세에 뇌출혈로 사망했다. 반면 〈벤허Ben-Hur〉로 아카데미상을 받은 찰턴 헤스턴은 84세에 죽었다. 조금 과장된 일반화이지만, 실제로 후보로만 머물렀던 사람들이 수상을 한 사람보다 4년 일찍 죽은 것으로 조사되었다.[25] 이러한 현상을 뒷받침할 과학적 접근으로 지위에 대한 생화학적 지표 연구가 있다. 바로 세로토닌과 지위 관계serotonin status relationship 이론이다. 지위가 높은 사람은 세로토닌과 테스토스테론이 많이 생성되어 혈기

왕성하게 일한다고 한다. 영장류보다 약하게 나타나지만 인간의 경우에도 최소한의 패턴이 명백히 존재한다. 좋은 호르몬이 계속 나옴으로써 삶의 활력을 얻을 수 있다는 이야기이다. "자리에서 내려오면 건강도 사라진다"라고 주변에서 흔히 이야기한다. 자리에 있을 때 권력을 쥔 인사들의 몸에 엔도르핀이 돌아 얼굴에 윤기가 나기 때문이다. 3장의 신분주의에 대한 논의 과정에서 조직의 위계에서 오는 지위 자체가 인간에게 특권의식을 불어넣으면서 부작용이 나타난다는 것을 언급했는데, 이러한 특권의식은 생리학적으로 세로토닌과 테스토스테론의 분출과도 관련이 있다.

한편 상대적 지위에 대한 관심은 적응의 시도라고 여겨질 수도 있지만, 바람직하지 못하다. 다시 말해 주변 사람들의 지위에 관심을 갖고 집착하는 사람은 그렇지 않은 사람보다 더 불행하다. 절대적 불평등이 아니라 상대적 불평등에서 오는 부작용이다. 존 브룬John G. Bruhn과 스튜어트 울프Stewart George Wolf의 로세토 연구를 살펴보자.[26] 그는 미국 펜실베이니아주의 로세토 마을에서 이민 1세대와 2세대의 건강 상태가 어떻게 변하는지를 연구했다. 로세토 이민자들은 1880년대 남부 이탈리아 로세토 지역에서 미국으로 이주한 사람들이었다. 이전에 살던 이탈리아 로세토는 상호 간의 신뢰가 낮고, 결집력이 매우 떨어지는 곳이었다. 그러나 로세토 주민들은 미국 이민 후 언어가 달라 고립된 새로운 환경에서 서로 도와가며 살아가는 환경을 접하게 되었다. 물론 로세토 마을에도 부의 격차는 있었다. 그러나 부자는 자신의 부유함을 과시하거나 가난한 사람들로 하여금 자신의 처지가 안 좋다는 것을 느끼게 하는 행동은 하지 않았다. 실제로 옷차림, 말투, 사는 집을 봐도 누가 부자인지 알 수가 없었다. 이곳에서는 부를 과시하는 것에 대한 무언의 금기가 있는 것 같았다고 연구자는 설명한다. 그러나 젊은 세대들이 영어를 배우고 미국 사회에 통합되면서 미국의 가치를 받아들이게 되었고, 로세토 마을의 전체 건강은 나빠졌다고 한다. 사회적 격차를 구성원이 느끼게 되었고, 이것이 건강에 영향을 미쳤던 것이다. 이민 초기에는 상대적으로 건강했으나, 후대에 미국 사회에 편입되면서 상대적 부로 인한 박탈감이 크게 다가온 것이 결국 건강 지표를 낮추는 결정적 요인이었다.

히스패닉의 역설Hispanic paradox도 유사한 모습을 보여준다.[27] 히스패닉들은 가난하지만 건강하다. 자신들의 공동체를 유지함으로써 상대적 박탈감을 줄일 수 있기 때문이다. 물론 대체적으로 부유할수록 건강하다. 단 이 역설은 어느 정도까지만 관계가 있고, 일정 수준을 넘어서면 오히려 상대적 박탈감이 크게 작용한다. 시간이 흐르면서 절대적 소득 수준이 건강에 미치는 영향은 줄어들고, 상대적 소득이 건강에 미치는 효과가 점차 증대한다. 불평등이 건강 격차health gap를 불러일으키는 것이다. 소득 수준이 아니라 소득 격차가 문제인 셈이다. 잘사는 나라인 미국의 건강 지표가 나쁜 이유도 불평등이 크기 때문이다.[28] 집단 밀집 효과group density effect는 우리가 다른 사람에게 어떻게 보이는지에 대한 주관적 경험의 영향을 보여주는 개념이다. 한마디로 우리 모두 주변의 영향을 받는다는 것이다. 사회적 소수자들은 자신과 비슷한 사람들이 적은 지역에 살 때 정신건강이 나빠진다고 한다. 실제로 종교, 직종 혹은 인종 등과 관련해 이질적인 집단 속에서 살면 정신적 문제에 빠질 위험이 높다. 상대적 박탈감을 느낄 기회가 많아지기 때문이다. 심리학자 토머스 셰프Thomas J. Scheff는 수치심을 타인과의 관계 속에서 자신을 끊임없이 감시하면서 형성하게 되는 사회적 감정이라고 설명한다.[29] 우리는 상대방의 의견 개진 혹은 상대방의 무시에 대해 매우 민감한 반응을 보인다. 사회적 계급이나 지위 혹은 사회적 배제나 거부와 같은 위협적인 정보를 처리하는 과정에서 우리는 수치심을 느끼게 된다. 또한 수치심 때문에 권위에

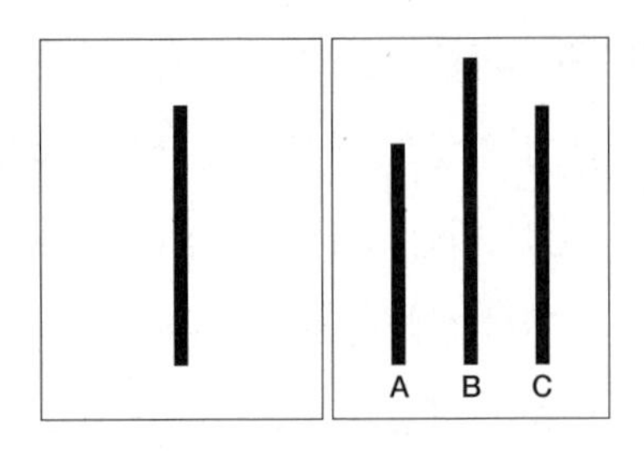

그림 7-2
솔로몬 애쉬의 동조실험
자료: Wikipedia, "Asch conformity experiments," https://en.wikipedia.org/wiki/Asch_conformity_experiments

복종하고 순응하게 된다. 솔로몬 애쉬Solomon Eliot Asch의 동조실험은 우리가 주변을 얼마나 의식하는지를 잘 보여준다. 〈그림 7-2〉의 왼쪽 그림에 제시된 선과 같은 길이의 선을 오른쪽 그림의 선 A, B, C 중에서 찾는 실험 환경에서, 공모자들이 정답이 아닌 것을 정답이라고 자꾸 주장하니까 실험 대상자도 주변의 의견에 따라 틀린 대답을 하는 일이 벌어졌다. 실제 정답은 C이지만, 주변 사람들이 A라고 의도적으로 말하자 실험자 자신도 따라 하게 되었다는 것이다.

『불평등의 역사The Great Leveler』를 저술한 월터 샤이델Walter Scheidel 교수는 유사 이래 불평등은 계속되어 왔고, 전쟁, 혁명, 전염병, 국가 붕괴 등 네 기사four horsemen로 지칭한 동인에 의해서만 불평등이 해소되었다고 주장한다.[30] 그는 성경에 나오는 불행한 사건을 상징하는 네 기사가 인류의 불평등을 해소했다는 역설을 보여준다. 역사적으로 소수에게 집중된 권력은 정치적 불평등을 낳았고, 이러한 상황은 경제적 불평등으로 이어지게 되었지만 좀처럼 해소되지 않았다. 이런 독점적 시스템은 내부의 자정의 힘으로 해결되지 않았고, 전쟁이나 혁명 등 강력한 외부의 충격에 의해서만 무너졌다. 불평등이 거듭되고 상황은 악화되지만 구성원 스스로가 문제를 해결하지 못하고, 결국 외부의 충격에 의해 무너졌다는 것이다. 역사가 우리에게 주는 교훈은 세상이 바뀐다고 불평등이 쉽게 사라지지는 않으며, 해소하기는 더욱 쉽지 않다는 점이다.

상황이 이러하니 힘과 권력을 지닌 지배 계층의 역할은 더욱 중요하게 다가온다. 교육을 받은 덕택에 혁신의 과실을 챙길 수 있었던, 네트워크에서 위치적 권력을 점유하고 있는 이들이야말로 불평등을 바로잡을 수 있는 내부 집단이기 때문이다. 네트워크 개념으로 이야기하자면 이들은 허브와 커넥터들이다. 이들이 문제를 정면으로 응시하지 않으면 샤이델의 이야기처럼 극도의 불평등은 외부의 원치 않는 충격에 의해 다시 정상으로 되돌아올 수밖에 없다.

불평등 해소를 위한 방안에는 누진세로 부의 편중을 해소하자는 의견에서부터 기본소득을 통해 보편적 삶을 제공하자는 주장에 이르기까지 다양한 논의들이 포함될 것이다. 자본수익률이 경제수익률보다 높아짐에 따라 나타나는 부의 불평등을 설명한 피케티[31] 등 수많은 학자들이 주장하는 누진세는 불평등 시스템에 직접 메스를 들이대는 방식이라 할 수 있다. 한편 기본소득에 대한 논의는 간접적으로 불평등을 바로 잡으려는 노력의 일환이다. 한마디로 혁명이 일어나기 전에 먹을 것을 주는 것이다. 기본소득의 도입은 IT 플랫폼 기업의 CEO들이 적극적으로 주장한다. 그들은 불평등 사회가 가져올 문제점을 충분히 인지하고 있다. 혁명과 같은 외부의 충격이 아니라 구성원의 불만을 잠재우면서 기존 시스템을 유지하는 방법을 모색하는 것이다.

3 불균형 바로잡기

08
불균형 바로잡기

10여 년 전 공유경제 모델이 처음 소개되었을 당시 가장 큰 고민거리는 경쟁이 아닌 공유와 협력이 과연 현실적으로 실천 가능한지의 여부였다. 현 시점에서 공유와 협력은 미래 네트워크 사회를 설명할 수 있는 매우 유효한 개념이라 생각한다. 물론 공유와 협력 모델은 많은 문제점과 부작용을 수반한다. 대표적인 문제점의 하나로 지적되는 것은, 이미 몇 차례 언급했지만, 이러한 비즈니스 모델의 과실을 누가 가져가느냐이다. 공유경제의 대표적인 서비스로 우버가 있다. 놀고 있는 자동차와 가외 시간의 운전을 통해 수익을 창출할 수 있다는 대표적 공유 모델이지만, 사실 이익은 우버 CEO와 주주 등 소수에게만 집중된다. 공유경제의 함정이다. 자원은 공유하지만 과실은 공유하지 않는다. 이번 장에서는 이러한 불공평과 불균형을 바로잡기 위한 대안을 생각해 보자.

독식 비판

기술 발전으로 인한 대변혁에서 승리하는 자는 소수이고, 과실 역시 이들 소수가 다 가져간다. 역사가 그래왔다. 요즘 시대에는 네트워크의 특성을 잘 이해하고 이에 편승한 소수가 모든 이익을 가져간다. 네트워크를 아는 자가 다 가져가는 것이다. 타일러 코웬Tyler Cowen의 『중간은 없다Average is Over』에 따르면 상위 15%가 '초생산적 인력hyperprocutives'으로 분류된다.[1] 이들은 기술을 활용할 줄 알거나 다른 초생산적 인력을 관리할 수 있는 인력으로, 기업 효율성이 개선될 때마다 이들이 차지하는 파이는 더욱 커진다. 중산층이 사라지는 이유는 혁신은 시간이 지날수록 한정된 계층에게만 유리하게 적용되기 때문이다. 결국 승자 독식형 사회로 전환되고 있는 것이다.

베조스의 아마존과 저커버그의 페이스북은 배당을 안 한다는 공통점이 있다. 구글도 마찬가지다. 빌 게이츠의 마이크로소프트도 이제는 배당을 안 한다. 그만큼 자신이 있다는 이야기다. 그런데 이들에게는 또 다른 공통점이 있다. 좋은 환경, 좋은 부모(?)를 만났다는 점이다. 빌 게이츠에게는 변호사 아버지가 있었고, 저커버그에게는 강한 유대인 어머니가 있었다. 구글의 페이지에겐 명석한 두뇌의 소유자인 수학자 아버지가 있었다. 이들 모두 미국에서 창의성을 발휘할 수 있는 교육의 기회를 누렸다. 만약 빌 게이츠가 소말리아에서 태어났다면, 만약 베조스가 몬테소리 교육을 받지 않고 밀리터리 아카데미Military Academy•에 입학했었더라면 어땠을까.

• 사관학교 형식을 따르는 미국 중고등학교 수준의 사립 학교로서 엄격한 규율을 중요시한다.

혁신은 혼자 잘나서 이룬 것이 아니다. 따라서 혁신의 과실은 모두가 다 나눠 가져야 한다. 대표적인 자기귀인오류 중 하나는 자신이 부자가 된 이유가 오롯이 자신이 똑똑해서 부자가 되었다고 생각하는 것이다. 한마디로 자기가 잘나서 그렇게 된 줄 안다는 것이다. 물론 사기 치지 않고 부자가 되는 데 성실하고 근면하며 현명한 자세와 올바른 판단이 한몫한다는 것은 틀림없는 사실이다. 그러나 이러한 품성의 소유자는 차고 넘친다. 행동경제학자 대니얼 카너먼Daniel Kahneman의 연구에 따르면 성과가 좋은 자산 관리자 25명의 8년 치 성과를 조사한 결과, 누구도 8년 동안 지속적으로 성과를 낸 사람은 없었다.[2] 즉, 남들보다 뛰어난 성과가 나오는 것은 자신의 노력과 함께, 운 그리고 적절한 시점에서 주변 상황이 서로 받쳐줬기 때문에 가능한 것이었다. 그럼에도 불구하고 자신의 재능에 대한 환상을 심어주는 문화와 교육이 이들로 하여금 자신을 특별한 존재로 생각하게 만든다.

르네상스 시대의 비약적 도약은 집단적 천재성에 기인한다. 모든 사람은 저마다 고유한 능력을 지니고 있는데, 이러한 다양한 능력들을 육성하고 서로 연결할 때 도약이 일어난다. 다양한 사람들이 하나의 문제에 집중하면 수많은 독창적 아이디어가 만개하고, 이것이 개인적인 발전을 가속화하거나 앞당기기 때문이다. 실제로 다빈치나 구텐베르크가 이룩한 개인적 성취는 모든 것이 서로 얽혀 급속하게 발전했던 시대에 이루어졌고, 그러한 조건하에서 번영한 집단적 천재성에 커다란 빚을 지고 있다.[3]

과학에서의 발견과 혁신은 비슷한 시기에 동시다발로 일어난다. 동시에 발명이 이루어진 사례 148건을 조사한 결과, 시간 간격이 10년을 넘지 않는 것으로 나타났다.[4] 이러한 사실에 비추어볼 때 대다수 발견, 발명, 혁신은 개인의 발견이라기보다 사회의 발견으로 간주해야 한다.

혁신이나 발견은 오로지 한 개인의 힘만이 아니라 지식의 축적에 따른 부산물로 나타나기 때문이다. 대부분의 경우 기술 발전은 기존 요소들이 채택되고 재결합되는 지속적이고 진화적인 과정 속에서 발생한다. 라이트 형제는 1903년 처음으로 동력 비행기로 12초간 비행을 했다. 비행기를 발명한 것으로 널리 알려진 이들은 이미 발명된 경유 엔진, 케이블, 프로펠러 그리고 베르누이의 원리를 조합해 비행기를 만들었다. 이것들 중 어느 하나도 라이트 형제가 직접 만든 것은 없다.[5] 비행기의 원리 이외에도 냉매, 냉동장치, 전지, 전신, 증기기관, 디지털 음악, 진화론 등 수많은 발견과 혁신은 이전 시대의 노력을 바탕으로 이루어졌다. 경제사가 애벗 어셔Abbott Payson Usher는 이런 현상을 누적적 종합synthesis이라고 표현한다.[6] 누적적 종합은 똑같은 것이 두 명 이상의 개인들에 의해 동시적으로 발명되거나 발견되는 일들이 주기적으로 나타나는 것이다. 이른바 복수 발명multiple invention이다. 복수 발명은 지리적으로 떨어져 살아가는 연구자들이 독자적으로 거의 똑같은 발견을 우연히 하며, 대부분의 과학적 발견과 발명이 거의 동시에 이뤄지는 현상을 의미한다.[7] 전화기가 대표적 예이다. 알다시피 전화기를 최초 발명한 것으로 알려진 벨은 법정 소송 끝에 간신히 왕좌를 차지했다. 이탈리아 사람들은 아직도 전화는 안토니오 메우치Antonio Santi Giuseppe Meucci가 처음 발명했다고 주장한다. 실제로 이탈리아계 미국 과학자 메우치가 1871년에 전화기를 발명했지만 비용이 없어서 특허를 내지 못하는 사이, 벨이 1876년에 특허를 얻게 되었다. 알루미늄 발견의 예도 같은 식이다. 좀 더 큰 예를 들자면 다윈과 월리스Alfred Russel Wallace의 사례이다. 이제는 널리 알려진 사실이지만 진화론은 다윈만 생각한 것이 아니었다. 비슷한 시기에 월리스도 인도네시아 등 원시 자연이 보존된 곳을 탐험하면서 비슷한 생각을 하고 있었다. 월리스가 진화론을 생각하고 있다는 사실을 인지하고 다윈이 부랴부랴 진화론을 서

둘러 출판한 것은 널리 알려진 사실이다.

사이먼 쿠즈네츠Simon Smith Kuznets는 유용한 지식 축적물(의 증가) 그리고 이를 기반으로 하는 응용지식의 확장이 현대 번영의 본질이라 생각했다.[8] 또한 지식에 근거한 재화와 서비스의 생산 역량 증가 및 질적 증가는 새로운 변혁의 열쇠가 되었다. 과거의 유산에서 현대의 번영과 과실이 나온다는 것이다. 과거에는 이러한 쿠즈네츠의 의견에 반대가 많았지만, 현재는 온당한 것으로 받아들여진다. 당연히 과거에 기반을 둔 현재의 과실을 소수가 독점하는 것은 불평등하다. 뉴턴이 이야기했듯이 내가 멀리 볼 수 있었던 것은 '거인들의 어깨 위'에 서 있었기 때문이다. 발명이란 주로 예전의 것과 새로운 기여가 결합된 산물이지만, 그중 대부분은 예전 기여분에 더 많이 의존한다. 특허법 전문가 앨프리드 칸Alfred Edward Kahn의 이야기이다.[9] 칸은 엄밀히 말해서 어떤 개인도 통상적이거나 함축된 의미에서의 발명을 했다고 볼 수는 없다고까지 이야기한다. 이런 점에서 볼 때 과도한 지적 재산권의 적용과 같이 새로운 인클로저를 통한 장벽의 구축은 소수만을 위한 정책이라 할 수 있다.[10] 이래서 독식 비판 이야기가 나오는 것이다. 미래 네트워크 사회를 떠받칠 가장 중요한 공동 자산인 디지털커먼즈에 대한 논의가 중요한 이유이기도 하다. 미래 사회는 데이터로 구동되는 사회이고, 데이터는 세상의 모든 사람들이 생산하는 것이다. 데이터의 관리에서 소유에 이르기까지 세심한 주의를 기울이지 않으면 소수의 독점 현상은 더욱 가속화될 것이다. 4장에서 언급했듯이 일반 이용자들이 생산했지만 관리는 거대 플랫폼 기업들이 하고 있는 현재의 미묘한 상황에서, 다양한 형태의 디지털커먼즈를 확보하고 구축하는 것은 매우 중요한 숙제가 될 것이다. 데이터에 대한 새로운 접근을 뜻하는 '데이터 뉴딜data new deal/new deal on data'이 필요한 시점이 온 것이다.

데이터 뉴딜

"감시인을 누가 감시할까?" 로마 시인 유베날리스Decimus Junius Juvenalis가 던진 질문이다.[11] 우리가 원하는 서비스를 제공하는 거대 기업에 의해 장소와 시간을 가리지 않고 이루어지는 상업적 감시, 더 나아가 정치적 감시가 이루어지는 시대에 과연 우리는 안전한가? 이대로 가만히 있어도 되는가?

문제 해결의 첫걸음은 투명성을 통해 감시를 쌍방향으로 만드는 것이다. 이것은 사회계약의 기초이기도 하다. 고등학교 교과서에도 나오는 사회계약은 근대를 거쳐 현대의 민주국가 시스템을 설명하는 중요한 기초 원리이다. 〈그림 8-1〉에 나오듯이 악수는 상대방에 대한 공격의 의사가 없음을 증명하는 제스처로 시작되었다고 한다. 악수처럼 '나는 너를 해칠 의사가 없으니 너도 나를 공격하지 마라'라는 암묵적 약속이 사회계약이다. 그러나 사회가 복잡해지면 당연히 이러한 계약도 복잡해지기 마련이다. 만인에 대한 만인의 투쟁이 일어날 가능성이 높아지기 때문이다. 그래서 많은 사람들을 중재해 줄 대리인이 필요한 것이다. 과거에는 군주나 왕이, 현대에는 선거로 뽑힌 대통령이나 총리가 그 역할을 맡는다. 민주 국가의 시민은 이러한 대리인과 암묵적 사회계약을 맺고 그에게 권력을 위임함으로써 보호를 받는다. 물론 대리인이 주어진 권력을 잘못 휘두르고 제 역할을 하지 못하면 그에 상응하는 조치가 취해진다. 그것이 유혈혁명이건 촛불혁명이건 간에 그로 인해 대리인은 교체되고, 새로운 계약 관계가 맺어진다. 이러한 사회계약이 존재하는 이유는 개별 인간들을 조화롭게 연결하고 통합했을 때 인류 전체의 복지가 증가하기 때문이다.

사회계약의 중요한 전제조건은 등 뒤에 칼이 없다는 사실을 서로 인

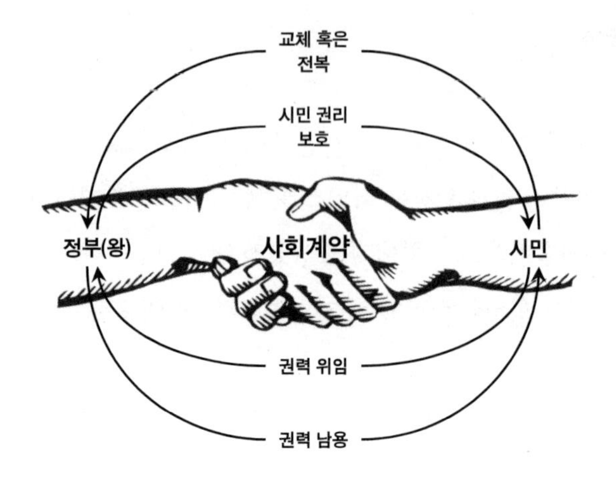

그림 8-1

사회계약

자료: Confessions of a Supply-side Liberal, "The Social Contract According to John Locke," https://blog.supplysideliberal.com/post/2018/6/17/the-social-contract-according-to-john-locke

지하는 것이다. 서로는 상대방에 대한 최소한의 정보를 서로 알고 있어야 한다. 상대방이 개인이건, 기업이나 조직 혹은 국가가 되었건 사회계약을 위해 최소한의 정보를 서로 갖는 것이다. 만약 이것이 갖춰지지 않으면 일방적인 계약으로 남게 된다. 정보의 비대칭은 권력의 비대칭으로 이어지기 십상이다. 사회계약의 토대는 당신이 나를 아는 만큼 나도 당신에 대해 아는 것이다. 즉, 투명성의 확보이다.

그러나 힘의 불균형이 폭넓게 존재하면 투명성만으로는 충분치 않다. 특히 시장의 권력은 역사를 뒤돌아보아도 언제나 우위에 있었다. 커뮤니케이션 혁명으로 불리는 인쇄기가 확산되었을 때, 많은 나라에서 출판업자들은 정부와 손을 잡고 자신들의 권력을 고착화시킬 정보 통제 시스템을 만들려고 했다. 책은 정부의 검열을 거쳐 승인을 받은 후에야 비로소 인쇄되었는데, 이에 대한 대가로 출판업자 조합은 책을 인쇄할 수 있는 배타적 특권을 부여받았다.[12] 한편 출판업자의 권력이 비대해지자 영국의 앤 여왕은 출판업자의 권력을 깨뜨릴 수 있게 이른바 저작권이라는 법적 발명품을 고안해 지은이에게 권력을 부여했다.[13] 또한 출판의 자유가 있는 상황에서도 정치사상 저작물의 뚜렷한 증가는 없었다. 혁명 시기에도 보수적이고 상업적인 이해관계가 시장을 지배했다. 언론의 자유를 상징하는 존 밀턴John Milton의 『아레오파지티카Areopagitica』는 검열법에 대항한 저작물이 아니라 밀턴 자신의 『이혼론Doctrine and Discipline of Divorce』이 받은 부당한 대우에 대응한 저작물에 불과하다는 주장도 있듯이,[14] 언론의 자유만큼이나 경제적 이해관계도 세상의 흐름을 바꾸어놓았다. 우리가 생각하는 '사상의 자유로운 흐름free flow of ideas'이라는 거창한 가치만이 역사의 흐름을 주도해 온 것은 아니다. 역사적 관점에서 봤을 때 일시적인 정치 변화보다 장기적인 사회적·경제적 추세가 더 중요하다.

디지털 기술로 이루어진 네트워크 사회에서 정보에 대한 시장의 통제 가능성은 높아진다. 특히 정보를 생산한 개인이 아니라, 정보를 수집하고 관리하는 기업과 조직에 의한 통제 가능성은 더욱 높아진다. 네트워크 사회에서 정보는 다음의 세 가지 특성을 지닌다.[15] 첫째는 접근 가능성accessibility이다. 디지털 기술의 발전으로 모든 정보의 접근과 재분배의 가능성은 높아졌다. 그러나 이러한 상황에서 개인의 역할과 통제력은 미미하다. 둘째는 지속 가능성durability이다. 정보가 사라지지 않고 영구 보존이 가능해졌다. 접근 가능성과 지속 가능성으로 인해 우리는 과거에서 도망갈 수 없다. 망각으로 인한 자유를 얻을 수 없는 것이다. 셋째는 포괄성comprehensiveness이다. 지속 가능하고 접근 가능한 정보를 바탕으로, 관련 기업과 조직은 개인의 성향과 활동 등 매우 다양한 정보를 엮어서 방대한 정보의 묶음을 만들어낸다. 그러나 포괄성은 부정확한 정보를 추론하게 만드는 위험성도 안고 있다. 이처럼 접근 가능하고 지속적이며 포괄적인 정보의 특성으로 인해 개인의 힘과 역할은 점점 상실되고, 기업의 통제력은 늘어나는 것이다.

그렇다면 네트워크 시대에 시장의 권력은 어떻게 통제할 수 있을까? 네트워크 시대에는 정보의 비대칭 그리고 이어지는 힘의 불균형이 어디에서 나타나는지 인지하기 어렵다. 정보의 흐름을 알지도 못하고, 따라서 감시는 고사하고 어디서 정보가 악용되는지도 모르기 때문이다. 개인정보 통제권의 도입이 시급한 이유이다. 제도신뢰는 추락하고 FAG 신뢰만 존재하는 세상에서, 정보 통제 결정권을 개인이 되찾아 와야 감시가 가능하다. 개인정보 통제권은 소유권에 대한 관습법처럼 개인 데이터에 대한 소유, 사용, 처분에 관한 정의를 명확히 내리는 것에서 시작한다. 또한 개인정보 통제권은 자신에 관한 데이터를 소유할 권리, 자신의 데이터 사용에 관한 완전한 통제권, 자신의 데이터를 처분하거나 공유할 권리를 지니는 것을 의미한다.[16] 개인정보에 대한 합법적인 권리 요청권을 부여하고, 이를 통해 정보 통제권을 유지하도록 개개인에게 자율권을 부여하는 것이다.

EU의 소비자 보호 집행위원인 쿠네바Meglena Kuneva는 "개인정보는 인터넷의 새로운 석유이자 디지털 세상의 새로운 통화"라고 주장한다.[17] 토지와 상품 시장에서 유동성을 강화하기 위한 첫 단계는 사람들이 안전하게 상품을 사고팔 수 있도록 소유권을 보장하는 것이다. 마찬가지로 아이디어의 유동성idea liquidity을 강화하기 위한 첫 단계는 소유권을 정의하는 것이다.[18] 즉, 시민 개개인에게 개인정보에 관한 권리를 부여함으로써 '개인정보를 특정 서비스를 받는 대가로 기업과 정부에 제공하는 소중한 개인적 자산'으로 여기게 하는 것이다. 개인이 생산한 정보는 개인의 특별한 재산으로 인정하고, 개인정보 사용에 관한 법을 강화하며, 개인정보 사용 감시기관을 설치해야 한다. 또한 개인정보를 보호하는 동시에 공공 이익에 필요한 데이터에 쉽게 접근할 수 있는 실질적 통로를 구축해야 한다. 프라이버시를 지켜 시민의 권리를 보호하는 한편, 개인정보 활용을 통해 더 나은 네트워크 사회를 구축하는 것이다.

구체적인 개인정보 통제권 실현의 첫 단계로 데이터 뉴딜을 들 수 있다. 시민을 보호하면서 동시에 공익을 위해 필요한 데이터에 쉽게 접근할 수 있는 현실적인 보장책을 마련하는 것이다. 데이터 뉴딜은 교통, 질병, 범죄 등 다양한 상황에서 응용이 가능한데, 이탈리아 트렌토시의 '오픈 데이터 시티open data city' 실험이 대표적이다.[19] 이탈리아의 통신 기업인 텔레콤이탈리아의 가입자를 대상으로 모든 참여자의 승인과 사전 동의하에 더 나은 삶의 방식을 발견하기 위한 실험 프로젝트이다. 프라이버시가 보호된 데이터를 통해 참여자 모두가 다양한 정보를 얻을 수 있다. 다른 가구는 한 달에 얼마나 외식하는지, 사람들을 얼마나 만나는지, 어느 병원에 얼마나 가는지, 무엇을 얼마나 먹는지 등 매우 다양한 정보를 공유할 수 있다. 또 다른 사례인 D4Ddevelop for data는 코트디부아르 교통 시스템에 대한 IBM의 분석 작업 결과로 탄생했다.[20] D4D를 통해 코트디부아르는 적은 비용으로 아비장의 통근 시간을 10% 줄인 것으로 나타났다. 우리나라의 경우 서울시에서 제공하는 심야 교통버스 서비스가 이용자들의 택시 콜 요청 데이터를 바탕으로 만들어진 것이다. 이처럼 우리의 데이터를 잘 통제하고 활용해서 우리 모두의 이익을 추구할 수 있다.

기업 역시 이러한 프로젝트에 적극 동참하고 있다. 아마존이 대표적이다. 아마존의 가장 중요한 수익 모델은 클라우드 서비스로, 이러한 서비스가 제공하는 웹의 공간에 매우 다양한 데이터가 모여든다. 아마존 웹서비스Amazon Web Service: AWS에 모인 다양한 데이터의 결합을 통해 부가가치를 높여서, 이용자 및 관련 산업의 발전을 도모하자는 것이다. 예를 들면 〈그림 8-2〉에서처럼 미국해양대기청NOAA이라는 조직이 수집한 방대

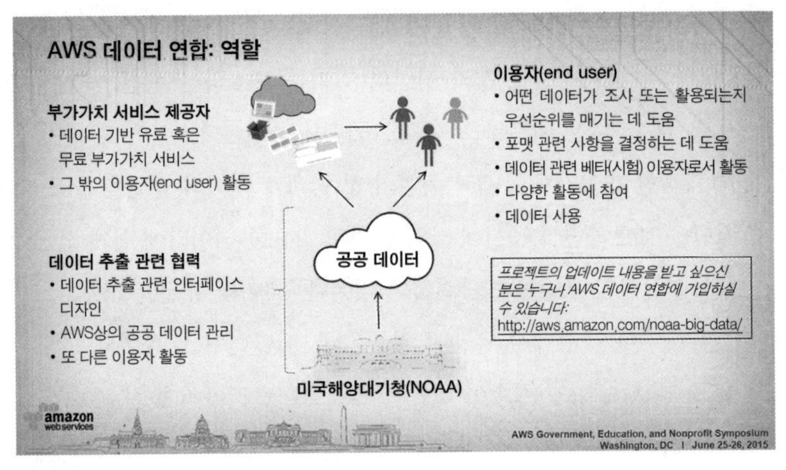

그림 8-2

아마존 클라우드 서비스 개요도

자료: Amazon Web Services, "The NOAA Big Data Project: Public-Private Partnerships at Scale," https://www.slideshare.net/AmazonWebServices/the-noaa-big-data-project-publicprivate-partnerships-at-scale

한 공공 데이터를 다양한 방법으로 정리·가공해 부가가치를 높임으로써, 일반 이용자에게 혜택을 줌과 동시에 새로운 비즈니스 모델로도 개발하는 계획이다. 이러한 환경에서 개인이 기업에 비해 얼마나 더 이익을 얻을 수 있는지는 의문이 들지만, 창고 속에 처박혀 있는 데이터를 이용해 공공의 이익 향상과 비즈니스 모델 개발을 통한 이익을 네트워크 구성원들에게 줄 수 있다면 바람직한 시도임에는 틀림이 없다.

물론 이러한 프로젝트를 통해 개인들에게 정보 공유 여부를 결정할 수 있는 권리를 부여해야 한다. 정보 공유를 할지의 '여부'에서부터 '어떻게' 공유할지에 대한 방법론에 이르기까지 여러 단계에서의 고민이 필요하다. 어떤 정보가 누구에 의해 얼마나 오랜 기간 수집되고, 저장되고, 기억될 수 있는지를 논의하는 것이다. 예를 들면 의료 정보가 디지털 메모리로 얼마나 오랫동안 보관될 수 있는지를 명확히 하는 규칙을 정해 개인정보 통제권을 사용자에게로 넘기는 것이다. 이 단계를 넘어서면 개인이 만든 데이터는 그야말로 개인 재산의 일부로 인정되어 다양한 거래의 대상이 될 수 있다. 하버드대학교의 개인 데이터 '캔' 실험은 이러한 단계의 첫걸음이다.[21] 개인 데이터 캔은 개인의 모든 활동과 앱을 통해 생성되는 모든 데이터가 취합되는 용기다. 물론 개인 데이터 캔의 통제권은 개인들에게 있다. 개인들은 자기 데이터 수집을 통해 경제적 이익을 취한다. 이러한 데이터는 거래의 일부로, 또한 거래를 위한 화폐로도 활용될 수 있다. 이 캔에 접근할 수 있는 권한은 가장 높은 데이터 이용료를 제시한 이에게 돌아간다. 질병을 앓으면 제약 회사가, 쿠키를 즐겨 먹으면 과자 회사가 관련 데이터를 구입할 것이다.

데이터가 적용되는 범위가 넓고, 충분히 많은 시장 참여자가 원할 정도로 가치가 크고, 교환 비용이 적게 든다면 미래에는 거래비용을 화폐가 아닌 데이터로 지불할 수도 있다. 사실 지금도 우리는 데이터를 지불하고 그 대가를 얻고 있다. 페이스북을 이용하고 구글을 사용하는 비용을 우리는 우리의 데이터로 지불한다. 기업들은 사용료 대신 얻은 데이터로 광고 수익을 얻는 것이다. 시장 참여자들의 적극적이고 효율적인 거래로 풍요로운 데이터 시장이 형성되면 화폐의 역할은 줄어들 것이다. 특히 블록체인과 같은 중앙 권력이 없는 분산거래 시스템이 가세하면 화폐의 역할은 더욱 감소할 것이다. 금융자본주의 시대는 사라지고 데이터 자본주의 시대가 오는 것이다. 디지털 기술로 모든 것이 망각되지 않고 저장되는 현실에서 때로는 지난 과거를 잊어버리는 것이 필요하다고 역설한 『망각Delete』의 저자 빅토르 마이어 쇤베르거Viktor Mayer-Schönberger가 자신의 또 다른 책 『데이터 자본주의Reinventing Capitalism in the Age of Big Data』에서 주장하는 내용이다.[22]

5장에서 소개한 사회물리학의 대표 학자인 펜틀랜드는 이용자가 자신이 생산한 데이터와 정보에 대한 통제권을 확보함으로써 더 민주적이고 효율적인 네트워크 사회를 구축할 수 있다고 주장한다. 펜틀랜드가 소개한 새로운 네트워크 사회 구축의 세 가지 요소에는 사회적 효율성social efficiency, 운영적 효율성operational efficiency, 그리고 탄력성resilience이 포함된다.[23]

사회적 효율성은 사회 전반에 걸친 최적의 자원 분배를 의미한다. 사회적으로 효율적이라는 것은 개인이 이익을 얻을 때 사회 전체도 이익이 된다는 의미이다. 애덤 스미스의 보이지 않는 손이 작동하는 것과 같은 이치이지만, 사회적 효율성은 여기서 한 걸음 더 나아간다. 만약 개인에게 해가 된다면, 사회에도 손해이다. 따라서 사회가 풍요를 누릴 때 부를 분배하는 기준은 가장 가난하고 취약한 구성원들의 삶의 조건을 우선으로 해야 한다고 강조한다. 따라서 프라이버시 침해와 같은 다양한 문제점이 도사리고 있는 기존의 전통적 시장 접근 방식에서 벗어나 '공유와 교환 네트워크'를 구축해야 한다고 펜틀랜드는 주장한다. 공유와 교환 네트워크는 데이터 사용이 특정 범위를 벗어나지 않게 개인이 데이터를 통제하는 모형이다. 개인이나 기업 간 합의된 교환 범위 내에서 공유가 이루어지는 것으로, 개인 간의 일상적인 상호작용에 신뢰 네트워크 기술을 적용함으로써 교환 네트워크 사회를 창조하는 것이다. 〈그림 8-3〉은 경제학원론 시간에 나오는 수요와 공급 곡선을 이용한 그래프이다. 한계사회비용marginal social cost S1과 한계사회이익marginal social benefit D1이 교차하는 지점, 즉 P와 Q가 만나는 지점이 사회가 얻을 수 있는 최대의 이익임을 보여준다. 이 지점은 한계개인비용 S와 한계개인이익 D가 만나는 지점보다 위에 위치하고 있다. 이러한 모델을 통해 기존 시장 접근보다 공유와 교환 네트워크가 사회 전체에 이익을 더 가져다줄 수 있음을 보여준다.

운영적 효율성은 자원이 한정된 상황에서 네트워크 시스템의 제반 시설을 신속하고 낭비 없이 운영하는 것이다. 우리의 데이터로 이루어진

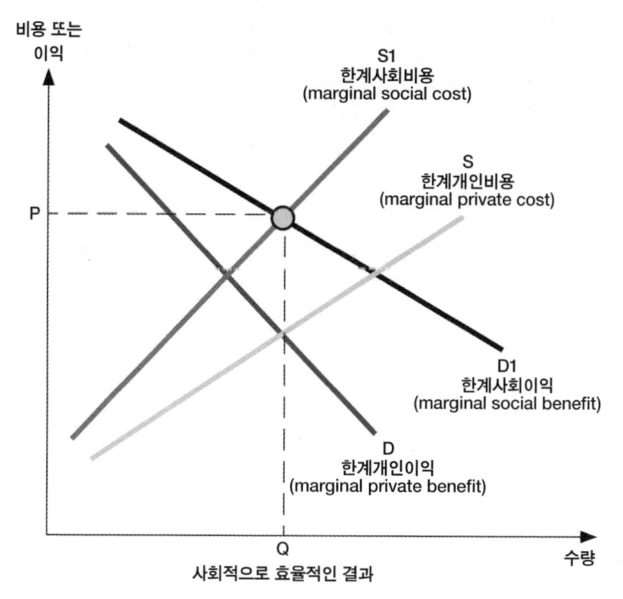

그림 8-3

공유와 교환 네트워크 모델

자료: "Inefficiency," Economics Online, http://www.economicsonline.co.uk/Market_failures/Inefficiency.html

거대한 데이터를 가장 효율적으로 운영할 수 있는 기반을 제공하는 것이다. 다시 말해 개인이나 기업 혼자서는 도저히 그려낼 수 없는 사회의 큰 그림인 '데이터 공유지'를 건설하는 것이다. 가령 의료 데이터의 공공화를 통해 모든 국민의 건강에 도움이 될 수 있는 정책과 세부 방향을 결정할 수 있다. 익명화된 의료 기록들을 통합하고 분석해 어떤 치료약이 가장 효과적인지 혹은 어떤 약물의 조합이 위험한지를 검토하는 과제는 국가 의료정책의 방향을 가늠할 수도 있다. 물론 이러한 데이터 시스템의 수집과 활용은 매우 엄격한 법적 제한과 감시를 기반으로 이루어져야 할 것이다.

탄력성은 위기가 닥쳤을 때 얼마나 쉽고 빠르게 복구할 수 있는지를

DARPA NETWORK CHALLENGE

BALLOONS ARE FLYING HIGH!

Entrants: 4211 **Total Submissions:** 376

Entrants making submissions: 125

Correct balloon locations submitted: 75

Balloon	Status	Notes
1	●	Launched.
2	●	Launched.
3	●	Launched.
4	●	Launched.
5	●	Launched.
6	●	Launched.
7	●	Launched.
8	●	Launched.
9	●	Launched.
10	●	Launched

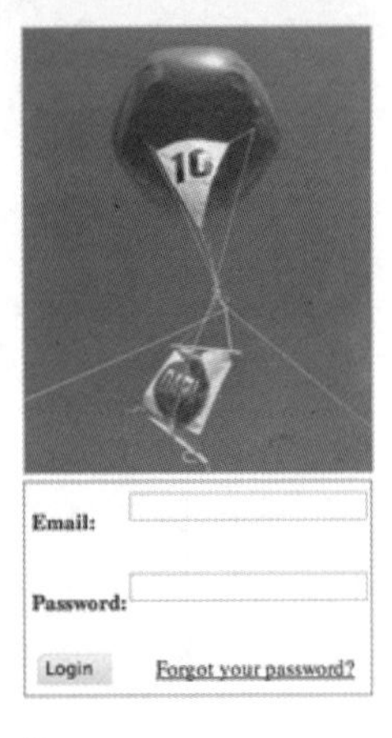

News

- FAQ updated (12/5/09)
- Rules updated (12/4/09)
- Photos posted (12/2/09)
- Registration Open (11/23/09)

About the DARPA Network Challenge

To mark the 40th anniversary of the Internet, DARPA has announced the DARPA Network Challenge, a competition that will explore the roles the Internet and social networking play in the timely communication, wide-area team-building, and urgent mobilization required to solve broad-scope, time-critical problems.
The challenge is to be the first to submit the locations of 10 moored, 8-foot, red, weather balloons at 10 fixed locations in the continental United States. The balloons will be in readily accessible locations and visible from nearby roads.

그림 8-4

다르파 네트워크 챌린지: "풍선들이 높이 올라갔습니다!(Balloons are flying high!)"

자료: Culture of Life News, "Dumb DARPA Red Balloon Mystery Tour," https://emsnews.wordpress.com/2009/12/05/dumb-darpa-red-balloon-mystery-tour/

의미한다. 탄력성은 사회 시스템의 장기적 안정성과 관련이 있다. 7장에서 시스템의 원죄에 대해 이야기했듯이 모든 기술과 시스템은 발명과 함께 붕괴의 위험성을 동시에 안고 태어난다. 모든 기업이나 조직, 정부의 네트워크 시스템은 주기적으로 붕괴되어 실패하기 마련이다. 이러한 상황에서 사회가 지니고 있는 모든 자원과 데이터를 활용하고 빠르게 통합해, 사회 시스템을 안정된 형태로 새롭게 구성하는 것이 탄력성의 핵심이다. 재난 관리는 탄력성의 정도를 보여주는 좋은 사례로, 시스템의 핵심 기능을 얼마나 신속하게 회복시킬 수 있을지를 가늠할 수 있다. 인터넷의 기원인 알파넷을 개발한 것으로 잘 알려진 미국방위고등연구계획국Defense Advanced Research Projects Agency: DARPA에서 실시한 레드벌룬 챌린지Red Balloons Challenge는 사회 속에 흩어져 있는 분산된 자원들을 신속하게 동원할 수 있는 소셜 네트워크의 잠재적 위력을 보여주는 좋은 사례이다. 총상금 4만 달러를 걸고 미국 전역에 숨겨져 있는 10개의 풍선을 누가 가장 먼저 찾아내는지 경합을 벌인 결과, MIT 팀이 9시간 만에 모든 풍선을 찾았다. MIT 팀은 온라인에서 풍선을 처음 찾는 사람에게는 2000달러, 필요한 정보를 처음 알려주는 사람에게는 1000달러, 이 정보를 다시 전하는 사람에게는 500달러의 상금을 지급함으로써,[24] 전체 상금을 참여한 모든 사람과 나누는 방식으로 많은 이의 관심과 참여를 촉진해 가장 빨리 모든 풍선을 찾아냈다.

승패는 어떻게 하면 분산된 자원을 효율적으로 동원해 문제를 해결하는지에 달려 있었다. 레드벌룬 챌린지가 주는 교훈은 구조적 위기를 극복하기 위해서는 가장 좋은 한 가지 시스템이 아니라 다양한 시스템이 조합을 이루어야 한다는 사실이다. 이렇게 함으로써 빅맨 이론big man theory을 극복하고, 중앙 관리 시스템 전체가 오류에 빠질 가능성을 줄일 수 있다. 네트워크상의 분산된 자원을 통해 탄력성을 회복하고, 문제를 풀고, 위기를 극복해 나갈 수 있는 것이다. 조직이나 국가의 위기 상황에서 우리는 카리스마 있는 영웅적 지도자를 늘 찾게 되지만, 제너럴 일렉트릭GE의 잭 웰치나 SK와이번스의 김성근 감독 같은 빅맨의 효력이 네트워크 사회에서도 힘을 발휘할 수 있을지는 의문이다.

블록체인을 통한 신뢰 구축

사이버네틱스 이론의 개척자로서 사이버네틱스라는 이름을 처음 붙인 노버트 위너Norbert Wiener는 말년의 저작 『인간의 인간적 활용The Human Use of Human Being』에서 사이버네틱스 시스템에 대해 공개적인 우려를 표했다.[25] 인간 대신 자동화된 통제 시스템이 통제할 위험 때문이 아니라 '한 사람의 인간이 나머지 인간에 대한 통제력을 높이기 위해 사용'될 수 있기 때문이었다. 기계를 포함한 생물의 제어와 통제를 연구하는 학문인 사이버네틱스는 그리스어 '퀴베르네테스kybernetes'에서 기원하는데, 통제자라는 의미를 지니고 있다.[26] 실제로 FAG 3인방은 이러한 통제력을 바탕으로 신뢰를 구축하면서 거대 제국을 이루었다. 이들은 사람들이 소통하거나, 물건을 사고팔 때 혹은 지식과 정보를 탐색하는 등 중개가 필요한 상황에서 신뢰 있는 중개인의 역할을 충실히 함으로써 네트워크의 통제자 위치에 올라서게 되었다.

비트코인으로 잘 알려진 블록체인은 중간 매개자, 즉 중개인이 없다는 것이 가장 큰 장점이다. 또한 중간 매개자가 없는 것에서 한 걸음 더 나아가, 거래의 모든 참여자가 거래로 인해 발생하는 이익을 가져갈 수도 있는 장점도 있다. 공유경제의 대표주자로 널리 알려진 우버는 거대한 IT 기업으로 우뚝 섰지만, 우버 택시 기사나 이용 승객은 그다지 혜택을 얻지 못한다. 공유경제의 과실을 참여자가 아닌 소수의 통제자만 가져가기 때문이다. 그러나 블록체인 기반 서비스에서는 서비스를 시작하고 제공한 사람만이 아니라 거래 당사자 모두가 혜택을 볼 수 있다. 스마트폰 앱의 경우에도 앱을 고안한 사람이나 플랫폼은 이익을 가져가지만, 앱 사용자는 사용에 따른 편리함 이외에는 별다른 혜택이 없다. 이러한 서비스가 블록체인 시스템으로 전환되면 이용자가 사용한 만큼 거래의 규모가 커지면서 그에 따른 과실을 이용자도 함께 나눠 가질 수 있게 된다. 우버와 같은 환경이라면 우버라는 플랫폼만이 아니라 택시 운전기사와 승객도 공유경제 시스템의 과실을 나눠 가질 수 있는 것이다.

블록체인을 이용한 다양한 서비스 환경의 예로 스마트락smart lock 시스템을 들어보자. 잠글 수만 있다면, 즉 통제할 수만 있다면 집, 자동차, 자전거, 세탁기 등 모든 것을 빌려주고 공유할 수 있다. 이러한 환경에서는 매매나 임대의 가치가 낮아진다. 굳이 물건을 사고 보유할 필요가 없기 때문이다. 영국의 스타트기업 콜로니Colony에서는 콜로니 사용자가 자신의 기술과 장점을 기재한 프로필을 만들고, 콜로니 프로젝트를 론칭하거나 기존 콜로니에 가입함으로써 중개 수수료를 내지 않고 일을 할 수 있다.[27] 기존 크라우드소싱보다 중개인의 역할이 축소되니 중개 비용이 훨씬 저렴해진다. 이를 통해 프리랜서가 증가하고, 장점이 부각된 기그 이코노미gig economy의 활성화를 이룰 수 있다. 블록체인 시스템에 대한 일반인의 관심도 높다. 앞에서 소개한 스마트락 시스템을 시작한 독일의 슬록잇slock.it은 가상화폐 공개initial coin offering: ICO로 1억 6000만 달러를 조달했다.[28] 본격적인 사업은 시작도 안 했지만, 비즈니스 모델을 개발한 것만으로 1800억 원을 모은 것이다. 만약 서비스 제공자와 이용자가 블록체인 시스템을 이용할 수 있다면 중개인이 필요하지 않고, 우버나 에어비앤비 같은 초기 공유경제 비즈니스 모델은 힘을 잃게 될 것이다.

미래학자 돈 탭스콧Don Tapscott과 알렉스 탭스콧Alexander Tapscott은 기존 인터넷이 정보의 인터넷이라면 블록체인은 가치의 인터넷이라고 주장한다.[29] 블록체인 시스템에서는 인터넷에서 하지 못했던 두 가지 일이 가능하기 때문이다. 경제적인 가치를 주고받는 것과 신뢰를 확립하는 것이다. 인터넷이 초기 기대와 달리 집중화되고 거대 기업들의 놀이터로 다시 넘어간 것도 이러한 문제가 해결되지 않았기 때문이다. 일반적으로 인터넷에서 거래를 보증하는 인증 시스템을 구축하려면 비용이 많이 들고, 이러한 비즈니스는 거대 기업만 운영할 수 있다. 그러나 블록체인에서는 소액 결제는 물론, 콘텐츠의 유료 배급이 가능해지고 자신의 데이터 통제도 가능해진다. 개인이 참여하는 스마트 컨트랙트smart contract가 가능해지는 것이다. 스마트 컨트랙트는 컴퓨터가 이행하고 실행할 수 있는 형태의 계약을 의미한다. 스마트 컨트랙트에 기반을 둔 블록체인을 이용해 우리는 미리 결정된 계약에 따라 거래를 진행한다. 예를 들어 블러드 다이아몬드blood diamond[30]인지 아닌지를 구별하는 상품 이력 확인 같은 정확성의 증명에서부터 예측시장, 중개자가 없는 공유경제, 사물인터넷 등 미래 네트워크 사회의 거의 모든 분야에서 스마트 컨트랙트 활용이 가능하다. 물론 비트코인도 스마트 컨트랙트 사례의 하나이다.

블록체인의 대표적 사례인 비트코인은 탈脫중앙 금융 신뢰 시스템이라 할 수 있다. 기존의 중앙은행은 신뢰를 바탕으로 돌아간다. 한마디로 신뢰로 먹고사는 것이다. 물론 국가가 이러한 신뢰를 뒷받침해 준다. 그러나 국가 신뢰의 틈을 비집고 금융집단은 때로 일탈을 한다. 제도의 허점을 노리는 것이다. 대기업의 편법 승계에서부터 불법 증권거래에 이르기까지 매우 다양한 차원에서 기존 신뢰 시스템의 빈 공간을 노리는 것이다. 물론 이는 금융을 아는 소위 전문가들이 벌이는 작태이다. 신뢰 시스템을 갉아먹는 이들은 대개의 경우 네트워크 시스템의 허브와 커넥터로서 위치적 권력을 이용해 사익 추구에 전념하는 자들이다. 비록 소수이긴 하지만 시스템을 흔들기에 충분한 영향력을 지닌 것이 문제이다. 이와는 반대로 네트워크 시스템에서 발생하는 신뢰의 축적을 바탕으로 자신들의 제국을 구축하는 이들도 있다. 이 책의 주요 소재인 FAG 3인방이다. 이들은 신뢰를 갉아먹는 것이 아니라 또 다른 차원의 서비스 신뢰를 쌓음으로써, 시스템을 견고하게 구축하고 독점적 지위의 혜택을 누린다. 당연히 중개에 따른 수수료를 모두 챙길 수 있다.

이런 측면에서 블록체인은 FAG 3인방이 독점적으로 확보한 거래에서의 신뢰와 통제에 대항할 수 있는 대안이다. 블록체인 아래서는 우리 모두가 신뢰할 수밖에 없는 상황에 놓이기 때문이다. 신뢰는 구축하자고 해서 쉽게 형성되는 것이 아니다. 신뢰 형성은 시간이 걸리고, 가정이나 학교 교육, 사회의 분위기 등 모든 것이 맞물려야 구축이 가능하다. 또한 신뢰가 구축된 환경에서도 항상 무임승차자free rider 문제가 뒤따르게 된다. 일종의 반칙을 하는 사람들이다. 교통법규를 상시적으로 위반하는 행위에서부터 본격적인 사기 행위나 범죄를 저지르는 경우까지 매우 다양하다. 그래서 액슬로드는 신뢰와 협력 구축의 가장 좋은 방법은 상대방이 하는 것만큼 하는 것, 즉 팃 포 탯tit-for-tat 전략이 제일 효과적이라고 주장한다.[31] 눈에는 눈, 이에는 이를 의미하는 팃 포 탯은 상대방이 하는 것에 맞춰 응수하는 방법이다. '네가 한 대 때리면 나도 한 대 친다'와 같이 부정적 의미로도 쓰이지만, 반칙한 만큼 벌을 주는 무임승차자를 견제하는 가장 좋은 전략으로도 알려져 있다. 물론 네트워크 사회의 중요한 생산 원리인 협력이나 공동 생산의 효과적 임무 수행을 위해서도 활용할 수 있는 방법이다. 반칙하는 사람을 그대로 놔두면 또다시 반칙을 할 뿐 아니라, 다른 사람도 따라한다. 일벌백계의 차원에서는 물론 선함과 악함을 동시에 지니고 있는 인간에게 다시금 선을 행하도록 강제할 방법을 제도화하는 것이다.

이처럼 블록체인은 인간의 나약함을 보완해 줄 수 있는 환경을 마련해 준다. 공동 작업을 하는 과정에서 배신자가 생길 수 있는 가능성 때문에 서로가 신뢰를 하지 못하는 상황을 의미하는 이른바 '비잔틴 장군 문제Byzantine generals problem'에 대한 답을 블록체인은 제시한다. 부정행위를 하는 것보다 채굴에 협력해서 대가를 받는 것이 더 이익인 구조로 블록체인은 작동하기 때문이다. 한마디로 블록체인은 나쁜 의도를 갖는 것이 손해인 구조이다.[32] 따라서 나쁜 짓을 할 필요가 없게 된다. 신뢰할 수 없는 개인들도 참여하지만, 결국 신뢰할 수밖에 없는 거래 환경을 블록체인은 만들어준다. 신뢰할 수 있는 시스템이기에 신뢰하는 것이 아니라, 블록체인 기술 자체가 신뢰를 보증할 수 있기 때문에 이용하는 것이다. 또한 블록체인은 위조가 거의 불가능하다. 해시함수hash function를 이용하기 때문이다. 비트코인을 채굴한다는 의미는 복잡한 해시함수를 푸는 것과 같다. 소인수분해와 비슷한 해시함수는 답을 구하기가 어렵고, 그만큼 해킹이나 부정행위로부터 자유롭다.[33•]

그렇다면 블록체인 시스템에서 의사 결정은 필요할까? 또한 의사 결정이 필요하다면 어떻게 할까? 블록체인은 분산형 자율조직인 다오decentralized autonomous organization: DAO 환경이다. DACdecentralized autonomous corporation로도 불리는 다오에서는 인간 관리자가 없는 네트워크P2P가 프로토콜 규칙에 따라 판단하고 결정하고 실행한다.[34] 기업이나 조직 경영에 블록체인을 활용하는 것이 아니라 블록체인을 활용함으로써 경영자가 필요 없어지는 것이다. 미래의 기업 형태라고 할 수 있다. 앞에서 소개한 슬록잇도 마찬가지다. 다른 예로, 어거Augur라는 예측 사이트는 예측 결과를 알리는

• 복잡한 데이터의 집합을 해시함수에 넣으면 해시(hash)라는 값이 나온다. 해시는 소인수분해와 비슷하다. 예를 들면 6이라는 숫자를 2×3처럼 어떤 숫자를 소수의 곱셈으로 분해하는 것이다. '양의 정수를 소수의 곱셈 형태로 나타내는 것'이라 할 수 있다. 당연히 자릿수가 많으면 계산이 불가능해진다. 2, 11, 13, 13, 1283을 모두 곱하면 4,770,194가 나온다. 이것이 해시값이다. 그런데 4,770,194를 거꾸로 소인수분해하는 것은 어려운 일이 된다. 한 방향으로는 쉽게 계산이 되지만 다른 방향으로는 답을 구하기가 어려운 것이다. 일방향으로 해시화된 데이터로부터 원래 데이터를 계산하는 것은 어려울 뿐만 아니라 거의 불가능하다. 원래 데이터를 조금이라도 바꾸면 해시 값이 바뀌기 때문이다. 이런 이유로 블록체인 시스템에서 신뢰를 져버리는 행위가 어려워지는 것이다.

표 8-1 미래 기업의 형태

		노동자	
		있다	없다
경영자	있다	기존 주식회사	로봇을 이용하는 회사
	없다	다오(DAO)	인공지능과 블록체인에 의한 완전 자동회사

자료: 오키나 유리 외, 『블록체인의 미래』, 이현욱 옮김(서울: 한스미디어, 2018).

업무를 하는 인원은 존재해도 관리자는 존재하지 않는다. 이처럼 관리자는 없고 노동자만 존재하는 다오 환경은 출판업 등 다양한 영역에서도 활용 가능하다. 비트코인의 경우도 비트코인 시스템 자체에는 경영자가 없다. 다만 비트코인을 기존 통화와 연결해 주는 환전소에는 경영자가 있다. 현재 문제가 되는 부분이 바로 이 영역이라 할 수 있다.

〈표 8-1〉은 경영자와 노동자의 유무에 따른 현재와 미래의 기업 운영 형태를 보여준다. 경영자와 노동자 모두 존재하는 것이 현재의 기업 모습이다. 경영자는 있는데 노동자가 없다면 로봇에 의해 움직이는 회사이다. 미래 아마존의 모습은 여기서 볼 수 있다. 그리고 이 책의 주요 관심 대상이기도 하다. 노동자는 있는데 경영자가 없다면 블록체인 시스템인 분산형 자율조직 다오이다. 머신러닝 시스템을 사용해 경영에 관한 의사 결정을 지원하고 인공지능을 경영진에 포함시키는 것이다. 마지막으로 경영자도 없고 노동자도 없는 상황도 생각해 볼 수 있다. 인공지능과 블록체인에 의해 완전 자동화된 미래의 회사이다.[35]

물론 블록체인 또한 많은 한계가 존재한다. 거래 속도가 느린 것에서부터 해킹의 위험 혹은 블록체인 시스템 자체를 사기 행각의 대상으로 삼는 등 다양한 문제점이 나타나고 있다. 이를 해결하기 위한 새로운 버전의 블록체인 시스템이 계속 개발되고 있다. 블록체인의 한계와 단점을 극복한 서비스의 대표적인 예로 사물인터넷을 위해 개발된 아이오타IOTA를 들 수 있다. 2016년 7월 시작한 아이오타는 블록체인 대신 탱글tangle이라는 규칙을 이용한다.[36] 아이오타에서는 블록 없이 개개의 거래가 연결된다. 특정 거래는 이전의 두 거래를 승인해야 한다는 규칙에 따라 이루어진다. 이용자 개개인이 거래 승인자가 되기 때문에 비트코인처럼 거래를 승인하는 마이너(채굴자)에게 보수를 지급할 필요가 없고, 거래 수수료도 무료이다. 탱글은 양자컴퓨터의 공격에도 끄떡없다고 한다. 양자컴퓨터는 양자역학의 원리를 이용해 계산 속도를 현재 컴퓨터보다 비약적으로 향상시킨 시스템으로, 현재 이용되고 있는 공개키 암호를 풀 수 있다. 현재의 전자 서명이 유효하지 않게 된다는 의미이다. 물론 블록체인의 작업증명 시스템도 유효하지 않게 될 위험이 있다. 따라서 탱글과 같이 해킹의 위험으로부터 벗어날 수 있는 시스템을 개발하고 있는 것이다.[37]

기술적 한계만이 아니라 과열 현상도 블록체인이 제자리를 찾아가는 데 걸림돌로 작용한다. 블록체인 기반 스타트업에 대한 투자 규모가 전 세계적으로 늘어나면서 2014년과 2015년에 벤처캐피털로부터 10억 달러 이상의 자금이 투자되었고, 투자 규모는 매년 두 배씩 증가했다.[38] 1990년대 닷컴 열풍과 유사한 광풍이 다시 불고 있는 것이다.

당연히 국내도 예외는 아니라서, 투자 과열 현상은 투자가 아닌 투기로 상황이 쉽게 변질된다. 대표적인 예가 바로 돈스코이호 인양과 관련해 '신일골드코인'이란 암호화폐를 발행한 사건이다. 비트코인을 모방한 가짜 암호화폐 발행으로 인해 수많은 피해자가 생긴 사건으로, 다단계 금융사기인 폰지사기와 비슷하다. 이렇게 투기 광풍이 불고 거품이 끼는 이유는 물론 기술과 혁신에 대해 차분한 이해와 도입을 이루기보다는 우리 모두가 인생을 역전시킬 새로운 기회로만 생각하기 때문이다. 오죽하면 가상화폐를 감시하던 뉴욕주 금융감독관이 자리에서 물러나 비트코인 컨설팅 회사를 차렸겠는가.* 영혼 없는 공무원의 일탈도 문제이지만,

인간 밑바닥에 자리한 탐욕으로부터 자유로운 사람이 얼마나 될까. 물론 제도권 언론도 이러한 사태에 한몫 거든다. ≪이코노미스트Economist≫는 2015년 10월 "신뢰의 기계The trust machine"란 커버스토리에서 비트코인을 "경제가 작동하는 방식을 바꿀 수 있는 대단한 체인"이라고 소개했다.[39] 달리는 기차에 빨리 올라타야 한다고 수많은 독자가 생각했고, 2017년 초반부터 비트코인 가격의 급상승이 시작되었다.

• 크리스토퍼 카누치아리(Christopher Cannucciari)가 제작·감독한 다큐멘터리 〈비트코인: 암호 화폐에 베팅하라(Banking on Bitcoin)〉에서는 가상화폐를 감시하는 뉴욕주 금융감독관 벤 로스키가 사표를 내고 비트코인 스타트업 컨설팅을 하는 모습이 적나라하게 펼쳐진다. 비트코인 도입에 관한 금융정책을 결정하는 고위관료가 이익을 좇아 손바닥 뒤집듯이 자신의 의견을 바꾸는 모습은 이 책에서 이야기하는 전형적인 저질 커넥터의 모습이라 할 수 있다.

09
기본소득

미래 사회의 인공지능AI에 관한 논의는 다양하게 개진되지만 중요한 골자의 하나는 기계가 우리를 대신한다는 것이다. 이는 곧 노동의 종말을 의미하고, 일자리 감소를 뜻한다. 물론 기계의 도움으로 이론적으로는 적은 수의 인원으로 전 인류의 먹을거리를 생산할 수 있다. 그러나 분명한 것은 일을 안 해도 되거나 하고 싶어도 못 하는 잉여인간이 탄생한다는 점이다. 기본소득은 이러한 잉여인간에게 삶의 동기를 제공하고 네트워크 사회에서 새로운 구성원의 역할을 부여함으로써 선순환의 환경을 조성할 수 있다.

기본소득

이 책의 주인공인 아마존의 베조스와 페이스북의 저커버그에게는 많은 공통점이 있다. 둘 다 좋은 환경에서 성장해 자신의 능력을 충분히 발휘했다는 점이다. 배당을 안 하면서 기업을 운영하는 것도 유사하다. 기본소득basic income 도입도 똑같이 주장한다. 구글의 페이지나 브린도 공개적 입장을 밝히지는 않았지만 같은 의견이라 짐작한다. 이들 외에도 초기 웹브라우저인 모자이크의 개발자 마크 앤드리슨, 페이팔 공동 설립자인 테슬라의 일론 머스크, 버진 그룹의 리처드 브랜슨 등 미래를 이끌어가는 대표 기업 CEO들이 이구동성으로 주장하는 것이 기본소득 도입이다. 이들이 이타주의자라서 그럴까? 쉽게 인정하기는 힘들다. 이들은 이타주의하고는 거리가 있다.

그렇다면 이들이 기본소득을 주장하는 이유는 무엇일까? 100년 전, 기술이 미처 발달하지 않은 시대에 프레더릭 테일러Frederick Winslow Taylor는 노동자를 나사로 만들어 시스템에 복종하게 만들었다. 미래에는 인간을 나사로 만들 필요도 없이 로봇으로 나사를 대체하면 된다. 이론적으로는 파업도 없고, 산업재해도 없다. 얼마나 관리하기가 편리한가. ≪이코노미스트≫는 이를 '디지털 테일러리즘digital taylorism'이라고 표현한다.[1] 디지털 테일러리즘은 네트워크 시대의 최적화된 경영 관리 기법으로,[2] 첨단화된 IT 기술 도입과 세계화라는 경영 환경이 어우러져 만들어진 시스템이다. 핵심은 모두의 일자리가 사라진다는 점이다. 그러나 일자리가 사라지는 상황은 IT업계의 사제들에게도 그리 반가운 소식은 아니다. 자신들을 위해 데이터를 만들고, 자신들의 독점적 시스템을 떠받칠 사람들이 필요하기 때문이다. 이들이 기본소득을 주장하는 이유이다. 기본소득이 없으면 중산층이 사라지고, 사회가 혼란해지면서, 결국 붕괴된다. IT 기업의 선두 주자가 미래 네트워크 사회의 홈그라운드를 버릴 이유는 없을 것이다. 중산층이 있어야 데이터가 생산되고, 생산된 데이터는 기업을 돌아가게 하는 원료로 쓰인다. 다수가 빈곤해지면 사회가 어떻게 변할지는 역사가 잘 보여준다. 포퓰리즘을 거쳐 파시즘 그리고 새로운 나치즘이 탄생한다. 이들 기업으로서는 잘 돌아가는 현재의 시스템을 버리지 않고 문제점을 고쳐가며 쓰는 것이 현명한 선택이다. 물론 자신들이 앞장설 것도 없이 정부의 기본소득 정책 도입을 적극 지지하며 자신들의 홈그라운드를 지키면 된다. 혁명이 아닌 진화를 통해서 시스템을 유지하는 것이다.

대부분의 영역에서 일자리는 로봇으로 대체된다는 사실을 그들은 알고 있다. 아마존 창고에는 사람이 거의 없다. 세계 최대 기업의 하나였던 GM은 1955년에 60만 명을 고용했다. 구글은 2018년 상반기에 9만 명, 페이스북은 구글보다 적은 1만여 명을 고용하고 있었다. 수익을 올리는 데 많은 사람이 필요하지 않은 것이다. 소수의 인원으로 기업을 운영하면 당연히 수익성이 좋을 수밖에 없다. 아마존은 매출 100만 달러당 한 명을 고용한다.[3] 한 명이 10억의 매출을 올린다는 이야기이다. 국경 없는 세계화를 바탕으로 자본과 제품을 생산할 사람을 마음껏 조합할 수 있는 IT 기술 덕택에 이러한 생산성이 가능해지는 것이다. 2016년 다보스 포럼에서 발간한 「일의 미래The Future of Jobs」 보고서에서는 AI 바이오 기술 등으로 5년 이내에 약 500만 개 일자리가 사라질 것이라고 예측했다.[4] 기존 일자리는 없어지고, 일자리가 창출되지도 않는다. 물론 혹자는 한 세기 전 직업의 90%가 현재에도 유지되고 있다고 주장한다.[5] 또한 새로운 종류의 직업이 탄생되어 일자리 수에는 변화가 없다고 주장하기도 한다.[6] 그러나 IT 주력 산업에 일자리가 없다면, 아무리 요리사가 많이 나오고 티 소믈리에tea sommelier가 탄생하더라도 흐름을 바꾸기에는 역부족이다.

IT 분야만의 문제가 아니다. 인간 사회를 유지하는 데 필수 영역인 농업에 종사했던 사람은 과거 전 인류의 90%에서 현재는 3%로 줄었다.[7] 한 세기 만에 농업 종사자 비율이 50%에서 4%로 줄었다는 통계도 있다.[8] 통계 수치의 정확성을 따지기보다는 농업의 상대적 비중이 그만큼 줄었다는 것에 주목해야 한다. 이론적으로는 전 세계 모든 인구가 먹고도 남는 농산물을 생산한다. 전 세계 인류의 3%만 있으면 전 세계가 먹고사는 데 아무 지장이 없는 것이다. 앞으로 30년 안에 소매유통업 종사자 비율도 비슷한 규모로 급격히 줄어들 것으로 예상된다.[9] 일자리 감소를 충분히 예견할 수 있는 상황이다. 이제 사람들은 물건을 사러 매장에 가지 않는다. 물론 전문가를 만나러 가끔 매장에 갈 수는 있다. 아마존이 오프라인 매장을 여는 이유이다. 무척 효율적인 사회이지만 과연 이러한 방향이 바람직한 것인지, 이것이 이른바 진보인지, 이러한 경향을 바꿀 수는 없는지 고민하게 된다.

기본소득에 대한 진지한 고려가 필요한 시점이다. 어쩌면 기본소득 도입을 채택할 것인지에 대한 논의가 아니라, 어떻게 채택할 것인지에 대해 고민하게 될지도 모른다. 2018년 스위스에서 있었던 기본소득에 대한 찬반투표는 부결되었지만, 그 내용을 들여다보면 미래의 방향을 어느 정도 예측할 수 있다. 스위스 국민투표 결과 농촌 지역에서는 20%만이 기본소득에 찬성했다. 반면에 제네바는 35%, 취리히는 54%가 기본소득에 찬성한 것으로 나타났다. 농촌보다는 도시 지역에서 기본소득에 호의적인 반응을 보였다.[10] 이는 육체노동이 필수로 수반되는 농촌의 주민들과 서비스 산업 위주의 도시의 주민들 간에 일에 대한 입장 차이가 있음을 보여준다. 특히 우리가 주목해야 할 부분은 국민투표 다음 주에 실시한 여론 조사의 결과이다. 응답자의 3분의 2가 이번 투표는 끝이 아니라 기본소득 도입에 관한 장기적인 논의의 시작점으로 여긴다고 답했다. 기

본소득 도입을 반대한 사람들 중 많은 수가 기본소득 논의를 추후에 재개해야 한다고 밝혔다.[11]

기본소득이라는 개념은 1953년 옥스퍼드대학교 정치경제학자 조지 콜George Douglas Howard Cole이 자신의 저서 『현대의 자본주의Capitalism in the Modern World』에서 존 스튜어트 밀의 논의를 설명하는 가운데 처음으로 등장했다.[12] 미국에서도 1960년대 말 기본소득이란 개념이 처음 나왔으며, 데모그란트demogrant, 즉 대중교부금이란 용어도 사용되기 시작했다.[13] 현재는 사회배당, 국가 보너스, 보편배당, 보편교부금 등 매우 다양한 용어들이 기본소득과 유사한 의미로 쓰이고 있다. 이러한 개념들의 바탕에는 삶의 기본적 권리를 보장한다는 보편적 서비스universal service의 논리가 자리하고 있다.

보편적 서비스는 인간이 인간답게 살아가는 데 필요한 최소한의 환경을 제공하는 것을 의미한다. 보편적 서비스 개념은 19세기 말 미국 철도 회사의 곡물 운송에서 처음 제기되었다. 미국은 중서부 곡창지대의 곡물을 인구 밀집 지역인 동부로 수송하기 위해서 열차를 이용했다. 문제는 곡물 운송량이 유일한 운송 수단인 열차의 운송 한계를 넘어서면서부터 시작되었다. 결국 곡물 수송을 둘러싸고 부정이 싹트게 되었고, 이를 해결하기 위해 곡물업자 누구에게도 불이익이 되지 않도록 열차 수송의 보편적 권리를 보장했다. 누구나가 적절한 요금으로 곡물 수송의 권리를 요구할 수 있는 보편적 서비스가 시작된 것이다. 이러한 개념의 적용은 20세기 초 미국 전화 회사 간의 치열한 경쟁이 지속되는 가운데, 지역 전화 회사였던 벨의 대표인 시어도어 베일Theodore Newton Vail이 독점 환경에서는 전화의 보편적 서비스가 가능하다고 연방정부를 설득하면서 재현되었다. 이익이 나오는 도심과 손해가 발생하는 농촌 지역을 하나의 회사에서, 즉 독점적으로 운영하면 모든 사람이 전화의 보편적 서비스

혜택을 받을 수 있다고 한 것이다. 결국 베일은 연방정부로부터 독점권을 얻었고, 지역 전화 회사였던 벨은 AT&T라는 20세기 중반 세계 최대 기업으로 성장했다. 당시 전화의 보편적 서비스는 한 회선당 여덟 가구 정도가 이용하는 수준이었다. 이후 전화 회선이 늘어남에 따라 한 가구당 한 회선이 일반적인 보편적 서비스의 기준이 되었다.

이처럼 보편적 서비스는 절대적 지표가 아니라 상황에 따라 변하는 삶의 기본 조건이다. 현재는 개인마다 스마트폰 한 대가 보편적 서비스의 기준이 될 것이다. 대개의 경우 스마트폰이 없으면 살아가는 데 지장을 받기 때문이다. 그래서 정부가 휴대폰 통신료 인하에 촉각을 곤두세우는 것이다. 네트워크 사회의 일원으로서 타인과의 소통을 위한 최소한의 권리를 확보해 주어야 하기 때문이다. 기본소득도 보편적 서비스처럼 인간이 살아가는 데 필요한 최소의 니즈needs를 해결해 주자는 개념이다. 이러한 니즈는 끼니를 이어갈 수 있는 생필품이나 적절한 거처의 확보에서부터 타인과 소통할 수 있는 커뮤니케이션권 등을 포함한다.

기본소득은 무조건적으로 주어지는 소득으로, 세 가지 특성을 지닌다.[14] 첫째는 개인적 수급권이다. 기본소득은 가구의 경제 상황과 연계되지 않고 개개인에게 주어진다. 둘째는 보편성이다. 개인 소득 혹은 재산 관련 조사를 하지 않는다는 점에서 보편적이다. 즉, 소득이나 재산의 유무와 상관없이 누구에게나 골고루 기본소득이 주어진다. 셋째는 조건 없음이다. 기본소득을 받았다고 일을 할 의무와 연계되거나 일을 할 의사를 증명할 필요가 없다. 아무런 의무가 부과되지 않는 것으로, 그야말로 묻지도 따지지도 않고 주는 것이다. 따라서 반론이 충분히 나올 수 있다. 그러나 기본소득과 유사한 마이너스 소득세를 주장한 미셸 푸코의 말처럼, 어떤 개인의 삶이 일정 수준 이하로 떨어졌을 때 우리가 주목해야 하는 것은 그가 사업에 실패했는지, 게으른지, 마약을 하는지가 아니라 그의 삶이 일정 수준 이하로 떨어졌다는 사실 그 자체이다. 정부가 조사할 것도 고민할 것도 없이 그냥 해결해야 할 문제이다.[15]

물론 기본소득 논의는 찬반양론이 뒤따른다. 반대 진영에서는 노동의 신성함을 무너뜨리는 제도라는 윤리적 측면에서부터 재원 조달에 관한 정책적 사안까지 다양한 영역에서 문제점을 지적한다. 공정성과 정의의 측면에서도 문제가 발생한다. 한마디로 누구는 일하고 누구는 노는가에 대한 문제 제기이다. 『기본소득Basic Income』의 저자이자 기본소득 지구네트워크Basic Income Earth Network: BIEN의 공동 창립자 및 명예 공동의장인 가이 스탠딩Guy Standing은 기본소득 도입의 수많은 반대 의견을 자세히 열거하며, 개별 사안에 대해 일일이 반박했다. 그가 소개한 기본소득의 문제점을 간추려 보면 다음과 같다.[16]

- 기본소득은 유토피아적이다. 이전에는 없던 것이다.
- 기본소득은 감당 가능하지 않을 것이다.
- 기본소득은 복지국가의 해체로 이어질 것이다.
- 기본소득은 완전고용 같은 진보적 정책에서 벗어나는 것이다.
- 기본소득 옹호자들은 빈민이 현금만 부족하다고 생각한다.
- 빈민만이 아니라 부자에게도 돈을 주는 것은 어리석은 일이다.
- 기본소득은 사람들에게 돈을 공짜로 주는 것이다.
- 기본소득은 '배즈bads'를 더 많이 소비하게 할 것이다.
- 기본소득은 일을 줄일 것이다.
- 기본소득은 임금을 낮출 것이다.
- 기본소득은 인플레이션을 일으킬 것이다.
- 기본소득은 이민 유입을 유인할 것이다.
- 기본소득은 총선을 앞둔 정부에 의해 조작될 것이다.

이처럼 기본소득에 대한 반대 의견은 재원 조달과 같은 정책적 측면이나 이민정책 또는 선거와 같은 정치적 이슈, 그리고 유토피아적인 환상에 불과하다는 인식론적 문제에 이르기까지 매우 다양한 측면에서 제시되고 있다. 가이 스탠딩이 소개하지 않은 기본소득의 반대 의견에는 도덕적 측면의 문제점도 포함된다. 이른바 모럴해저드이다. 스위스의 기본소득 찬반투표가 부결된 중요한 이유 중 하나는 근로 의욕을 저하시킨다는 의견이었다. '공돈이 생기는 데 누가 일을 하겠는가'라는 물음이다. 그러나 기본소득을 수령하는 많은 사람들이 처음에는 놀지만, 나중에는 무언가를 할 것이라는 예측도 많다. 실제로 보편적 기본소득 제도가 게으름뱅이만을 양산하지 않는다는 결과도 있다. 1970년 캐나다 매니토바주 도팽Dauphin에서 5년 동안 민컴Mincome이라는 일종의 기본소득 제도를 실시한 결과, 고등학교 중퇴율이 줄고 졸업률이 상승한 것으로 나타났다. 또한 병원 출입 횟수 혹은 가정폭력이나 범죄의 건수도 줄었다. 특히 주목할 부분은 빈둥거리는 사람이 늘 것이라는 예상과는 달리 십대와 어린 아이를 키우는 주부들만 이전보다 일을 덜 하는 것으로 밝혀졌다는 점이다.[17] 일 대신 교육을 받아야 하거나 육아에 전념해야 하는 계층이 기본소득 덕택에 일자리를 구하지 않아도 되었고, 그 밖의 사람들은 이전처럼 열심히 일을 했다.

삶의 동기

기본소득에 대한 논의는 다양한 측면에서 접근할 수 있다. 경제학자는 경제학의 시각에서, 사회복지학자는 복지의 시각에서, 조세 전문가는 세금 및 재원 조달과 관련해 해법을 제시할 것이다. 기본소득은 또한 공정

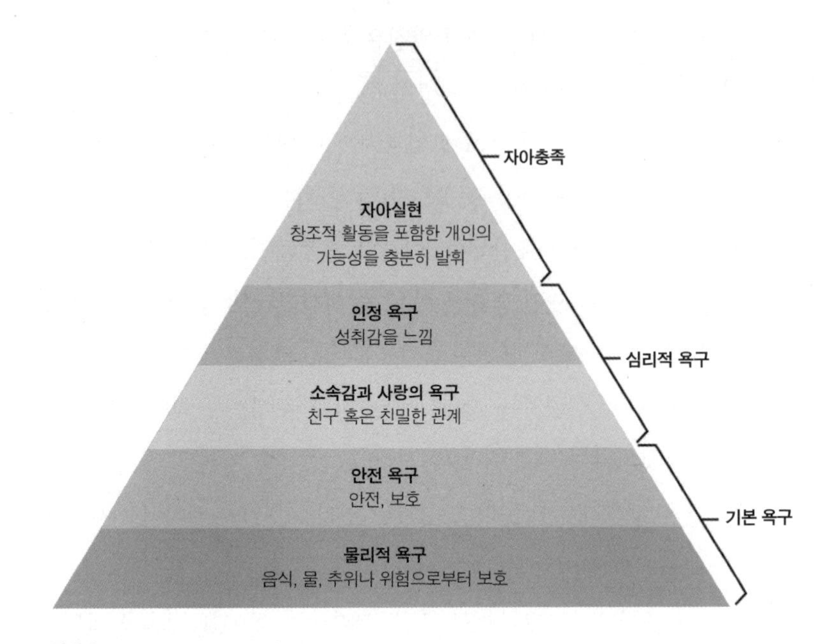

그림 9-1
매슬로의 행위욕구 5단계
자료: Saul McLeod, "Maslow's Hierarchy of Needs," Simply Psychology, https://www.simplypsychology.org/maslow.html

성과 정의라는 철학적 사고와 함께 '인간이 삶을 이어가는 이유'에 대한 진지한 성찰이 밑바탕이 되어야 한다. 여기서는 기본소득을 '삶의 동기와 이유'의 시각에서 에이브러햄 매슬로Abraham Harold Maslow와 에드워드 데시Edward L. Deci 두 명의 심리학자의 논의를 바탕으로 접근한다.

러시아에서 미국으로 이민 온 유대계 가정에서 태어난 매슬로는 어린 시절을 순탄치 않게 보낸 것으로 알려진다. 그는 어머니와 끊임없이 불화를 겪으면서, 인간의 심성과 본질에 대한 관심이 증폭되었다고 한다. 그의 유명한 행위욕구 5단계hierarchy of needs 이론은 인간 행위의 최종 목표가 어디인지를 잘 보여준다.[18] 〈그림 9-1〉에서처럼 피라미드의 아래

단계에서는 먹고 마시는 등 생리적·물리적 욕구를 충족하기 위해 우리는 삶을 이어가지만, 점차 상위 단계라 할 수 있는 정신적·심리적 목표를 향하게 되고, 결국 정상이라 할 수 있는 자아실현self actualization의 단계에 이르게 된다. 구체적으로 살펴보면 최하단은 의식주와 관련된 부분이다. 이것이 해결되면 두 번째 단계인 안전 확보 욕구의 단계로 넘어간다. 의식주를 해결하고 위험으로부터 안전을 추구하는 행위는 물리적 차원으로서 인간의 본능에 가깝다. 물리적 차원의 욕구가 해결되면 세 번째 단계인 심리적 욕구가 등장한다. 공동체의 일원으로서 소속감이나 사랑의 감정을 추구하게 되고, 이어서 타인으로부터 인정받고 싶어 하는 욕구도 늘어난다. 물리적 욕구를 해결한 뒤 심리적 갈증을 해소해 나가는 것이다. 심리적 차원에서의 욕구가 해결되면, 드디어 최상위에 위치한 자아실현의 단계에 도달한다.

자아실현은 개인이 감정적으로 충만한 상태로서, 주변과 조화를 이루며 행복감을 느끼는 상황을 의미한다. 자아실현과 관련해 매슬로는 '최상의 경험peak experience'이라는 개념을 소개한다. 삶의 충만감 정도로 의역할 수 있다. 자아가 실현된 사람들은 이러한 최상의 경험, 즉 삶의 충만감을 자주 느낀다. 자아실현은 경제적 조건이나 사회적 계급과는 상관없는 정신적 충만감이다. 물론 누구나가 자아실현의 단계에 도달하는 것은 아니다. 재벌 회장이 되어도 자아실현을 못 하고, 시골 농부라 할지라도 최상의 경험을 느낄 수 있다.

매슬로 5단계 이론은 심리학 분야의 주요 이론으로 자주 언급되지만, 비판 역시 거세다. 엄격한 실증 검증을 거치지 않은 그야말로 부실한 사고실험thought experiment에 지나지 않는다는 견해이다. 실제로 일부 학자들은 5단계 이론 검증에 나선 후 유의미한 결과가 나타나지 않았다고 주장한다(물론 이론 검증에서 반대의 결과, 즉 매슬로의 이야기가 맞다는 결과가 나오기도 한다). 문화 간 차이를 고려하지 않았다는 비판도 있다. 개인적으로는 통계를 비탕으로 한 실증 검증을 통해 세상을 다 설명할 수 있다고 생각하는 (나를 포함한) 실증주의자의 연구 결과보다는 매슬로의 통찰력에 한 표를 던지고 싶다.

매슬로 이론은 미디어의 이용과도 잘 연결된다. 매스미디어는 20세기 초에 도입되어 한 세기를 경과하고 있다. 기본적 삶의 바탕이 되는 의식주가 전반적으로 해소된 시기와 일치한다. 그리고 21세기에는 소셜미디어가 등장해 우리의 삶을 바꿔놓았다. 소셜미디어를 조사한 대부분의 연구에서 소셜미디어 이용 동기는 매스미디어와 많은 차이가 있는 것으로 드러났다. 매스미디어와 달리 소셜미디어에서는 정체성 만들기, 자아 표현, 가치 추구 등 새로운 미디어 이용 욕구가 나타난다. 매스미디어 시대에는 정보와 오락이 미디어 이용의 주요 동기였다. 신문을 통해 정보를 취하고, TV 속 드라마를 통해 오락거리를 얻는 것이다. 정보와 오락의 추구는 매슬로 5단계 중에서 밑단에 속하는 욕구들이다. 삶을 영위하기 위해 정보를 얻어야 하고, 드라마를 통해 삶의 고단함을 해소한다. 뉴스news라는 단어 자체에 동서남북 사방에서 오는 정보라는 의미도 있듯이, 뉴스를 잘 접해야 살아가는 데 지장이 없다. 드라마 역시 인간의 기본적 욕구인 오락과 연결된다. 우리가 반드시 먹고 마시고 웃으며 살아야 하듯이, 매스미디어는 이러한 인간의 기본적 욕구를 해결해 준다. 그러나 상위에 위치한 정신적 욕구를 충족시키기 위해서는 새로운 미디어가 필요하다. 소셜미디어를 통해 피라미드 상단으로 올라가는 것이다. 가치를 추구하고, 자기를 표현하고, 때로는 죄 사함guilty reduction을 경험하는 것이다.[19] 그렇다면 정상이라는 할 수 있는 자아실현은? 자아실현이 내부의 성찰을 통해서만 가능한 것이라면, 소셜미디어를 통해서 자아실현이 이루어진다고 말하긴 어렵다. 소셜미디어는 자아실현 단계에 가까이 갈 수 있는 기회를 제공한다는 정도가 적절한 설명일 것이다.

소셜미디어의 새로운 이용 동기를 극명하게 보여주는 작은 연구를 하나 소개해 본다. 오디드 노브Oded Nov가 2008년에 사람들이 위키피디아에 왜 참여하고 이용하는지를 조사한 연구이다.[20] 위키피디아가 소셜미디어인가에 대한 논의가 있을 수 있지만, 소셜미디어를 포함한 뉴미디어 전반에 대한 우리의 기대나 이용 동기를 충분히 엿볼 수 있는 연구이다. 연구 결과로 드러난 위키피디아의 이용 동기에는 정보 추구나 정보 교류를 넘어서는 새로운 차원의 욕구들이 등장한다. 경력 관리, 이데올로기 추구, 가치 추구, 즐거움, 죄 사함 등이 새롭게 등장한 동기들이다. 위키피디아를 통한 경력 관리는 충분히 예상할 수 있는 부분이다. 위키피디아에서의 활동 이력은 미래 구직에 좋은 경험 사례로 작용할 것이다. 한편 비슷한 영역으로 여겨지는 이데올로기나 가치 추구는 위키피디아를 통해 자신의 가치를 되새기고 강화하는 작업이라 할 수 있다. 예를 들면 정보와 지식은 공유해야 한다는 신념으로 위키피디아에 참여해 글도 쓰고 이용하는 것이다. 우리는 TV를 통해 특정 가치를 추구하지는 않는다. 기존 미디어 영역에서는 볼 수 없는 새로운 이용 동기이다. 또한 위키피디아 참여 자체가 즐겁다고 답변한 응답자도 많았다. 매스미디어가 제공하는 오락과는 다른 재미나 즐거움을 선사한다는 것이다. 마지막으로 죄 사함이 등장한다. 위키피디아를 통해 죄 사함을 받는다는 것이다. 언뜻 납득이 가질 않지만, 이해할 수 있는 부분이다. 정신없이 사느라 주변을 돌보지 못했지만, 이런 기회를 통해 무언가 기여하려는 것이다. 자신의 그릇된 행위를 이런 기회를 통해 상쇄하고자 하는 마음일 수도 있다. 자신이 지니고 있는 능력의 일부분을 사회에 환원하는 재능 기부라고나 할까? 공감할 수 있는 부분이다. 대부분의 사람들은 인생을 살면서 하기 싫은 일, 해서는 안 되는 일을 어쩔 수 없이 하면서 살아간다. 늘 부담으로 남아 있는 마음속 찌꺼기를 위키피디아에서의 무료 봉사 활동으로 씻어 내는 것이다. 이쯤 되면 기존 매스미디어의 이용 동기로는 도저히 소셜미디어를 설명할 수 없는 상황이다.

대부분의 커뮤니케이션 학자들은 노브의 연구 결과처럼 소셜미디어가 정보나 오락을 넘어서는 무언가를 제공한다는 데 의견을 같이한다. 기존 미디어에서는 발견할 수 없었던 정체성, 자아 표현, 가치 추구, 즐거움과 같은 이용 동기다. 소셜미디어를 통한 정체성 추구나 자아 표현은 쉽게 이해할 수 있다. 자신이 누구인지를 적극적으로 보여주고 때로는 과장하기도 한다. 인스타그램이 인기를 끄는 이유이다. 앞에서 설명한 것처럼 가치 추구 또한 소셜미디어를 통해 원한다면 쉽게 이루어질 수 있다. 그렇다면 즐거움fun은? 즐거움은 오락entertainment과는 차원을 달리하는, 사람들이 살아가는 이유이다. 즐거움은 그 자체로 의미가 있어, 효용으로 설명되는 오락과는 차이가 있다. 어렸을 적 골목길에서, 혹은 아파트의 놀이터에서 밤늦도록 술래잡기한 것을 떠올려 보자. 놀이의 간단한 규칙은 술래잡기에 참여한 이들에 의해 정해진다. 누가 이기고 지는 경쟁이 아니라, 놀이 참여 자체로 몸과 마음이 빨려 들어간다. 놀이에 모두가 참가하고, 땀을 흘리고, 함께 미소 짓는다. 미래학자 스티븐 존슨Steven Berlin Johnson은 놀이를 추구하는 행위야말로 인류 역사를 설명하는 중요한 씨줄과 날줄이라고 설명한다. 먹고사는 것만 걱정하면서 인류가 살아오지는 않았다는 것이다.[21] 요한 하위징아Johan Huizinga는 아예 유희하는 인간으로 인간의 본질을 설명한다. 우리에게 잘 알려진 하위징아는 『호모루덴스Homo Ludens』, 즉 '유희하는 인간'이란 책을 통해 즐거움의 추구는 인간 고유의 본성이라고 설명했다.[22] 재미로도 표현될 수 있는 즐거움의 추구는 소파에 드러누워 드라마를 보며 시간을 죽이는 행위와는 분명 다르다.

이렇게 놀이를 규정하는 것이 바로 즐거움이다. 즐거움이 소셜미디어의 이용 동기로 설명되는 것을 합리성에 기반한 기존의 시각으로 접근할 수는 없다. 기존의 합리적 시각이라 함은 놀이를 통해 무엇인가 효용을 추구하고 보상을 얻는 것이다. 그러나 놀이는 목표를 갖고 행동하는 외재적 동기가 아니라, 그 자체가 목적이 되는 내재적 동기에 의해 유발된다. 심리학에서는 내재적 동기와 외재적 동기의 비교를 통해 인간 행위를 설명하고 있다. 한마디로 내가 이 일을 '왜' 하는가에 대한 물음이다. 이러한 인간 행위의 다양한 동기를 심리학자 데시는 내재적 동기와 외재적 동기로 나누어 설명했다.[23] 데시는 자신의 행동을 선택할 기회를 얻었을 때 특정 행동을 할 가능성이 얼마나 되는지를 '자유 선택 테스트'를 통해 알아보았다. 연구 결과, 특정한 보상이 아니라 개인의 관심이나 호기심에 따라 사람들이 행동하는 사례가 많은 것으로 나타났다. 즉, 사람들은 손익이나 보상만을 따져가면서 행동하지 않는다는 것이다. 관심이 있어서 어떤 일을 하는 것은 보상을 바라고 일을 하는 것과는 성격 자체가 다른 것으로, 내재적 동기가 밑바탕에 깔린 행동이다.

사람들이 일은 하는 표면적 이유는 대개의 경우 월급과 같은 경제적 보상 때문이다. 그러나 만약 공짜로 일을 한다면 이에 대한 설명이 필요할 것이다. 브리태니커 백과사전을 대체한 위키피디아는 많은 사람들의 무보수 노동에 기반을 두어 현재에 이르렀다. 기존의 패러다임으로는 설명하기가 힘든 상황이다. 그러나 논의의 초점을 왜 일을 '공짜로' 하는가가 아니라 '왜' 일을 공짜로 하는가에 맞추면 광범위한 내재적 동기가 드러난다. 내재적 동기에 대한 논의는 과거 그리스 시대에서부터 시작되었다. 흔히 정원학파라 불리는 에피쿠로스학파의 수장인 에피쿠로스Epicouros는 삶의 즐거움과 쾌락, 그리고 행복에 대해 많은 고민을 했다. 절제된 생활을 중시하는 소피아 학파의 대척점에 있었던 에피쿠로스는 방탕한 쾌락주의자라는 별명이 붙어 후세의 평가가 갈리기는 하지만, 그는 욕구를 채워주는 만족감과 연결된 동적 쾌락과 수수하고 충만한 감정으로서의 정적 쾌락을 구별했다. 동적인 쾌락은 외재적 동기로, 정적인 쾌락은 내재적 동기로 설명하며 에피쿠로스는 짧은 순간 사라지는 쾌락이 아닌 영원한 행복과 즐거움에 집중했다.

짐작할 수 있듯이 내재적 동기는 인간의 마음속에서 우러나오는 자연스러운 감정이다. 내재적 동기는 행동 자체에서 보상을 느끼는 동기를 의미한다. 미디어 이용도 마찬가지다. TV를 시청하면 오락이라는 외재적 동기를 얻지만, 참여라는 내재적 동기는 싹트기 어렵다. 반면에 소셜미디어를 통해서는 참여의 즐거움과 정체성을 확인하는 내재적 동기를 발현할 수 있다. 결과보다는 행위 자체에 방점이 찍힌다. 사랑처럼 참여함으로써 얻는 마음속 기쁨이다. 한 사람을 진정으로 사랑하면 경제력, 학력, 집안 환경 같은 조건은 아무것도 보이지 않는다. 그야말로 눈이 머는 것이다. 이것이 내재적 동기이다. 뭔가 경제적으로 얻는 것은 없지만 그 행위 자체가 좋은 것이다. 과정에 참여함으로써 땀을 흘리고 보람을 느낀다. 이는 수많은 자원봉사자가 존재하는 이유이기도 하다. 한편 외재적 동기는 겉으로 드러나는 목표에 초점을 맞춘다. 월급, 훈장, 포상, 계급, 지위 등이 목표물이다. 당연히 같은 일을 해도 내재적 혹은 외재적 동기인지에 따라 결과에서 차이가 난다. 좋아하는 일을 열심히 즐겁게 한 결과 월급이 나오는 것과 월급을 받기 위해 억지로 일하는 것은 차이가 날 수밖에 없다. 흔히 이야기한다. '일을 즐겨라. 하고 싶은 일을 해라.' 기성세대의 무책임한 발언이기도 하지만, 의미하는 바가 적지 않다. 즐기지 않고는 뭔가를 이루기 힘들다. 원하는 것을 해야 결과도 만족스러운 것이다.

테일러리즘으로 유명한 포드사의 컨베이어벨트는 현대 제조업 시스템의 효시로 알려진다. 컨베이어벨트는 소나 돼지의 특정 부위를 효율적으로 분해할 수 있는 도축장 공정의 일부이다. 이러한 시스템을 빌려온 자동차 제조 공정은 인간성의 말살이라는 채플린의 무성영화를 떠올리게 하지만, 효율성의 측면에서는 실로 천재적 발상이라 할 수 있다. 내재적 동기가 싹틀 기회를 아예 제거해 버렸기 때문이다. 하루 목표량을 향해 끊임없이 돌아가는 컨베이어벨트 앞에서 어떻게 참여를 생각하고 즐거움을 느끼겠는가? 흔히 결과보다 과정이 중요하다고 이야기한다. 맞는 이야기지만 해석은 정확하게 해야 한다. 1등을 못 했지만 열심히 한 것에 만족하자는 것은 1등이라는 외재적 동기가 목적이었지만 결과가 받쳐주지 못하자 갑자기 내재적 동기로 전환해 상황을 받아들이자는 것인데, 앞뒤가 맞지 않는다. 내재적 동기로 접근해야 과정 자체가 목적이 되고 결과는 부차적인 것이 된다. '일이 좋아 열심히 하다 보니 1등을 하게 되었다', '즐겁게 열심히 했는데, 일등은 못 했지만 노력에 박수를 보내자'가 앞으로의 세대에게 들려줄 이야기이다. 창조성을 강조하는 지식경제 시대에서 내재적 동기가 시사하는 바는 매우 크다.

한편 외재적 동기를 증가시키면 내재적 동기가 감소할 수 있다는 것도 데시는 보여주었다. 헌혈 참가 여부에 관한 연구에서 헌혈을 하면 돈을 주겠다고 했더니 참여율이 급속히 떨어지는 것을 발견했다. 외재적 동기를 근간으로 하는 기존의 합리적 사고로는 설명하기 힘든 부분이다. 모든 것을 돈으로 환산하면 우리의 내재적 동기는 사라진다. 문제는 내재적 동기가 사라지는 만큼 외재적 동기가 늘어나는 데 있다. 경쟁과 탐욕이 늘어 상황이 악화되는 것이다.

인간의 내재적 동기와 외재적 동기의 영향은 개인만이 아니라 개인을 둘러싼 모든 사람들에게도 영향을 미친다. 피그말리온 효과pygmalion effect는 타인의 기대나 관심으로 인해 결과가 변하는 것을 의미한다. 피그말리온 효과는 그리스 신화에 나오는 조각가 피그말리온의 이름에서 유래한 개념이다. 피그말리온이 자신이 조각한 아름다운 여인상을 진심으로 사랑하게 되자 여신 아프로디테가 그의 사랑에 감동해 여인상에게 생명을 주었다고 한다. 피그말리온 효과는 이처럼 한 사람의 기대와 동기가 상대방의 능력과 성과에도 영향을 미치는 것을 의미한다. MIT의 더글러스 맥그리거Douglas Murray McGregor 교수는 이러한 효과를 현대 경영조직에 접목해, 리더의 기대와 동기가 부하 직원들에게도 그대로 전달되는 것을 밝혀냈다.[24] 기업 관리자 혹은 리더가 내재적 동기를 갖고 있으면 직원들도 내적 만족감을 가지고 일을 한다고 한다. 따라서 직원들은 더 많은 권한과 자유를 누리면서 열심히 일하는 것으로 드러났다. 물론 반대의 현상도 일어난다. 리더가 외재적 동기인 금전적 보상에만 목을 매고 있으면 직원 역시 그대로 답습한다. 한편 외재적 목표를 지향하는 사람들은 내재적 목표를 지향하는 사람들보다 낮은 삶의 질을 경험할 가능성이 높다고 한다. 또한 외재적 목표에 따라 인생을 사는 사람들은 내재적 인생 목표를 지닌 사람들보다 행복감이 떨어질 뿐만 아니라, 다른 사람들의 행복감도 떨어뜨린다.[25] 4장에서 이야기한 감정 전염의 영향을 고려하면 당연한 결과이다.

결론으로 가자. 기본소득의 시각은 얼핏 보면 좌파의 생각 같지만, 만성적 불평등과 불균형으로 시장경제가 점차 불안정해져 가는 상황에서 다 같이 고민해야 할 모두의 문제이다. 기본소득은 우리에게 매슬로 피라미드의 하부 토대를 마련해 준다. 기본 의식주를 해결해 줌으로써 위로 올라갈 수 있는 기회와 자유를 부여한다. 자존감을 찾을 수 있고, 자아실현의 가능성이 높아진다. 기본소득은 많은 사람들이 내재적 동기를 바탕으로 삶을 살아갈 수 있도록 도와준다. 돈이 목적이 아니라 무언가 성취하고자 하는 내면의 욕구가 목표가 될 수 있으며, 바로 이때 창조성과 이타심이 나타나고 생산성이 증가된다. 이런 환경에서는 창업도 편안하게 할 수 있다. 경제적 안정이 되면 자신의 삶에 대한 결정권을 스스로 행사할 수 있고, 자기 계발을 추구할 수단이 있다는 것을 알 때 개인의 존엄이 꽃을 피울 것이다.[26] 마틴 루서 킹 주니어의 이야기이다.

잉여인간

로봇으로 인해 직업을 잃고 사회에서 필요 없는 인간이 양산될 수 있다는 예측이 많다. 로봇 혁명의 명저로 알려진 『기계와의 경쟁Race Against the Machine』에서 에릭 브리뇰프슨Erik Brynjolfsson과 앤드류 매커피Andrew Paul McAfee는 알고리즘으로 무장한 로봇의 발전 속도가 가속화되고 있음을 경고하고 있다.[27] 실제로 수많은 IT 기업의 CEO들이 이러한 상황을 예측하고 기본소득 논의를 이끌어간다. 인구의 90%가 일을 해야 의식주 등 기본적 필요를 충족시키는 시대를 지나, 10%만 일해도 유지 가능한 사회가 되었다.[28] 모두가 노동을 해야 먹고살 수 있는 시대는 아니라는 것이다. 소수의 인력으로도 세계는 굴러가고, 일 안하는 이른바 '잉여인간'도 자연히 생길 것이다. 이러한 잉여계급을 우리는 어떻게 맞이할 것인가?

사회 변혁이 일어나는 이유는 영양분, 안식처, 번식 등 실존적 필요를 충족시키는 도구나 관행의 발견에만 있지 않다. 외재적 동기에 의해서만 변혁이 일어나지는 않는다는 것이다. 다양한 내적 동기가 변혁의 원천이다. 음악을 예로 들어보자. 돈벌이가 아닌 취미로 음악에 접근하면 다양한 결과가 나타난다. 피타고라스는 수학 정리만이 아니라 음악 주파수 비율에 관한 연구로도 유명했다.[29] 물론 외재적 동기가 아니라 내재적 동기로 음악에 접근한 것이다. 그가 취미로 개발한 저절로 음악을 연주하는 기계인 뮤직 박스는 프로그래밍이 가능한 도구였고, 이것은 하드웨어와 소프트웨어를 구분하게 된 시발점이 되었다. 또한 음악 소리를 만들어내는 도구의 원리를 응용해 천에 회려한 문양을 짜 넣게 만든 방직기의 원리를 배비지는 다시 새로운 형태로 응용했다. 배비지는 기계적인 계산을 하는 도구를 만들었고, 결국 이 도구는 컴퓨터의 전신으로 기록된다.[30]

돈을 벌어야 하는 강박관념이 사라지면 인간의 성취욕을 자극할 동기가 탄생한다. 기회가 없어 그렇지, 많은 사람들이 삶을 영위하는 데 돈이나 명성이라는 외재적 목표보다는 내재적 동기에 의미를 부여한다. 외재적 동기의 속박으로부터 벗어나면 내재적 동기로의 전환도 쉽게 이루어진다. 기본소득은 분배적인 측면도 있지만, 내재적 동기를 바탕으로 참여를 확대시킨다는 점에서 의미가 크다. 납세자로부터 돈을 거둬 나누어주는 점에서는 분배적이지만, 많은 사람들에게 새로운 일과 취미를 추구할 수 있는 계기를 기본소득은 제공하기 때문이다. 역사로 돌아가 보자. 노동 안 하고, 책 읽고, 글 쓰고, 실험하는 중세의 귀족은 잉여인간이었을까? 대표적인 예로 로버트 보일Robert Boyle이 있다. 열역학 제2법칙으로 유명한 그 보일이다. 보일은 근대 과학 역사에 큰 획을 그었던 사람이다. 귀족이었던 보일은 이른바 '보이지 않는 대학invisible college'의 설립자 역할을 했다. 물론 그는 경제적으로 여유가 있고 시간이 있는 귀족이기 때문에 이처럼 과학 분야에서 업적을 남길 수 있었다. 보일과 같은 아마추어 전문가들은 이른바 커피하우스에 모여 토론하며 과학 연구를 진행했다. 옥스퍼드나 케임브리지와 같은 제도권 대학이 아니라, 개인의 관심과 열정으로 보이지 않는 대학을 커피하우스에서 열었던 것이다. 보이지 않는 대학의 회원들은 열린 공간에서 자유로운 커뮤니케이션과 토론을 통해 연구 과정과 결과를 공유했다. 성공 사례는 물론 실패의 경험도 공유하면서 협력을 통한 연구 시스템을 구축한 이들은 폐쇄적 연구 집단이

었던 연금술사와 많이 비교된다. 이들의 노력과 성과는 결국 현재의 영국 학술원의 탄생으로 이어진다.[31]

스쿨school의 어원인 그리스어 '스콜레schole'는 '여가leisure'를 의미하는 것으로, 그리스인들에게 여가란 다름 아닌 지식을 추구하는 자유를 의미했다.[32] 중국 등 한자 문화권에서 교육은 부와 권력을 획득하는 수단이지만, 그리스에서 교육은 부나 권력과 그다지 관련이 없었다(이런 면에서 그리스 중간상인 계층의 교육열은 주목할 만하다). 지식 자체를 중시하는 풍토가 결국 그리스 문화를 낳았기 때문이다.[33] 거대한 건축물만이 아니라, 이러한 교육환경 아래서 민주주의와 철학을 바탕으로 인류 문명의 꽃을 피울 수 있었다. 21세기 오늘의 대한민국은 그야말로 교육열 하나로 성취한 결과라고 해도 과언이 아닐 것이다. 이제는 부와 권력 획득 수단으로서의 교육이 아니라 교육 그 자체에 관심을 가질 때가 왔다.

물론 이는 우리만의 문제는 아니다. 캐나다 대학생을 대상으로 한 조사에서 자신이 열정을 쏟는 분야가 있다고 답한 84%의 응답자 중 90%는 스포츠, 음악, 예술 분야에 관심이 있다고 답했다.[34] 현실적인 직업이라 할 수 있는 공무원, 회사원이 아니라 내재적 동기로서 다가갈 수 있는 꿈과 이상을 이야기한 것이다. 그러나 이들 세 분야의 일자리는 전체 일자리의 3%에 불과하다고 한다. 수요와 공급의 엄청난 불균형이다. 관심이 있는 것과 실제 직업 선택은 다른 차원의 이야기이다. 실제로 많은 젊은이들이 이러한 꿈을 접고 현실적인 선택을 하게 된다. 여건만 허락한다면 현실적 선택보다 꿈과 이상을 좇아 자아실현을 하고 싶지만, 현실적인 문제가 많은 사람들의 발목을 잡고 있는 것이다. 이러한 현실에 대한 부정적 결과는 2013년 갤럽이 실시한 조사에서 극명히 나타난다. 142개국을 대상으로 한 조사에서 전 세계 노동 인구 중 12%만이 "일에 몰두한다"라고 답변했다. 63%는 "몰두하지 않는다"라고 했다. 동기가 부족했고, 조직의 목표나 결과를 위해 자발적 노력을 하지 않았다고 한다. 더욱 놀라운 것은 응답자의 24%는 "적극적으로 딴청을 피웠다"라고 답했다는 것이다. 즉, 응답자의 4분의 1은 자기가 하고 있는 일을 싫어하고 있는 것이다. 인구수로 보면 3억 4000만 명이 비참하게 직장 생활을 하고, 거의 10억 가까운 사람들이 오로지 월급 때문에 일을 한다.[35] 이러한 통계 수치가 의미하는 것은 대다수 직장인들이 원하는 일을 하지 않거나 하지 못하면서 살아간다는 것이다. 이제 이들에게 원하는 일을 하고 삶의 만족감을 얻을 수 있는 환경을 마련해 주어야 한다. 이것이 인류가 생존할 수 있는 길이다. 구성원의 대다수가 불행한 시스템은 계속 유지될 수 없다. 모든 이가 행복해야 시스템도 잘 굴러간다.

잉여인간으로 빈둥거린다고 해서 인류 발전에 도움이 되지 않는다고 말할 수는 없다. 디지털의 도입에 따라 멀티미디어 기술이 발달하고 다양한 산업이 섞이는 융합의 시대에는 우리의 삶도 융합되어 간다. 아날로그 시대에는 오디오, 비디오, 문자 등의 정보가 제각각 분리되어 제공되었지만, 멀티미디어 시대에서는 이런 구분의 의미가 없어진다. 또한 이러한 멀티미디어 콘텐츠는 관련 산업의 융합화를 가져왔다. 신문과 방송이 융합되고, 통신과 방송의 구분이 없어지고 있다. 당연히 우리의 삶도 융합된 모습을 보인다. 일과 여가의 구분이 없어지고, 삶의 초반부에 집중되었던 교육은 평생에 걸쳐 이루어진다. 놀면서 일하고, 일하면서 교육을 받고, 새로운 삶을 개척해 가는 것이 일반적인 삶의 모습이 된다. 일이 놀이의 일환이 되는 환경에서 일은 노동이 아니라 즐거움을 수반하는 인간 본연의 행위로 재탄생한다. 좋아서 일에 접근해야 노동의 고단함과 지겨움에서 벗어날 수 있고, 그런 가운데 창의적이고 창조적인 생산물이 나온다. 초超정통파 유대교 남성은 가난하고 직업이 없다고 한다. 대개의 경우 정부가 보조를 한다. 그러나 이들의 삶의 만족도는 이스라

엘 내 어느 분파보다도 높다고 한다. 공동체의 유대감이 주는 결속력과 성경 공부 그리고 의례 수행에서 찾는 깊은 의미와 성찰이 이들로 하여금 충만한 감정을 갖게 하는 것이다.[36]

공예가이자 시인이요 사회 운동가인 윌리엄 모리스William Morris의 소설 『유토피아에서 온 소식News from Nowhere』은 잉글랜드의 공예 기반 협동조합 사회를 묘사했다.[37] 기계 문명의 폐해를 고발하고 일의 기쁨을 강조한 모리스는 시대의 변혁을 주장하며, 기본소득을 받는 사람들이 노동labor이 아니라 창조적 행위로서 일work을 추구하는, 어디에도 없는 사회인 유토피아를 그렸다. 이것은 130년 전인 1890년에 발표된 소설이다. 기본소득은 우리들이 노동의 고통에서 벗어나 일의 즐거움을 느낄 수 있게 하는 수단이자 목표이다. 이를 통해 모든 개인과 공동체의 발전이 가능한 유토피아에 한 발짝 더 다가가는 것이다.

10
평균을 넘어서

어느 역에서 지하철을 타느냐가 귀갓길의 편안함을 결정한다는 사고는 결정론적 발상일 수도 있다. 네트워크 환경에 그냥 내 운명을 맡기는 듯한 모습이 비쳐서다. 지하철의 예는 환경의 지배를 받을 수밖에 없는 우리의 모습을 그린 것이다. 어떤 네트워크에 어떻게 편입되는지, 어떤 위치에 서게 되는지, 혹은 누구와 연결되는지가 우리 삶에 끼치는 영향은 매우 크다. 산업시대에는 개인의 속성이 우리의 행동을 예측하는 데 최고의 힘을 발휘했다면, 네트워크 시대에는 누구와 연결되느냐가 매우 중요한 요소로 작동한다. 이러한 연결relationship의 시대에는 우리의 태도와 의지만으로 미래를 예측하기는 쉽지 않다. 네트워크 시대는 그야말로 무질서, 무작위 그리고 우연이 작동하는 사회이다. 물론 무질서와 우연은 인류가 탄생한 시점부터 시작되었다. 다만 네트워크 시대에는 연결을 통해 더 큰 의미를 지닌다.

우연의 세계

복잡한 세상을 이해하기 위한 노력은 유사 이래 계속 이어져 왔다. 고대 그리스 철학자부터 현대 양자역학 물리학자에 이르기까지 수많은 사람이 세상의 질서를 설명하고자 노력했다. 천동설을 외친 프톨레마이오스에서부터 갈릴레오, 뉴턴으로 이어지는 선형적 사고는 21세기 사회과학 학자들에게로 이어진다. 예외가 많고 오류도 있지만 세상을 부분적으로 설명할 수 있었기 때문이다. 예를 들면 달과 행성의 운동은 상대적으로 단순한 선형적인 체계이고, 따라서 계산이 가능했다. 실제로 이러한 물리학의 법칙들은 자연 현상을 설명할 수 있는 귀중한 이론으로서 과학의 발전에 커다란 공헌을 했다. 5장에서 소개한 프랑스의 수학자 라플라스도 세상에 대한 이해가 가능하다고 생각했다. 자연을 구동하는 모든 힘과 사물의 상호 위치를 알고 있는 전지전능한 존재인 '라플라스 악마'를 통해 우주의 움직임과 극소 원자까지도 하나의 공식으로 표현할 수 있다고 주장했다. 이러한 신적 존재는 미래도 정밀하게 계산할 수 있다고 라플라스는 판단했다.[1]

그러나 라플라스의 생각은 틀렸다. 선형적 사고로 우리를 둘러싼 세상을 파악할 수는 없다. 무질서와 무작위 그리고 우연에 둘러싸인 세상은 비선형적이고 예측 불가능성을 띠고 있기 때문이다.[2] 물론 우연이 역사의 흐름 속에 아무 역할 없이 그저 나타났다가 사라지는 것은 아니다. 플레밍이 페니실린을 발견한 것은 그의 노력과 더불어 우연이 따라주었기 때문이다. 세렌디피티•가 일어난 것이다. 우연한 발견과 만남을 의미

• 세렌디피티는 페르시아의 동화 『세렌딥의 세 왕자(The Three Princes of Serendip)』에서 나온 개념으로, 세 왕자가 어떤 것을 찾는 과정에서 계속 예상하지 못했던 다른 것을 발견하는 이야기에서 유래했다.

하는 세렌디피티는 특별히 노력하거나 구하지 않고도 값진 무엇인가를 발견하는 현상을 의미한다. 한국어로 번역하기 가장 힘든 난어 중 하나인 세렌디피티는 '기분 좋은 만남happy accident, a pleasant surprise' 정도로 해석된다.[3] 이러한 세렌디피티가 세상을 만들어가는 것이다. 네트워크의 세계에서도 세렌디피티는 매우 중요한 역할을 한다.

한편 무작위성은 창조의 전조이자 밑거름이다. 무질서한, 그래서 일정한 규칙과 습관의 속박에서 벗어날 때 우리의 창조성은 피어난다. 일반적으로 무작위성은 창조성과 양립할 수 없다고 생각하지만, 때로는 아주 중요한 역할을 한다. 재즈 뮤지션의 무작위적 근육 경련을 이용한 즉흥 연주야말로 재즈가 독립된 하나의 음악 장르로서 자리 잡게 한 원동력이었다.[4] 실제로 노벨상 수상자 에릭 캔들Eric Richard Kandel 같은 뇌과학자는 일정한 규칙과 사전 지식에서 벗어난 자유로운 사고의 흐름이 창조에 근간이 된다고 주장한다. 또한 상향정보top-down information 처리를 담당하는 뇌의 특정 부위가 이 기능을 수행한다고 설명한다.[5] 상상력에 기반한 창조성을 이해하기 위해서는 어떻게 그리고 왜 각기 다른 문제에 각기 다른 의미가 적용되는지를 설명하는 체계적인 이론이 필요하다. 의미망semantic network이 그러한 개념이다. 심리학에서 처음 등장한 의미망은 인간의 기억을 연상 시스템으로 인식한다. 하나의 아이디어에서 관련된 다른 아이디어나 때로 전혀 관련 없는 아이디어가 이끌려 나온다.[6] 아이디어의 연상은 음성학적 유사성에서 비롯될 수도 있고, 단순한 우연에 의해 기인하기도 한다. 예를 들어 바이올렛violet(보라색, 제비꽃)은 색상과 꽃을 연상시킬 뿐만 아니라 바이얼런스violence(폭력), 바이어블viable(생존 가능성)이라는 단어를 연상시킨다. 의미망은 논리적 문제 해결을 위해서가 아니라, 자동적인 개념의 연합, 즉 연상 모델을 만들기 위해 사용된다. 창조성의 기초가 되는 것이 바로 이러한 연상의 힘이다. 이러한 의미망은 네트워크의 노드와 링크로 이루어진다. 노드는 구체적인 아이디어를 나타내는 반면, 한 가지 아이디어를 다른 아이디어와 연결하는 역할을 하는 링크는 다양한 유형의 정신적 연결 상태를 보여준다. 이러한 의미망 구조를 통해 자연스럽게 추론이 가능하고 창의성이 발현되는 것이다. 난해한 추상미술을 이해하는 데 필요한 우리의 상상력도 이러한 의미망의 작동 결과라 할 수 있다.

생물학에서 무작위적 유전자 변이는 새로운 종의 창조에 핵심적인 역할을 하기도 한다. 진화생물학자인 스티븐 제이 굴드는 지구의 역사는 예측할 수 있는 진화의 궤적을 걷는 것이 아니라 여기저기 일어나는 우연과 무작위에 의한 돌연변이의 탄생으로 만들어진다고 주장한다.[7] 보통의 돌연변이는 해를 끼쳐 도태된다. 그러나 아주 드물게 돌연변이 유전자가 원래의 유전자보다 더 나을 경우, 이 돌연변이 유전자는 자연선택에 의해 미래 세대에 더 흔해지는 일반 형질이 된다. 대표적인 예로 인종의 탄생을 들 수 있다. 백인의 탄생은 수천 년 전 유전자 복사의 실수로 인해 SLC24A5 유전자의 rs1426654 위치에서 흔히 발견되던 G 뉴클레오티드가 아닌 A 뉴클레오티드를 가진 사람이 태어난 것에서 기인한다.[8] 아프리카에서 시작된 인류의 조상은 모두 검은 피부를 지녔으나, 밝은 피부를 가진 돌연변이가 탄생한 것이다. 이들의 흰 피부는 북반구에서 태양광을 더 잘 흡수해 비타민 D를 더 많이 합성할 수 있었고, 결국 생존력이 강한 자손을 남길 확률이 높아지게 되었다.[9] 이처럼 무작위성은 그냥 사라져 버리는 일시적 현상이 아니라, 무작위를 통해 다양한 창조와 발견의 행위가 일어날 수 있는 계기를 마련해 준다.

스티븐스는 『탁월한 아이디어는 어디서 오는가Where Good Ideas Come From』에서 상상력을 "인간 안에 있는 기만적인 부분인 오류와 허위에 능한 연인"에 비유했다. 또한 "실제를 알기 위한 유일한 단서인 상상력은 사물의 가능성을 지배하는 마음의 위력으로, 우리가 비정상 속에서 정상을, 혼돈 속에서 혼돈의 정반대를 감지할 수 있도록 해주는 힘"이라고 설명한다.[10] 미래에 대한 예측은 불가능하지만 창의성과 밀접한 관련이 있는 우연, 무작위, 무질서는 늘 발생하고, 이때 창의성과 상상력이 발휘된다. 결국 이러한 상상력의 결과가 역사적인 발견으로 거듭나고, 역사의 진보를 가능하게 하는 것이다. 앞에서 소개한 스티븐 제이 굴드는 지구에서 일어났던 생명 진화의 역사를 비디오처럼 되감기해서 재생하면 그때마다 각기 다른 모습이 펼쳐질 것이라고 이야기한다. 마찬가지로 진화적 변화를 예측하기란 불가능하다. 즉, 미래가 어떠한 방향으로 나아갈 것인지에 대해서는 쉽게 판단할 수가 없다. 다만 창의성과 상상력이 가미된 우리의 노력이 미래가 될 뿐이다.

선형적 이론과 사고를 바탕에 둔 결정론적인 과학만으로 이 세상을 설명할 수는 없다. 비결정론적 시각이 필요하고, 이런 예측 불가능성의 세계에서는 확률이 힘을 발휘한다. 세상은 우연으로 가득하고 근본적으로 무작위로 결정되지만, 확률적이기 때문에 우리는 패턴을 활용해 세상을 설명할 수 있는 것이다. 이처럼 우연으로 인해 생기는 세상의 작동 원리를 설명하는 대표적 법칙으로 '카오스 이론'과 '평균으로의 회귀'를 들 수 있다.[11] 나비의 날갯짓 효과로 널리 알려진 카오스 이론은 상황의 미세한 변화로 인해 매우 낮은 확률에서 높은 확률로 바뀌는 것을 의미한다. 카오스 이론의 시발점으로 유명한 에드워드 로렌즈Edward Norton Lorenz의 기상 시뮬레이션이 이를 잘 보여준다. 기상학자 로렌즈는 두 번째 실험에서 첫 번째 실험 때 적용했던 수치에서 소수점 이하 여섯 자리가 아니라 세 자리만 입력했더니 이전 실험과는 너무 다른 결과가 나온 것에 대해 무척 놀랐다. 너무 작은 수치여서 무시해도 괜찮다고 생각한 소수점 이하 여섯 자리가 복잡한 시뮬레이션에서 엄청난 위력을 발휘한 것이다.

이것을 계기로 뉴욕에서 나비가 날갯짓을 하면 중국에 태풍이 휘몰아친다는 식의 카오스 이론의 설명이 가능해진 것이다. 실제 사례를 들면, 1987년 10월 19일 선물 가격이 급락할 확률은 10^{160}분의 1이었다.[12] 주식 시장에서 대폭락이 일어날 가능성은 거의 제로에 가까운 상황이었는데, 알다시피 블랙먼데이Black Monday라는 명칭이 붙은 주식 대폭락으로 역사 속에 남게 되었다. 또한 10시그마ten-sigma란 표현도 있다.[13] 10시그마는 정규분포에서 평균보다 10배 이상 차이가 나는 표준편차 값을 의미한다. 정규분포에서 나타나는 표준편차를 시그마σ로 표시하는데, 시그마의 숫자가 크면 클수록 평균에서 점점 멀어져 간다. 10시그마는 평균과 아주 큰 차이를 보이는 상황으로, 발생할 확률이 극단적으로 낮은 사건을 의미한다. 10시그마 현상은 길을 걷다가 벼락을 맞을 확률과 비슷하지만, 산불이나 지진 혹은 주식 시장에서 실제로 일어나곤 한다.

초기의 작은 날갯짓이 거대한 폭풍으로 변화하는 카오스의 특징을 지닌 우연은 '평균으로 회귀하는 속성regression to mediocrity'도 지닌다.[14] 우연의 두 번째 특성이다. 일상생활에서 자주 나타나는 결과나 반응에 대한 점수에서도 평균으로의 회귀 현상이 일어난다. 가령 동전을 계속 던지면 던질수록 앞면과 뒷면이 나오는 확률이 5 대 5로 점점 비슷해지는 것과 같은 현상이다. 다윈의 사촌인 골턴은 통계학, 기상학, 범죄학, 인류학, 유전학 등에서 많은 업적을 남긴 것으로 유명하다. 매우 다양한 분야에서 나타나는 일상적 현상을 양적으로 측정해 점수로 환산하고, 이러한 결과를 바탕으로 이른바 평균이라는 개념을 도입했다. 그는 대학생의 키 혹은 유명인 집단과 관련된 통계 수치 등을 수집했다. 또한 그는 런던 경시청에 지문이라는 개념을 도입한 장본인이기도 했다. 혹자는 이러한 사례를 들어 골턴이 통계학의 계몽시대를 열었다고 주장하기도 한다.[15] 골턴은 이러한 통계에 대한 집착이 지나쳐 영국의 미인 지도를 만드는가

하면, 인간의 두개골로 인간의 운명을 예측하는 골상학이라는 분야도 개척했다.[16] 이러한 기괴한 연구로 인해 우생학의 아버지로 악명을 드높였던 골턴이지만, 통계학을 개척한 인물로, 특히 평균이라는 개념을 통해 사회 현상을 매우 간단하면서도 비교적 정확하게 설명할 수 있는 실마리를 제공한 장본인이기도 하다.

평균의 도입으로 모집단이라는 개념이 등장할 수 있는 발판이 마련되었고, 전체 집단에 대한 추정이 가능하게 되었다. 이를 바탕으로 현대 여론조사 기법이 개발되면서 사회 속에서 벌어지는 다양한 현상에 대한 설명과 예측이 가능하게 되었다. 평균은 산업시대의 여러 현상을 간단하게 압축적으로 설명할 수 있는 매우 효과적인 수단이었다. 그러나 평균에 과도하게 집착한 나머지, 그간 감추어졌던 평균의 다양한 부작용도 드러났다. 전술한 골턴이 평균이라는 개념을 도입한 이면에는 인간을 포함한 다양한 생물 종에 대한 설명과 함께 우열을 가리고자 하는 욕망이 자리하고 있었다. 평균보다 처지거나 혹은 평균을 훌쩍 뛰어넘는 상황을 바탕으로 사회 질서를 설명하고 미래를 바라본 것이다. 평균의 개념을 가장 잘 적용한 대표적인 사례가 IQ 테스트이다. 동서양을 막론하고 어느 정도의 교육 인프라가 갖추어진 환경에서는 학교 입학 전후에 바로 IQ 테스트를 실시한다. 물론 IQ 점수를 공개적으로 알려주거나 발표하지는 않는다. 우생학과도 연결될 수 있기 때문에 불편한 것이다. 그러나 평균을 통해 집단 간 우열을 가리고, 집단 내 개인 지능의 비교를 IQ로 파악한다. 공개적이지는 않지만, 은밀하게 우열을 가리는 것이다.

평균의 또 다른 문제점은 표준화로 개인의 특성이 사라진다는 점이다. 평균에서 표준의 역할이 강조됨에 따라 하나의 정답을 추구하게 되고, 결국 다양성과 창의성의 길목은 차단된다. 사실 개인을 다양한 특성이 혼합된 존재로 인식해, 각각의 특성을 분리해서 따로 평가하고 점수를 매기는 것은 쉽지 않은 일이다. 후광효과halo effect가 나타나기 때문이다. 후광은 어떤 사물의 뒤에서 더욱 빛나게 하는 배경이라는 뜻이지만, 두드러진 특성으로 인해 세부 내용을 파악하지 못하는 상황을 의미한다. 후광효과는 심리학자 에드워드 손다이크Edward Lee Thorndike가 체격이나 성격 등 군인에 대한 1차 평가의 결과가 2차 혹은 3차 평가에 영향을 미치는 것을 발견한 것에서 비롯했다.[17] 체격과 같이 눈에 쉽게 띄는 장병들의 특징을 먼저 측정한 후, 지도력 등 눈에 잘 보이지 않는 특징을 평가했더니 첫 번째 평가의 결과가 두 번째 평가에 영향을 많이 미치는 것으로 나타났다. 체력이나 성격이 좋으면 업무 수행 능력이나 리더십도 높을 것이라고 지레짐작하는 것이다. 수많은 입학사정관, 현장 감독, 고용주 등이 인재를 평가할 때 마주치는 고민거리이다. 이러한 상황 속에서 평균은 후광효과를 증폭시킬 지렛대가 된다. 즉, 평균에 기반을 두어 개인을 쉽게 평가하고, 그것에 맞춰 후속 평가를 계속 이어가는 것이다.

평균은 현상을 매우 간단하게 설명해 주는 좋은 방법이긴 하지만 미묘한 문제들을 지니고 있다. 평균 이하는 당연히 뭔가 모자라고 열등하며 쓸모없는 대상이 되고, 평균 이상의 그룹은 뭔가 우수하고 앞서가는, 동경의 대상이 되는 것이다. 자연스레 평균에서 한참 처지는 그룹은 당연히 사회에서 거세의 대상이 되고, 그 반대편은 모두의 보호를 받으면서 사회를 이끌어가는 엘리트로 자리매김하게 된다. 또한 표준으로서의 평균에서 멀어지면 정답이 아닌 오답으로 간주된다. 상황이 이러하니 IQ 테스트를 비롯한 모든 시험에서 한 점이라도 더 받으려는 경쟁이 초등학교 때부터 일어날 수밖에 없다. 이러한 상황의 기저에는 사회 속에서 나의 수준(키, 출신 학교, 시험 성적 혹은 결혼 시장에서의 경쟁력에 이르기까지)이 어느 정도인지를 파악하고, 사회가 정한 평균을 넘어서고 싶어 하는 욕구가 깔려 있다. 단 하나의 잣대에 지나지 않지만 평균보다 못하면 왠지 불안하고, 평균을 넘으면 심리적 안정을 찾을 수 있다. 경쟁 환경에서 살아남으려는 인간의 본능이기도 하다. 경쟁은 평균이라는 잣대를 바탕으로 심화되고, 가속화된다. 이런 환경 속에서 개인의 특성은 당연히 사라진다.

평균이라는 이름으로 경쟁, 그리고 몰개성화

경쟁을 유발하는 원인 중 하나가 평균에 대한 집착이다. 정규분포에서 평균은 다양한 사회 현상을 설명하는 데 유용했지만, 네트워크에서는 더 이상 그 설명력을 갖지 못한다. 네트워크 사회에서 일어나는 현상을 설명하는 데는 멱함수 법칙에 기반을 둔 접근이 더 설득력이 있다. 또한 평균은 산업사회의 여러 현상을 압축적으로 설명하는 데 매우 유효했지만, 많은 문제점도 안고 있다. 교육신경학자 토드 로즈는 『평균의 종말』에서 우리가 평균이라는 실체 없는 허상을 좇은 것에 대해 비판한다.[18] 토드 로즈가 평균의 허상으로 소개하는 노르마의 사례를 살펴보자.

노르마는 「정결한 여신이여Casta Diva」라는 곡으로 유명한 벨리니의 오페라 〈노르마Norma〉에서 따온 이름이다. 노르마 조각상은 당대의 유명한 산부인과 의사 로버트 디킨슨Robert Latou Dickinson이 조각가 에이브럼 벨스키Abram Belskie에게 의뢰해서 탄생했다. 벨스키는 1만 5000여 명의 젊은 여성들로부터 수집한 신체 관련 데이터를 바탕으로 조각상을 만들었다. 클리블랜드 건강박물관은 노르마 조각상을 전시하고 이상적인 여인상으로 선전했다. 이윽고 노르마 열풍이 불었고, 시사주간지 ≪타임Time≫의 기삿거리로도 채택되었다. 1945년에는 노르마 경연대회까지 열렸는데, 우승자로 스키드모어라는 여인이 선정되었다. 선정 과정에서 치열한 경합이 있을 것으로 예측되었으나, 의외로 경합이 없었다고 한다. 아홉 개 전

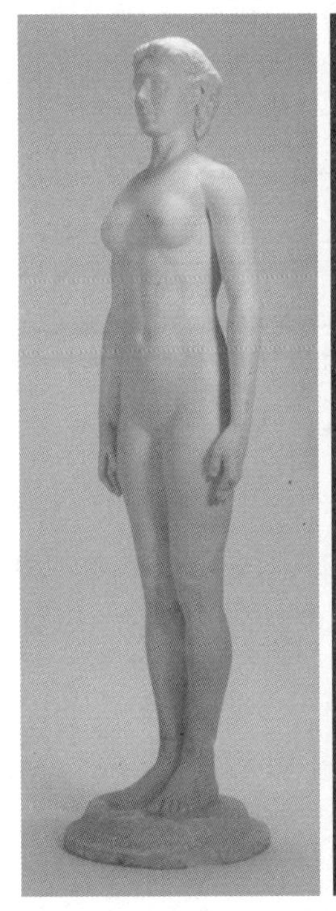
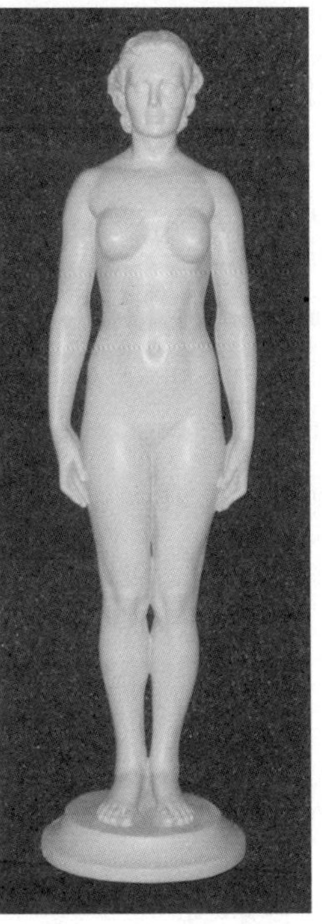

그림 10-1

노르마 조각상

자료:Onview: Digital Collections & Exhibits, "Dickson-Belskie Model of 'Norma', Half-size, 1944," https://collections.countway.harvard.edu/onview/items/show/14383(왼쪽);Onview: Digital Collections & Exhibits, "Dickson-Belskie Model of 'Norma', Half-size, 1939-1950," https://collections.countway.harvard.edu/onview/items/show/14642(오른쪽)

체 항목에서 평균치에 가까운 여성은 스키드모어를 포함해 단 한 명도 나오지 않았다. 또한 심사를 위해 마련했던 신체 관련 항목을 아홉 개에서 다섯 개로 줄였음에도 불구하고, 평균치에 든 여성은 3864명 중에서 40명도 되지 않았다. 눈이 크면 입이 작고, 팔이 길면 다리가 짧았던 것이다. 평균적인 사람은 아무도 없었다. 결국 완벽한 노르마의 신체를 닮은 여인을 찾기 위한 노력은 실패로 돌아갔다. 평균은 실제로는 존재하

지 않는 허상이었다.[19]

천문학자로 유명한 케틀레도 평균을 쫓는 과학자였다. 범죄와 같이 무질서해 보이는 사회 현상을 통계로 접근해 규칙성이 있음을 증명한 케틀레는 사회통계학을 개척한 과학자로도 유명하다.[20] 당시 한 국가의 위상은 천문대 망원경의 소유 여부일 정도로 물리학의 핵심은 천문 연구였다고 한다. 케틀레가 천문대를 찾아다니며 연구를 하던 중 전쟁이 일어났고, 그는 현대 사회는 한 치 앞을 내다볼 수 없다는 것을 깨달았다. 이를 계기로 케틀레는 수학으로 인간사를 설명하고자 했다. 그가 먼저 착수한 것은 병사들의 가슴둘레를 합해 평균을 구하는 일이었다. 케틀레는 모든 인간을 보편적 원형에서 결함이 있는 모사품이라고 생각했다.[21] 그에게 평균은 완벽한 인간, 자연이 꿈꾸는 이상으로서 오류가 없는 노르마였던 셈이다. 수치를 통해서 인간을 이해하려고 했던 수십 년 전 케틀레의 희망은 네트워크 사회에 이르러 컴퓨터에 기반을 둔 빅데이터 연구 덕택에 사회물리학으로 재탄생하게 된다.

이러한 노르마 찾기 경쟁으로 우리는 대가를 치르고 있다. 문제는 모든 역량을 집중하고 있는 목표가 노르마처럼 있지도 않는 허상이라는 점이다. 물론 평균은 나름의 역할이 있다. 가령 두 그룹을 비교할 때 평균을 비교하면 유용하다. 실제 통계에서 많이 사용하는 방법이다. 그러나 개인에 대한 평가가 평균에만 기반하면 많은 문제점이 생겨난다. 몰개성화가 작동하기 때문이다. 뇌의 능력도 개인마다 너무 다르기 때문에 IQ 테스트 하나로 평가하는 것은 잘못된 일이다. 뇌의 수행 패턴은 개인별로 달라서, 하나의 잣대로 일률적으로 판단할 수 없기 때문이다.[22]

특정 사항에 대한 측정만으로 한 개인의 모든 것을 판단하는 것이 문제가 있다는 점은 앞에서도 언급했다. 그런데 이와 반대로 전체를 통해 개인을 평가하는 오류를 범하기도 한다. 에르고딕ergodic 환경이란 전체

그룹에 대한 정보를 활용해서 그룹 내 개개인에 대한 결론을 도출해 내는 것이다. 그룹 평균을 이용해 개개인에 대한 예측치를 이끌어내는 것이 에르고딕 이론의 목표이다. 에르고딕 이론에는 두 가지 전제조건이 있다. 그룹의 모든 구성원이 동일하고, 미래에도 여전히 동일하다는 것이다. 이 두 가지 조건을 충족하면 에르고딕으로 인정한다. 에르고딕 스위치가 켜졌다고 하면 위 두 가지 조건이 충족된 상태이다.[23] 다만 이는 기계장치에서나 존재하는 환경이다. 인간은 당연히 에르고딕이 아니다. 물론 인간을 그대로 복제한 클론이라면 에르고딕의 상황에 도달할 수 있다. 등급화와 유형화 같은 평균주의 방식의 대부분이 인간은 클론이라는 가정하에 접근하는 것이다. 입학사정관이나 기업 인사 담당자는 평균주의에 기대서 개인을 평균과 비교함으로써 개개인에 대해 뭔가 중요한 것을 알아낸다고 믿지만, 실제로는 개인의 모든 것을 무시하는 상태에 이르게 된다. 모든 현상을 하나의 척도로 측정하고, 다른 것과 뒤섞어 설명하는 것이다. 당연히 표준이 설정되고 정답이 있다. 옳고 그름도 이러한 잣대로 결정된다. 이러한 상황 속에서 경쟁은 자연스레 뒤따라온다.

경영학 분야에 널리 알려진 테일러리즘도 왜곡된 평균 쫓기라 할 수 있다. 여기서의 평균은 이상에서 오히려 멀어진, 그래서 소모품으로 활용할 수 있는 대상으로 접근된다. 노르마가 완벽한 이상이라면, 테일러의 개인은 쉽게 버려질 수 있는 소모품이다. 하나는 완벽함의 추구였고 다른 하나는 표준을 가장한 몰개성의 부속품이지만, 둘 다 평균을 기반으로 탄생했다. 이 둘의 공통점은 '다름'을 인정하지 않는 것이다. 테일러리즘을 고안한 테일러는 하버드대학교 법대에 합격했으나 입학 전에 자퇴하고 지인 회사의 견습공으로 들어갔다. 그는 당시로서는 최첨단 기업이자 지금으로 말하면 실리콘밸리 기업이라 할 수 있는 기계 공장에 들어가 공장 운영에 대한 학습을 하게 된다. 6년 후 미드베일 스틸워크에

입사해 수석 엔지니어가 되면서, 테일러는 공장 시스템의 문제점을 파악해 이른바 표준화 작업을 시행한다. 테일러는 천재 몇 명이 중심이 되는 것보다 시스템의 기획, 정책, 절차에 따라 일하는 개개인들로 구성된 조직이 장기적으로 성공한다고 확신했다. 따라서 시스템을 개별 고용인에게 맞춰서는 안 되고, 시스템에 잘 맞는 평균적인 그리고 표준적인 인간을 고용해야 한다고 생각했다.[24] 1911년에 발간된 테일러의 『과학적 관리의 원칙The Principles of Scientific Management』은 12개국 언어로 번역되었고, 테일러리즘이 산업계의 정답으로 받아들여졌다.[25] 현재까지 테일러의 과학적 관리법은 모든 산업국가에서 가장 지배적인 기업 경영의 원칙으로 남아 있다. 레닌과 스탈린 그리고 히틀러도 테일러리즘의 추종자였을 정도였다고 하니, 인간을 톱니바퀴의 톱니로 묘사한 채플린의 영화가 과장된 것이 아님을 알 수 있다.

이러한 테일러리즘은 미국 교육계에도 침투해 공장식 학교 교육이 탄생했다. 록펠러 기금으로 설립된 교육위원회의 교육 비전에서 테일러리즘이 적극 채택된 것이다. 핵심은 '우리는 아이들을 모아 작은 공동체를 꾸려 부모 세대가 불완전하게 수행 중인 업무를 완벽하게 해낼 수 있도록 가르치려 한다'였다. 이를 위해 교육위원회는 게리 플랜Gary Plan•을 채택했고, 이것이 현재 교육 시스템의 표준이 되었다. 관심사나 적성보다는 나이별로 나눠서 교실을 옮겨 다니며 표준화된 수업을 받게 한 것이다. 현재의 미국 공교육 시스템은 이것에서 약간 변형되었지만 기본은 동일하다. 변화된 것이라면 수강 능력에 따라 반을 옮긴다거나 학생의 관심사를 조금 반영하는 정도이다. 반면에 우리의 공교육 시스템은 몇십 년 전 테일러리즘의 벽돌 찍어내기에서 한 발자국도 나아가질 못하고 있다.

• 게리(Gary)는 미국 인디애나주의 도시로, 시범교육이 처음 실시된 곳이다.

평균에 대한 과도한 집착은 존재하지 않는 이상을 추구하게 되고, 이는 결국 우리 모두를 경쟁으로 내몬다. 또한 평균은 개성을 말살하는 기제로 작동해서 자본주의의 폐해로 이어지기도 한다. 몇 가지 척도로만 평가되는 대학 서열, 재능을 제대로 평가 못 하는 고용정책, 작업 환경에서 벌어지는 개인의 부품화 등 모든 것이 평균이라는 허상에서 비롯된 잘못된 사고와 관행이다. 이런 환경에서 개인의 다양성과 창조성은 발휘될 수 없고, 획일성만 존재하며 정답을 찾아서 헤매게 된다.

평균을 넘어서

테일러리즘이 단점만 있는 것은 물론 아니다. 수많은 인재를 효율적으로 키워낼 수 있는 시스템으로서, 현재의 부유한 미국을 건설하는 데 일조했다. 성장과 효율성의 가치가 우선시되는 사회에 잘 들어맞는 사고와 시스템이었다. 그러나 이러한 접근으로는 더 이상 미래 네트워크 사회를 위한 환경 조성을 할 수 없고, 인재를 키워낼 수 없다. 획일성이 아닌 다양성을 추구하고, 결과가 아닌 과정을 중시한다면 새로운 시각을 끌어내야 할 것이다. 다양한 것은 측정하기도, 일률적으로 설명하기도, 정답을 찾기도 어렵기 때문이다. 토드 로즈는 취업 면접이건 개인의 인생사이건 간에 우리가 염두에 두어야 할 세 가지 원칙을 다음과 같이 제시한다.[26]

첫째는 들쭉날쭉jaggedness 원칙이다.• 재능, 지능, 성격, 창의성 등 인간의 모든 특성은 반드시 다차원으로 이루어진다. 또한 이러한 차원들

• 'Jaggedness'는 들쭉날쭉한, 삐죽삐죽한 등 고르지 않다는 의미로, 국내 소개된 번역서에는 '들쭉날쭉'으로 소개되었다.

사이의 관련성은 낮다. 즉, 체격이 크다거나 똑똑하다는 식으로 하나의 지표로 사람을 평가할 수 없다. 노르마의 사례에서처럼 인간의 신체는 매우 들쭉날쭉하다. 키, 어깨넓이, 가슴둘레, 다리 길이 등은 다 제각각이라서, 이른바 평균적이며 이상적인 사람은 없다. 마찬가지로 IQ, 수능 점수 혹은 대학교 학점이 미래의 업무 능력과 반드시 연결되지 않는다.

둘째는 맥락의 원칙이다. 다양한 상황 속에서 본질과 특성에 다가가야 한다. 가령 성실성 점수를 매길 경우, 점수가 같더라도 그 내용은 매우 달라질 수 있다. 상황에 따라 불성실과 성실의 양극단을 왔다 갔다 하는 학생도 있고, 꾸준한 학생도 있다. 또한 시험 채점, 운동 경기, 청소 등의 상황에서 개인의 성실성 정도는 모두 제각각이다. 운동 경기에 열심히 참여한다고 해서 청소를 열심히 한다는 보장은 없다. 하나의 평균으로 모든 성실성을 측정하는 우를 범하지 않아야 하며, 재능과 맥락의 조화를 고려해서 접근해야 한다. 우리에게 잘 알려진 마시멜로 연구의 결론은 유혹을 참는 어린이가 나중에도 좋은 성적을 얻는 등 훗날의 결과가 좋다는 것이다. 자기를 통제할 수 있는 어린이가 어른이 되어서도 삶을 통제하고 성공한다고 한다. 그러나 상황을 달리해 실험을 하면 같은 결과가 나오지 않는다. 특정한 아이가 늘 참고 나중에 더 많은 보상을 받는 것은 아니다. 신뢰할 만한 상황과 그렇지 않은 상황에서 아이들의 자제력은 달라진다.[27] 신뢰가 없는 상황에서는 10분을 참고 얻는 두 개의 마시멜로보다 지금 이 순간 한 개의 마시멜로가 더 중요하게 다가온다.

셋째는 경로의 원칙이다. 어린이들이 처음 걷기를 시작할 때 일정한 경로를 거친다고 보통 생각한다. 하지만 연구 결과에 따르면 매우 다양한 경로를 거쳐 결국에는 걷게 된다. 제각각의 성장 과정이 있는 것이다. 기기를 먼저 하는 아기, 기지 않고 일어서기를 먼저 하는 아기, 혹은 갑자기 걷는 아기 등 걷게 되는 과정은 매우 다양하다. 성공한 과학자의 경로도 매우 다양하다. 대학에서 고속 승진을 거쳐 성공하는 전통적 경우, 황혼기에 극적인 반전을 이루는 경우, 실업 기간을 거치는 경우 등 매우 다양한 인생 경로를 거쳐 성공의 경지에 이른다. 또한 암의 발병과 진행도 매우 다양하다고 한다. 교육 과정에서 빨리 배우는 사람이 기억력도 좋고 더 훌륭하다는 가설은 잘못된 것이다. 우리 모두가 매우 다양한 경로를 거쳐 성장하고 발전한다. 이 세상에 표준 경로는 없다.[28]

정신의학 교수 마일스 쇼어Miles F. Shore에 따르면 우리는 삶의 진로를 어떻게 결정하는지 알기 어렵다.[29] 중요한 인생의 선택은 사실상 대부분 무작위로 결정되고, 오히려 사소한 선택이 오늘의 우리를 만들어준다고 쇼어는 주장한다. 예를 들면 대학에서의 전공 선택은 고등학교 때 어떤 선생님을 만나는가에 좌우되기도 한다. 누구와 결혼하는가 역시 주위에 누가 있느냐와 관계가 깊다. 이와는 반대로 사소한 결정은 아주 체계적이고, 작위적이며, 결과를 예측할 수 있다. 결국 먼 인생의 길에 정답은 없다. 한 줄로 세우는 것도 이제는 의미가 없다. 이 세상에 표준 경로가 없다는 것은 정답이 없다는 이야기다. 정답을 주려고 했던 야후의 실패 사례가 이를 보여준다. 전문가가 확정한 정답과 카테고리로 지식 세계를 구축하려 했던 야후가 지향한 택소노미의 시대는 지나갔다. 이제는 정답이 없고, 가변적인 폭소노미의 시대이다. 정답이 없으면 틀린 것이 아닌 다름이 있을 뿐이다. 피부색이 잘못된 것이 아니라 다른 것이다. 성 정체성이 잘못된 것이 아니라 다른 것일 뿐이다.

아마존을 오늘의 강자로 만든 요인 중 하나로 롱테일 법칙을 꼽는다. 2장에서 설명한 것처럼 네트워크 사회에서는 센터를 중심으로 모든 것이 설명된다. 기업의 수익 분포에서부터 콩깍지에서 콩이 들어 있는지 여부에 이르기까지 매우 다양한 현상에서 부익부 빈익빈의 모습이 보인다. 아마존도 유통의 세계에서 이러한 센터의 역할을 지금 하고 있다. 그

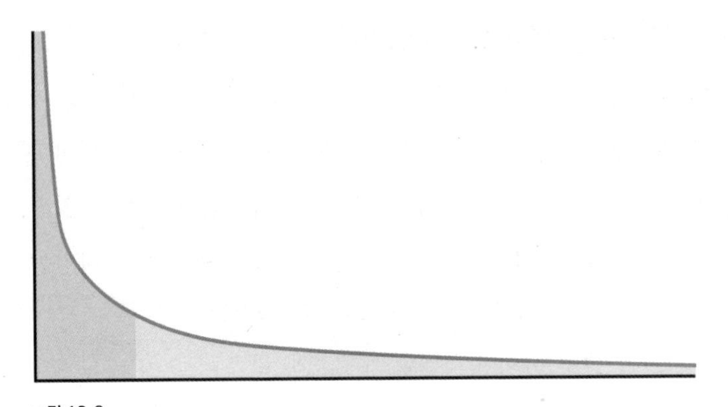

그림 10-2
롱테일 그래프
자료: Wikimedia Commons, "Long tail," https://commons.wikimedia.org/wiki/File:Long_tail.svg

런데 아마존이 센터의 위치에 오르게 된 이유 중 하나는 센터가 아닌 수많은 별 볼일 없는(?) 요소들이 작용했기 때문이다. 온라인 서적 판매로 본격적인 대표 IT 기업군에 진입할 수 있었던 아마존이 온라인 시장에서 재미를 보았던 것은 유명 작가의 베스트셀러 때문만은 아니었다. 오히려 수많은 이름 없는 작가의 서적이 온라인이라는 특수 환경에서 빛을 발했기 때문이다. 오프라인에서는 유통, 보관, 마케팅 등 여러 측면을 고려하면 그야말로 어쩌다 한 권 팔리는 서적에 관심을 줄 수가, 줄 필요가 없었다. 그러나 온라인에서는 이러한 제약이 사라지면서 수많은 작가의 서적들이 독자에게 다가갈 수 있게 되었다. 이들 서적이 센터는 아니지만, 가늘고 긴 생명력을 지닌 효자 종목으로 부활한 것이다.

〈그림 10-2〉는 롱테일을 보여주는 그래프로, 2장에서 소개한 멱함수 그래프와 유사하다. 그래프의 왼편을 네트워크 중심부를 차지하고 있는 소수의 집단이라고 한다면, 오른쪽으로 길게 뻗은 연한 회색 꼬리인 롱테일은 중심에 다가가지 못하는 다수의 구성원들을 표시한 것이다. 아

마존에서 베스트셀러의 지위를 얻지 못한 수많은 책 목록이 여기에 해당된다. 한편 롱테일 법칙이 수많은 구성원으로 이루어진 꼬리에 초점을 맞추었다면, 지프 법칙Zipf law은 사용 빈도가 높은 소수의 단어에 주목한다. 사용 빈도가 높은 단어는 소수이고, 대부분의 단어는 사용 빈도가 낮다는 것을 발견한 하버드대학교 언어학자 조지 킹슬리 지프George Kingsley Zipf의 이름을 붙인 법칙이다. 예를 들면 'the', 'of', 'and'와 같이 일상적이고 평범한 단어는 매우 높은 빈도수를 보이며 모든 문장에 들어가는 데 비해, 그렇지 않은 수많은 단어들은 어쩌다 한 번 등장한다.[30] 물론 이들 'the', 'of', 'and'는 다양한 맥락에서 다양한 의미로 사용된다. 지프의 법칙과 네트워크 세계를 설명하는 멱함수의 법칙은 비슷한 성격을 지닌다. 즉, 소수가 전체의 많은 부분을 차지해, 결국 전체를 대표한다는 점이다. 그러나 센터가 되는 소수의 성격은 다르다. 멱함수는 소수가 많은 부분을 차지하며 힘과 권력을 지니고 있는 반면에, 지프 법칙의 소수는 그야말로 평범한 그러나 수많은 용도로 사용될 수 있는 단어들이다. 크게 관심을 기울이지는 않지만, 많이 사용되고 꼭 필요한 존재인 것이다.

멱함수 법칙, 롱테일 법칙, 지프의 법칙이 내포하고 있는 의미는 조금씩 다르지만, 네트워크 사회의 다양한 불균형 현상을 보여준다. 소수의 센터와 수많은 롱테일의 요소들로 이루어지는 네트워크의 사회는 평균이라는 중간층이 존재하지 않는, 불균형적으로 기울어진 세계이다. 그러나 소수가 중심이 되고 평균의 의미가 없어진다고 다수가 사라지는 것은 아니다. 센터가 네트워크 시스템의 중심이 되지만, 결국 수많은 개인들에 의해 시스템이 유지되기 때문이다. 베스트셀러만이 세상을 일깨우는 것이 아니라, 오히려 수많은 작은 생각들이 세상을 이끄는 것이다. 롱테일의 힘은 다수에 있다. 물론 평균을 좇는 다수가 아니라 수많은 개성이 모인 다수여야 한다. 그래야 센터로 끌려가는 무게중심을 가운데로 되돌려 놓을 수가 있다. 네트워크 사회가 센터를 중심으로 돌아갈지라도, 변혁의 주인공은 센터만이 아니라 우리 모두가 되어야 한다. "정말로 복잡한 일이 생기면 전문가를 찾지 말고 외부인을 부르라"라고 혁신연구자 카림 라카니Karim R. Lakhani와 케빈 부드로Kevin J. Boudreau는 이야기한다.[31] 미국 나사NASA, 의과대학, 기업 등을 위한 700건 이상의 대중 참여 경연 결과, 대중이 참여하지 않은 사례는 단 한 건에 불과했다. 또한 모든 상황에서 기존 해결책과 비슷하거나 훨씬 나은 결과를 얻은 것으로 나타났다. 이러한 대중의 힘은 다양성과 독립성 그리고 정체된 조직에 비해 빠르게 변화하고 발전하는 대중의 속성에 기인한다.[32] 기존 조직의 전문가에게서는 찾아볼 수 없는 역량이다. 조직 내 전문가들의 지식은 정체되지만 대중의 지식 총합은 계속 변하기 때문이다(물론 개별 사안마다 새로운 해결사가 나타나기도 한다). 이를 집단지성으로 불러도 좋다. 특정인에 주목하는 것이 아니라 누군가가 한다는 점에 주목해야 한다. 이들이 바로 제각각의 개성을 지닌 롱테일의 다수이다.

표준적 인간이 아니라 다양한 개성을 지닌 구성원이 네트워크 시대에 필요하다. 앞서 이야기한 후광효과의 손다이크는 행동주의 심리학의 효시라 할 수 있는 조건반사 연구를 개척한 학자로 유명하다. 조작적 조건 형성을 통해서 인간의 뇌가 어떻게 작용하는지를 밝혀내고자 한 손다이크는 뇌가 학습과 강화의 기능을 지닌다고 생각했고, 이러한 논리는 후대 학자들에 의해 증명되었다. 유명한 군소sea hare 실험이 대표적 사례이다. 달팽이와 비슷한 군소를 실험 대상으로 삼아 신경계의 학습과 강화가 어떻게 진행되는지를 밝혀냈다. 군소를 실험 대상으로 한 이유는 인간 뇌의 신경세포는 1000억 개가 넘는 데 비해 군소는 2만 개에 불과해 특정 행동에 기여하는 세포를 파악하기가 용이했기 때문이다. 군소는 수관이 달려 있는 외피에 의해 둘러싸인 아가미를 통해 호흡하는데, 이

수관을 건드리면 아가미가 움츠러든다. 그리고 수관을 건드릴 때 꼬리에 충격을 같이 가하면 군소는 겁을 먹고 아가미를 강하게 수축했는데, 이후 수관에 같은 자극을 주어도 아가미가 훨씬 더 강하게 수축하는 것을 발견했다. 꼬리에 충격을 많이 받으면 받을수록 아가미의 움츠림 현상은 더욱 길어져서 강화된다는 것을 밝혀낸 것이다.[33] 이러한 신경계의 반사 작용은 학습과 강화 등으로 이어지면서 발달되는 것으로 알려져 있다. 꼬리에 자극을 자주 가하면 움츠러드는 기간이 길어진다(〈그림 10-3〉 참조).[34] 학습을 하는 것이다. 많이 사용하는 뇌의 특정 부위가 더 발달한다는 뇌 가소성도 같은 원리이다.

군소 연구에서 우리의 관심을 끄는 대목은 신경계에서 이루어지는 학습과 강화 과정이다. 노벨상 수상자인 뇌과학자 에릭 캔들은 『미술과 뇌과학에서의 환원주의Reductionism in Art and Brain Science』에서 구상미술에서 추상미술로 넘어가는 미술사조와 관련해 뇌가 어떻게 작동하는지를 잘 설명하고 있다. 전술한 군소 실험도 캔들의 저서에 나오는 사례이다. 이른바 이발소 그림처럼 대상이 명확하게 드러나는 구상미술과 달리, 추상미술은 얼핏 보아서는 이해가 안 되어서 많은 해석과 의미 부여가 필요하다. 물감을 흩뿌려 놓은 듯한 잭슨 폴록의 그림을 생각해 보면 된다. 추상미술에 대한 이해는 뇌의 특정 기능에서 비롯된다는 것이 캔들의 주장이다. 이 주장의 핵심 개념은 뇌의 하향정보 처리다. 19세기 의사이자 물리학자 헬름홀츠Hermann Ludwig Ferdinand von Helmholtz는 상향정보bottom-up information와 하향정보top-down information라는 개념을 통해 역광학 문제inverse optics problem를 해결했다. 즉, 망막에 투영된 이차원 이미지는 실제 대상의 삼차원 구조를 설명하기 어렵기 때문에 하향정보를 통해 이미지의 새로운 해석인 삼차원 구조를 만들 수 있다는 것이다. 상향정보 처리는 진화를 통해 이미 뇌에 새겨져 있는 보편 규칙에 따라 작동하는 것으로, 이를 통해 관찰 대

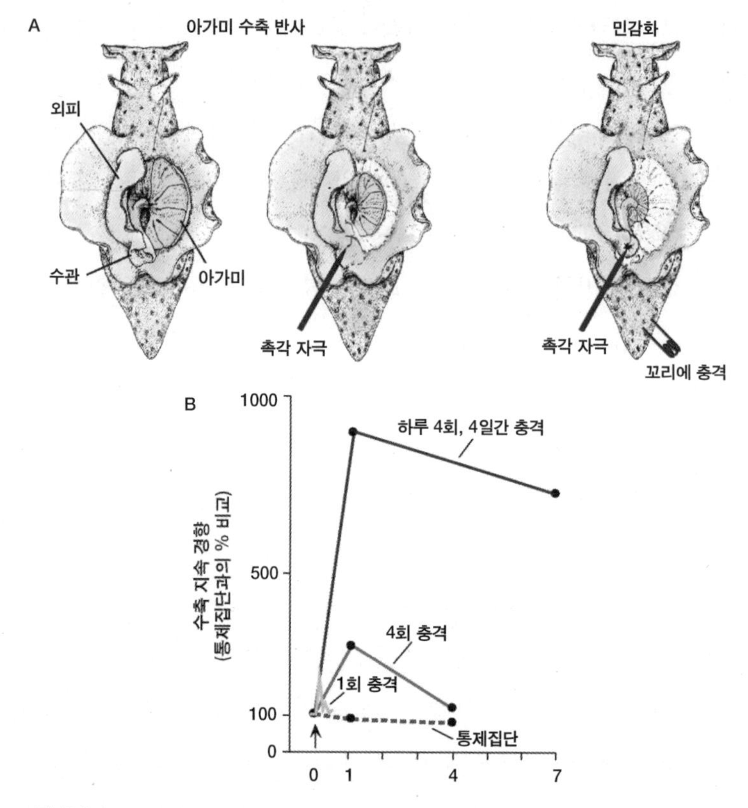

그림 10-3

충격 강도에 따른 군소의 아가미 수축 지속 경향

자료: Eric R. Kandel, "The Molecular Biology of Memory Storage: A Dialogue Between Genes and Synapses," Science, Vol. 294, Issue 5544(2001), http://science.sciencemag.org/content/294/5544/1030/tab-figures-data

상에서 윤곽, 경계, 교차점과 같은 핵심 요소를 추출해 이미지를 그려낸다. 한편 하향정보 처리는 인지적 영향, 관심, 심상, 기대, 시각 연상 같은 고차원적인 정신적 기능이다. 뇌가 상향 처리되지 못한 나머지 모호한 것들을 하향 처리를 통해 해결하는 것이다. 구상미술은 대체로 낮거나 중간 수준의 시각에 의존하고, 추상미술은 타고난 지각 규칙을 뒤엎고 구상미술보다 하향정보에 더 폭넓게 의존한다.[35] 결국 추상미술은 개인의 심리라는 맥락에서 해석되고, 이미지는 사람마다 다른 의미를 지니게 된다.

이처럼 상향정보 처리는 대개의 경우 보편 규칙과 코드에 의해 정리가 되는 반면에, 하향정보 처리는 정해진 규칙에 의존하기보다는 다양한 연상 작용과 창의성의 과정을 통해 이루어진다. 상향정보 처리가 정답을 찾는 것이라면, 하향정보 처리는 상황에 맞는 해석과 의미를 찾아가는 과정이라 할 수 있다. 단순 계산이나 틀에 박힌 일거리가 가장 먼저 사라질 것이라는 예측을 하는 이유는 이러한 작업을 기계가 가장 쉽게 할 수 있기 때문이다. 알고리즘, 즉 정답이 쥐어지면 나머지는 기계가 알아서 할 것이다. 그렇기 때문에 컨베이어벨트 앞의 노동자는 로봇으로 쉽게 대체될 수 있는 것이다. 틀에 박혀 있는 일이란 표준에 근거한 작업이며 오류와 정답이 있는 환경이다. 정답과 표준에서 벗어나는 것을 찾아내는 작업은 뇌의 상향정보 처리를 통해 이루어진다. 정답 찾기에 올인하는 이제까지의 교육 역시 상향정보 처리를 강화하는 훈련 과정이었다. 이제는 개별 사안에 대해 다양한 사고를 펼칠 수 있는 하향정보 처리 능력을 강화해야 한다. 같은 대상을 보더라도 기발한 생각을 펼칠 수 있는 유연한 사고, 이것이 추상미술과 초현실주의의 힘이자 기계로부터 우리가 살아남을 수 있는 원천이다. 모든 사람이 자신의 능력을 육성하고 서로 연결될 때 사회의 도약이 일어난다. 이러한 도약의 가능성은 몇 세기 전 르네상스의 사례를 통해 이미 경험했다. 르네상스의 조건이었던 아이디어의 다양성을 확보하려면 평균과 표준 그리고 정답 찾기를 넘어서는 교육과 경험이 필요하다.

각 장의 주

01 새로운 세상

—

1 Wikipedia, "Harry Beck," https://en.wikipedia.org/wiki/Harry_Beck(검색일: 2019.6.10).

2 Barabási Albert-László, *Linked: How Everything Is Connected to Everything Else and What It Means for Business, Science, and Everyday Life*(New York: Basic Books, 2014).

3 유발 하라리, 『호모데우스: 미래의 역사』, 김명주 옮김(파주: 김영사, 2017).

4 조슈아 쿠퍼 라모, 『제7의 감각, 초연결지능: 네트워크 시대의 권력, 부, 생존』, 정주연 옮김(서울: 미래의 창, 2017).

5 Wikipedia, "Topology," https://en.wikipedia.org/wiki/Topology(검색일: 2019.6.10).

6 라모, 『제7의 감각, 초연결지능: 네트워크 시대의 권력, 부, 생존』.

7 한국지구과학회 엮음, 『지구과학사전』(서울: 북스힐, 2009).

8 Thomas S. Kuhn, *The Structure of Scientific Revolutions*, 3rd edition(University of Chicago Press, 1996).

9 이언 골딘·크리스 쿠타나, 『발견의 시대: 신 르네상스의 새로운 기회를 찾아서』, 김지연 옮김(파주: 21세기북스, 2018).

10 같은 책.

11 Barabasi, *Linked: How Everything Is Connected to Everything Else and What It Means for Business, Science, and Everyday Life.*

12 The Internet In Real Time. "The Internet In Real Time," https://www.betfy.co.uk/internet-realtime/(검색일: 2019.6.10).

13 Mike Hoefflinger, *Becoming Facebook: The 10 Challenges That Defined the Company That's Disrupting the World*(New York: AMACOM, Inc., 2017).

14 라모, 『제7의 감각, 초연결지능: 네트워크 시대의 권력, 부, 생존』.

15 Yahoo finance, "Alphabet Inc. (GOOG)," https://finance.yahoo.com/quote/GOOG?p=GOOG&.tsrc=fin-srch(검색일: 2019.6.10); Yahoo finance, "Facebook, Inc. (FB)," https://finance.yahoo.com/quote/FB?p=FB&.tsrc=fin-srch(검색일: 2019.6.10).

16 라모, 『제7의 감각, 초연결지능: 네트워크 시대의 권력, 부, 생존』.

17 켄 올레타, 『구글드: 우리가 알던 세상의 종말』, 김우열 옮김(서울: 타임비즈, 2010).

18 마셜 W. 밴 앨스타인, 상지트 폴 초더리, 제프리 G. 파커, 『플랫폼 레볼루션: 4차 산업혁명 시대를 지배할 플랫폼 비즈니스의 모든 것』, 이현경 옮김(서울: 부키, 2017).

19 George Dyson, *Turing's Cathedral: The Origins of the Digital Universe*(New York: Vintage, 2012).

20 Robert D. Putnam, *Bowling Alone: The Collapse and Revival of American Community* (New York: Simon and Schuster, 2000).

21 한국언론진흥재단, 「언론 신뢰도에 대한 시민 인식」, ≪미디어 이슈≫ 4권 3호(2018), http://www.kpf.or.kr/site/kpf/research/selectMediaPdsView.do?seq=574533(검색일: 2019.6.10).

22 김경윤, "韓 사법제도 신뢰도 42개국중 39위…법치 이뤄지고 있나", ≪연합뉴스≫, 2015년 8월 9일 자, https://www.yna.co.kr/view/AKR20150805177551009(검색일: 2019.6.10).

23 올레타, 『구글드: 우리가 알던 세상의 종말』.

24 데이비드 월러·루퍼트 영거, 『평판 게임: 나에 대한 사람들의 생각을 바꾸는 기술』, 박세연 옮김(파주: 웅진지식하우스, 2018).

25 라이언 아벤트, 『노동의 미래: 디지털 혁명 시대, 일자리와 부의 미래에 대한 분석서』, 안진환 옮김(파주: 민음사, 2018)에서 재인용.

02 네트워크 세계

1 Wikipedia, "Erdős-Rényi model," https://en.wikipedia.org/wiki/Erdős-Rényi_model(검색일: 2019.6.10).

2 Stanley Milgram, "The Small World Problem," *Psychology Today*, 1(1)(1967), pp. 60~67.

3 매튜 D. 리버먼, 『사회적 뇌: 인류 성공의 비밀』, 최호영 옮김(서울: 시공사, 2015).

4 Mark Granovetter, "The Strength of Weak Ties," *The American Journal of Sociology*, 78(6)(1973), pp. 1360~1380.

5 같은 글.

6 Martin Ruef, "Strong ties, weak ties and islands: structural and cultural predictors of organizational innovation," *Industrial and corporate change*, 11(3)(2002), pp. 427~449.

7 Daniel Levin, Jorge Walter and Keith Murnighan, "Domant ties: the value of reconnecting, *Organization Science*," 22 (4)(2011), pp. 923~939.

8 Wansikas, "Spine Segment in small world network," https://wansikas.wordpress.com/2013/04/(검색일: 2019.6.10).

9 토드 로즈, 『평균의 종말: 평균이라는 허상은 어떻게 교육을 속여왔나』, 정미나 옮김(파주: 21

세기북스, 2018).

10 Wikipedia, "Six Degrees of Kevin Bacon," https://en.wikipedia.org/wiki/Six_Degrees_of_Kevin_Bacon(검색일: 2019.6.10).

11 Barabási Albert-László, "Scale-free Networks: A Decade and Beyond," *Science*, Vol. 325, Issue 5939(2009), pp. 412~413.

12 제프 하우, 『크라우드소싱: 대중의 창조적 에너지가 비즈니스의 미래를 바꾼다』, 박슬라 옮김(서울: 리더스북, 2012).

13 Graham Cormode, "CS910: Foundations of Data Analytics Graham Cormode Recommender Systems," Slideplayer, 2015, https://player.slideplayer.com/27/9236772/#(검색일: 2019.6.10).

14 Ronald Stuart Burt, "The network structure of social capital," *Research in Organizational Behavior*, 22(2000), pp. 345~423.

03 네트워크 자본

—

1 최영, 『공유와 협력, 소셜미디어 네트워크 패러다임』(서울: 커뮤니케이션북스, 2013).

2 삐에르 부르디외, 『구별짓기: 문화와 취향의 사회학』(상·하), 최종철 옮김(서울: 새물결, 2005).

3 Yochai Benkler and Helen Nissenbaum, "Common based peer production and virtue," *The Journal of Political Philosophy*, 14(4)(2006), pp. 394~419.

4 Michael Mann, *The Sources of Social Power: Volume 1, A History of Power from the Beginning to AD 1760*(Cambridge: Cambridge University Press, 1986); Michael Mann, *The Sources of Social Power: Volume 2, The Rise of Classes and Nation States 1760-1914*(Cambridge: Cambridge University Press, 1993); Michael Mann, *The Sources of Social Power: Volume 3, Global Empires and Revolution, 1890-1945*(Cambridge: Cambridge University Press, 2012); Michael Mann, *The Sources of Social Power: Volume 4, Globalizations, 1945-2011*(Cambridge: Cambridge University Press, 2012).

5 Charles Leadbeater, *We-Think: Mass Innovation, Not Mass Production*(London: Profile Books Ltd., 2008).

6 엘리너 오스트롬, 『공유의 비극을 넘어: 공유자원 관리를 위한 제도의 진화』, 윤홍근·안도경 옮김(서울: 랜덤하우스코리아, 2010).

7 한경닷컴 경제용어사전, "내부고발자", http://dic.hankyung.com/apps/economy.view?seq=4728(검색일: 2019.6.10).

8 Wikipedia, "John Dalberg-Acton, 1st Baron Acton," https://en.wikipedia.org/wiki/John_

Dalberg-Acton,_1st_Baron_Acton(검색일: 2019.6.10).

9 피터 블룸·칼 로즈, 『CEO 사회: 기업이 일상을 지배하다』, 장진영 옮김(부산: 산지니, 2019).

10 필립 짐바르도, 『루시퍼이펙트: 무엇이 선량한 사람을 악하게 만드는가』, 이충호·임지원 옮김(서울: 웅진하우스, 2007).

11 "Investigate your MP's Expenses," *The Guradian*, https://www.theguardian.com/news/datablog/2009/jun/18/mps-expenses-houseofcommons(검색일: 2019.6.10).

12 에드워드 테너, 『사물의 역습: 인간이 고안하고 발전시킨 9가지 물건의 은밀한 이야기!』, 장희재 옮김(서울: 오늘의책, 2013).

13 Wikipedia, "Stanford marshmallow experiment," https://en.wikipedia.org/wiki/Stanford_marshmallow_experiment(검색일: 2019.6.10).

14 안재형, "별 달고 붕 뜬 새내기 임원: 'Don't go too far'", ≪M매거진≫, 2013년 06월 12일 자, http://mzine.mk.co.kr/v2/index.php?TM=M3&RC=1343(검색일: 2019.6.10).

15 로버트 풀러, 『신분의 종말: '특별한 자'와 '아무것도 아닌 자'의 경계를 넘어서』, 안종설 옮김(서울: 열대림, 2004).

16 Jon Ronson, *The Psychopath Test: A Journey Through the Madness Industry*(New York: Riverhead Books, 2011).

17 샘 해리스, 『신이 절대로 답할 수 없는 몇 가지: 악의 시대, 도덕을 말하다』, 강명신 옮김(서울: 시공사, 2013).

18 Robert I. Sutton, *The No Asshole Rule: Building a Civilized Workplace and Surviving One That Isn't*(New York: Business Plus, 2010).

19 Belinda Jane Board and Katarina Fritzon, "Disordered personalities at work," *Psychology, Crime & Law*, 11(1)(2005), pp. 17~32.

20 토마스 세들라체크·올리버 탄처, 『프로이트의 소파에 누운 경제: 자본주의가 앓는 정신병을 진단하다』, 배명자 옮김(서울: 세종서적, 2017).

21 폴 바비악·로버트 D. 헤어, 『직장으로 간 사이코패스』, 이경식 옮김(서울: 랜덤하우스코리아, 2007).

22 다나카 미치아키, 『아마존 미래전략 2022』, 류두진 옮김(서울: 반니, 2018).

23 리처드 L. 브랜트, 『원클릭: 아마존 창립자 제프 베조스의 4가지 비밀』, 안진환 옮김(서울: 자음과모음, 2012).

24 Phil Haussler, "4 Ways to Fix Amazon's Anytime Feedback Tool," Quantam Workplace, December 9, 2018, https://www.quantumworkplace.com/future-of-work/4-ways-fix-amazons-anytime-feedback-tool/(검색일: 2019.6.10).

25 Viktor Mayer-Schönberger and Thomas Ramge, *Reinventing Capitalism in the Age of Big Data*(New York: Basic Books, 2018).

26 강준만, 『선샤인지식노트: 새로운 세상과 만나는 200개의 지식코드』(서울: 인물과사상사, 2008).

27 밀턴 마이어, 『그들은 자신들이 자유롭다고 생각했다: 나치 시내 독일인의 삶, 선한 사람들의 침묵이 만든 오욕의 역사』, 박중서 옮김(서울: 갈라파고스, 2014).

28 함승민, "[포브스코리아 주최 제1회 휴브리스(오만) 포럼] 권력·성과·찬사가 오만 부른다", ≪이코노미스트≫, 2018년 7월 30일 자, http://jmagazine.joins.com/economist/view/322180 (검색일: 2019.6.10).

29 "VW faces activist attack," *Financial Times*, 7 May, 2016, p. 13.

30 아론 제임스, 『그들은 왜 뻔뻔한가: 부도덕한 특권 의식과 독선으로 우리를 욱하게 하는 사람들』, 박인균 옮김(서울: 추수밭, 2013).

31 Dyan Love, "16 examples of steve jobs being a huge jerk," *Business Insider*, October 25, 2011, https://www.businessinsider.com/steve-jobs-jerk-2011-10(검색일: 2019.6.10).

32 세들라체크·탄처, 『프로이트의 소파에 누운 경제: 자본주의가 앓는 정신병을 진단하다』.

33 강남규, "성공에 취해 조직 내서 군림한 카를로스 곤, 제왕적 CEO 몰락의 정석", ≪중앙일보≫, 2018년 11월 24일 자, https://news.joins.com/article/23152276(검색일: 2019.6.10).

34 앤디 메리필드, 『아마추어: 영혼 없는 전문가에 맞서는 사람들』, 박준형 옮김(서울: 한빛비즈, 2018).

35 로랑 베그, 『도덕적 인간은 왜 나쁜 사회를 만드는가: 철학이 묻고 심리학이 답하는 인간 본성에 대한 진실』, 이세진 옮김(서울: 부키, 2013).

36 메리필드, 『아마추어: 영혼 없는 전문가에 맞서는 사람들』.

37 같은 책.

38 같은 책.

39 한상진, "장충기 문자와 삼성의 그물망", ≪뉴스타파≫, 2018년 7월 8일 자, https://newstapa.org/43802(검색일: 2019.6.10).

40 양선희, 『군주의 남자들: 삼국지 영웅 조직처세술』(서울: 나남, 2018).

41 폴 라파르그, 『게으를 수 있는 권리』, 조형준 옮김(서울: 새물결, 2013).

42 마르셀 에나프, 『진리의 가격: 증여와 계약의 계보학, 진리와 돈의 인류학』, 김혁 옮김(서울: 눌민, 2018).

43 같은 책.

44 에티엔 드 라 보에시, 『자발적 복종』, 심영길·목수정 옮김(서울: 생각정원, 2015).

45 앨런 S. 케이헌, 『지식인과 자본주의: 정신과 돈, 그 갈등의 역사』, 정명진 옮김(서울: 부글, 2010).

46 쥘리앙 방다, 『지식인의 배반』, 노서경 옮김(서울: 이제이북스, 2013).

47 에드워드 사이드, 『지식인의 표상: 지식인이란 누구인가?』, 최유준 옮김(서울: 마티, 2012).

48 같은 책.

49 케이헌, 『지식인과 자본주의: 정신과 돈, 그 갈등의 역사』.
50 사이드, 『지식인의 표상: 지식인이란 누구인가?』.
51 베그, 『도덕적 인간은 왜 나쁜 사회를 만드는가: 철학이 묻고 심리학이 답하는 인간 본성에 대한 진실』.
52 Stanley Milgram, "The Small World Problem," *Psychology Today*, 1(1)(1967), pp. 60~67.
53 Hannah Arendt, *Eichmann in Jerusalem: A Report on the Banality of Evil*(New York: Penguin Classics, 2006).
54 크리스 헤지스, 『진보의 몰락: 누가 진보를 죽였는가』, 노정태 옮김(서울: 프런티어, 2010).
55 베그, 『도덕적 인간은 왜 나쁜 사회를 만드는가: 철학이 묻고 심리학이 답하는 인간 본성에 대한 진실』.
56 헤지스, 『진보의 몰락: 누가 진보를 죽였는가』.
57 라 보에시, 『자발적 복종』.
58 헤지스, 『진보의 몰락: 누가 진보를 죽였는가』에서 재인용.
59 모리모토 안리, 『반지성주의: 미국이 낳은 열병의 정체』, 강혜정 옮김(서울: 세종서적, 2016).

04 네트워크 법칙

—

1 Roger V. Gould, "Revenge as Sanction and Solidarity Display: An Analysis of Vendettas in Nineteenth-Century Corsica," *American Sociological Review*, Vol. 65, No. 5(October, 2000), pp. 682~704.
2 Wikipedia, "Ireland-United Kingdom relations," https://en.wikipedia.org/wiki/Ireland-United_Kingdom_relations(검색일: 2019.6.10).
3 니컬러스 크리스태키스·제임스 파울러, 『행복은 전염된다』, 이충호 옮김(파주: 김영사, 2010).
4 같은 책.
5 Carolyn M. Lambert, "Does birth order affect intelligence?" https://rdw.rowan.edu/cgi/viewcontent.cgi?article=2023&context=etd(검색일: 2019.6.10); Perri Klass, "Birth Order: Fun to Debate, but How Important?", *New York Times*, September 7, 2009, https://www.nytimes.com/2009/09/08/health/08klas.html(검색일: 2019.6.10).
6 프랭크 설로웨이, 『타고난 반항아: 출생 순서, 가족 관계, 그리고 창조성』, 정병선 옮김(서울: 사이언스북스, 2008).
7 Anecdote, "005-The street corner experiment," https://www.anecdote.com/2018/02/005-the-street-corner-experiment/(검색일: 2019.6.10).
8 Steven J. Portugal, Markus Unsöld, James R. Usherwood, Alan M. Wilson and Johannes

Fritz, "Matching times of leading and following suggest cooperation through direct reciprocity during V-formation flight in ibis," *PNAS*, 112(7)(2015), http://www.pnas.org/content/112/7/2115(검색일: 2019.6.10).

9 Lorenzo Coviello, Yunkyu Sohn, Adam D. I. Kramer, Cameron Marlow, Massimo Franceschetti, Nicholas A. Christakis and James H. Fowler, "Detecting Emotional Contagion in Massive Social Networks," *PLOS ONE*, 9(3)(2014), pp. 1~6. https://journals.plos.org/plosone/article?id=10.1371/journal.pone.0090315(검색일: 2019.6.10).

10 Wikipedia, "Tanganyika laughter epidemic," https://en.wikipedia.org/wiki/Tanganyika_laughter_epidemic(검색일: 2019.6.10).

11 Steve McGaughey, "Science Reveals the Power of a Handshake," *Beckman Institute*, October 19, 2012, https://beckman.illinois.edu/news/2012/10/dolcoshandshake(검색일: 2019.6.10).

12 제레미 리프킨, 『공감의 시대』, 이경남 옮김(서울: 민음사, 2010).

13 Freedictionary, "afferent nerve," https://www.thefreedictionary.com/afferent+nerves(검색일: 2019.6.10).

14 Wikipedia, "George Jacobs(Salem witch trials)," https://en.wikipedia.org/wiki/George_Jacobs_(Salem_witch_trials)(검색일: 2019.6.10).

15 크리스태키스·파울러, 『행복은 전염된다』.

16 같은 책.

17 Cretien van Campen, *The Proust Effect: The Senses as Doorways to Lost Memories* (Oxford: Oxford University Press, 2014).

18 대니얼 카너먼 외, 존 브록만 엮음, 『생각의 해부』, 강주헌 옮김(서울: 와이즈베리, 2017).

19 마르셀 프루스트, 『잃어버린 시간을 찾아서』, 민희식 옮김(서울: 동서문화사, 2017).

20 크리스태키스·파울러, 『행복은 전염된다』.

21 같은 책.

22 Robert M. Bond, Christopher J. Fariss, Jason J. Jones, Adam D. I. Kramer, Cameron Marlow, Jaime E. Settle and James H. Fowler, "A 61-million-person experiment in social influence and political mobilization," *Nature*, 489(2012), pp. 295~298.

23 Coviello, Sohn, Kramer, Marlow, Franceschetti, Christakis and Fowler, "Detecting Emotional Contagion in Massive Social Networks."

24 "Facebook data row: Cambridge Analytica academic a 'scapegoat'," BBC, March 21, 2018, https://www.bbc.com/news/uk-43480978(검색일: 2019.6.10).

25 캐시 오닐, 『대량살상 수학무기: 어떻게 빅데이터는 불평등을 확산하고 민주주의를 위협하는가』, 김정혜 옮김(서울: 흐름출판, 2017).

05 FAG의 전략

—

1 The Well "Topic 459: State of the World 2013: Bruce Sterling and Jon Lebkowsky," Deceber 26, 2013, https://people.well.com/conf/inkwell.vue/topics/459/State-of-the-World-2013-Bruce-St-page01.html(검색일: 2019.6.10).

2 Patrick Tucker, *The Naked Future: What Happens in a World That Anticipates Your Every Move?*(New York: Current, 2015).

3 제프리 스티벨, 『구글 이후의 세계: 새로운 비즈니스 기회를 만들어낼 인터넷의 미래』, 이영기 옮김(파주: 웅진씽크빅, 2011).

4 Eli Pariser, *The Filter Bubble*(New York: Penguin Books, 2011).

5 Acxiom, "Privacy: About the Data," https://aboutthedata.com/portal(검색일: 2019.6.10).

6 Tucker, *The Naked Future: What Happens in a World That Anticipates Your Every Move?*

7 마크 오코널, 『트랜스 휴머니즘: 기술공상가, 억만장자, 괴짜가 만들어낼 테크노퓨처』, 노승영 옮김(파주: 문학동네, 2018).

8 같은 책.

9 Pariser, *The Filter Bubble.*

10 같은 책.

11 최영, 『공유와 협력, 소셜미디어 네트워크 패러다임』(서울: 커뮤니케이션북스, 2013).

12 Techopedia, "Facebook Shadow Profile," https://www.techopedia.com/definition/29453/facebook-shadow-profile(검색일: 2019.6.10).

13 Pariser, *The Filter Bubble.*

14 Mike Hoefflinger, *Becoming Facebook: The 10 Challenges That Defined the Company That's Disrupting the World*(New York: AMACOM, 2017).

15 Alex Pentland, *Social Physics: How Social Networks Can Make Us Smarter*(New York: Penguin Books, 2014).

16 마크 뷰캐넌, 『우발과 패턴: 복잡한 세상을 읽는 단순한 규칙의 발견』, 김희봉 옮김(서울: 시공사, 2014).

17 Yelena Mejova and Ingmar Weber, *Twitter: A Digital Socioscope*(Cambridge: Cambridge University Press, 2015).

18 Pentland, *Social Physics: How Social Networks Can Make Us Smarter.*

19 오관철, "[중국 전인대 개막]규제완화·경쟁 환경 조성에 권력자는 청렴, 본분 다해야", ≪경향신문≫, 2015년 03월 05일 자, http://news.khan.co.kr/kh_news/khan_art_view.html?artid=201503052149565&code=970204(검색일: 2019.6.10).

20 야노 가즈오, 『데이터의 보이지 않는 손: 휴먼 빅데이터로 밝혀낸 인간·조직·사회의 법칙』, 홍주영 옮김(서울: 타커스, 2015).

21 같은 책.

22 Pentland, *Social Physics: How Social Networks Can Make Us Smarter.*

23 서울디지털포럼사무국 엮음, 『무엇이 우리를 진화하게 하는가: 더 나은 세상을 위한 사람과 기술의 콜라보레이션』(서울: 시공사, 2013).

24 다나카 미치아키, 『아마존 미래전략 2022』, 류두진 옮김(서울: 반니, 2018).

25 O'Neil Risk Consulting & Algorithmic Auditing, "It's the Age of the Algorithm and We Have Arrived Unprepared," http://www.oneilrisk.com/(검색일: 2019.6.10).

26 캐시 오닐, 『대량살상 수학무기: 어떻게 빅데이터는 불평등을 확산하고 민주주의를 위협하는가』, 김정혜 옮김(서울: 흐름출판, 2017).

27 버지니아 유뱅크스, 『자동화된 불평등: 첨단 기술은 어떻게 가난한 사람들을 분석하고, 감시하고, 처벌하는가』, 홍기빈 옮김(서울: 북트리거, 2018).

28 오닐, 『대량살상 수학무기』.

29 같은 책.

30 같은 책.

31 같은 책.

32 정소욱·인보근·이호준, "도서관 좀 지어주라", ≪외대알리≫, 2018년 2월 24일 자, http://univalli.com/allihufs/view.php?idx=491(검색일: 2019.6.10).

33 세스 스티븐스 다비도위츠, 『모두 거짓말을 한다: 구글 트렌드로 밝혀낸 충격적인 인간의 욕망』, 이영래 옮김(서울: 더퀘스트, 2018).

34 Brian Christian, "the A/B test: inside the technology that's changing the rules of business," *Wired*, April 25, 2012, www.wired.com/2012/04/ff_abtesting(검색일: 2019.6.10).

35 Eytan Bakshy, "Big experiment: big data's friend for making decisions," https://www.facebook.com/notes/facebook-data-science/big-experiments-big-datas-friend-for-making-decisions/10152160441298859/(검색일: 2019.6.10); 스티븐스 다비도위츠, 『모두 거짓말을 한다: 구글 트렌드로 밝혀낸 충격적인 인간의 욕망』.

36 Lawrence Lessig, *Code and Other Laws of Cyberspace*(New York: Basic Books, 2000).

37 스티븐스 다비도위츠, 『모두 거짓말을 한다: 구글 트렌드로 밝혀낸 충격적인 인간의 욕망』.

38 Ray Kurzweil, *The Singularity Is Near: When Humans Transcend Biology*(New York: Penguin Books, 2005).

39 유발 하라리, 『호모데우스』, 김명주 옮김(파주: 김영사, 2017).

40 마이클 모부신, 『통섭과 투자: 찰리 멍거처럼 사고하고 투자하라』, 이건·오인석 옮김(서울: 에프엔미디어, 2018).

41 Google, "Our mission," https://www.google.com/intl/en_us/search/howsearchworks/mission/(검색일: 2019.6.10).

42 최호, "한국 상륙 시도하는 구글북스 라이브러리… 국공립도서관, 손잡을까 말까", ≪전자신문≫, 2018년 4월 1일 자, http://www.etnews.com/20180330000268?m=1(검색일: 2019.6.10).

43 James Lovelock, *Gaia: A New Look at Life on Earth*, 3rd edition(New York: Oxford University Press, 2000).

44 Peter Russell, *The Global Brain: The Awakening Earth in a New Century*(Edinburgh: Floris Books, 2008).

45 스콧 갤러웨이, 『플랫폼 제국의 미래: 구글, 아마존, 페이스북, 애플 그리고 새로운 승자』, 이경식 옮김(서울: 비즈니스북스, 2018).

46 오닐, 『대량살상 수학무기』.

47 정철운, "조선일보·TV조선, 가장 불신하는 매체 1·2위", ≪미디어오늘≫, 2018년 9월 21일 자, http://www.mediatoday.co.kr/?mod=news&act=articleView&idxno=144650#csidxf6bcaf665cc1a6f8a22cbac60708203(검색일: 2019.6.10).

06 소셜스낵킹

—

1 Stephen Marche, "Is Facebook making us lonely," *The Atlantic*, May, 2012, https://www.theatlantic.com/magazine/archive/2012/05/is-facebook-making-us-lonely/308930/(검색일: 2019.6.10).

2 같은 글.

3 Katie Hafner, "Researchers confront an epidemic of loneliness," *New York Times*, September 5, 2016. https://www.nytimes.com/2016/09/06/health/lonliness-aging-health-effects.html(검색일: 2019.6.10).

4 Fenne Grosse Deters and Matthias R. Mehl, "Does posting Facebook status updates increase or decrease loneliness? An online social networking experiment," *Social psychological and personality science*, 4(5)(2012), pp. 579~586.

5 올리버 예게스, 『결정장애 세대: 기회의 홍수 속에서 길을 잃은 사람들』, 강희진 옮김(서울: 미래의창, 2014).

6 한국문학평론가협회 엮음, 『문학비평용어사전』(상·하)(서울: 국학자료원, 2006).

7 Tracii Ryan and Sophia Zenos, "Who Uses Facebook? An Investigation into the Relationship Between the Big Five, Shyness, Narcissism, Loneliness, and Facebook Usage,"

Computers in Human Behavior, 27(5)(2011), pp. 1658~1664.

8 셸던 솔로몬·제프 그린버그·톰 피신스키, 『슬픈 불멸주의자: 인류 문명을 움직여온 죽음의 사회심리학』, 이은경 옮김(서울: 흐름출판, 2016).

9 같은 책.

10 Marche, "Is Facebook making us lonely."

11 같은 글.

12 김환표, 『트렌드 지식사전 1』(서울: 인물과사상사, 2013).

13 John T. Cacioppo and William Patrick, *Loneliness: Human Nature and the Need for Social Connection*(New York: W. W. Norton & Company, 2009).

14 Marche, "Is Facebook making us lonely."

15 Wendi L. Gardner, Cynthia L. Pickett and Megan Knowles, "Social snacking and shielding using social symbols, selves, and surrogates in the service of belonging needs," in Kipling D. Williams, Joseph P. Forgas, William Von Hippel(Eds.), *The Social Outcast: Ostracism, Social Exclusion, Rejection and Bullying*(New York: Psychology Press, 2015).

16 같은 글.

17 Alex Pentland, *Social Physics: How Social Networks Can Make Us Smarter*(New York: Penguin Books, 2014).

18 Gardner, Pickett and Knowles, "Social snacking and shielding using social symbols, selves, and surrogates in the service of belonging needs."

19 Kennon M. Sheldon, Neetu Abad and Christian Hinsch, "A two-process view of Facebook use and relatedness need-satisfaction: Disconnection drives use, and connection rewards it," *Journal of Personality and Social Psychology*, 100(4)(2011), pp. 766~775.

20 Cacioppo and Patrick, *Loneliness: Human Nature and the Need for Social Connection*.

21 Deters and Mehl, "Does posting Facebook status updates increase or decrease loneliness? An online social networking experiment."

22 Moira Burke, Cameron Marlow and Thomas Lento, "Social network activity and social well-being," CHI 2010, April 10~15, 2010, Atlanta, Georgia, USA.

23 Moira Burke, Robert Kraut and Cameron Marlow, "Social Capital on Facebook: Differentiating Uses and Users," CHI 2011, May 7~12, 2011, Vancouver, British Columbia, Canana.

24 Trim Cole and Laura Leets, "Attachment Styles and Intimate Television Viewing: Insecurely Forming Relationships in a Parasocial Way," *Journal of Social and Personal Relationships*, 16(4)(1999), pp. 495~511.

25 Cacioppo and Patrick, *Loneliness: Human Nature and the Need for Social Connection*.

26 같은 책.

27 Ryota Kanai, Bahador Bahrami, Rebecca Roylance and Geraint Rees, "Online social network size is reflected in human brain structure," *Proceedings of the Royal Society B: Biological Sciences*, 279(1732)(2012), pp. 1327~1334.

28 다리오 마에스트리피에리, 『영장류 게임: 어떻게 최소의 위험과 비용으로 목적을 이룰 것인가?』, 최호영 옮김(서울: 책읽는수요일, 2013).

29 같은 책.

30 Sherry Turkle, *Alone Together: Why We Expect More from Technology and Less from Each Other*(New York: Basic Books, 2017).

31 만프레드 슈피처, 『디지털 치매: 머리를 쓰지 않는 똑똑한 바보들』, 김세나 옮김(서울: 더난콘텐츠그룹, 2013).

32 크레이그 램버트, 『그림자 노동의 역습: 대가 없이 당신에게 떠넘겨진 보이지 않는 일들』, 이현주 옮김(서울: 민음사, 2016).

33 앤서니 스토, 『고독의 위로』, 이순영 옮김(서울: 한국물가정보, 2011).

34 베르트 테 빌트, 『디지털 중독자들: 인터넷 의존증이 바꿔놓은 세상』, 박성원 옮김(서울: 율리시즈, 2017).

35 세스 스티븐스 다비도위츠, 『모두 거짓말을 한다: 구글 트렌드로 밝혀낸 충격적인 인간의 욕망』, 이영래 옮김(서울: 더퀘스트, 2018).

07 네트워크 시스템의 한계

—

1 대니얼 J. 솔로브, 『숨길 수 있는 권리: 국가권력과 공공의 이익만큼 개인의 사생활도 중요하다』, 김승진 옮김(서울: 동아시아, 2016).

2 찰스 페로, 『무엇이 재앙을 만드는가?: '대형 사고'와 공존하는 현대인들에게 던지는 새로운 물음』, 김태훈 옮김(서울: 알에이치코리아, 2013).

3 Kevin Kelly, *The Inevitable: Understanding the 12 Technological Forces That Will Shape Our Future*(New York: Viking Press, 2017).

4 Eli Pariser, *The Filter Bubble*(New York: Penguin Books, 2011).

5 닉 보스트롬, 『슈퍼인텔리전스: 경로, 위험, 전략』, 조성진 옮김(서울: 까치, 2017).

6 윌리엄 데이비도우, 『과잉연결시대: 일상이 된 인터넷, 그 이면에선 어떤 일이 벌어지는가』, 김동규 옮김(서울: 수이북스, 2011).

7 페로, 『무엇이 재앙을 만드는가?』.

8 Langdon Winner, "Do Artifacts Have Politics?" in Donald A. MacKenzie and Judy Wajcman (Eds.), *The Social Shaping of Technology*(London: Open University Press, 1999).

9 Robert Bullard and Glenn Johnson, *Highway Robbery: Transportation Racism and New Routes to Equity*(Boston, Massachusetts: South End Press, 2004).

10 마크 펜·메러디스 파인만, 『마이크로 트렌드X: 향후 10년, 거대한 지각변동을 일으킬 특별한 1%의 법칙』, 김고명 옮김(서울: 더퀘스트, 2018).

11 같은 책.

12 리처드 G. 윌킨슨, 『평등해야 건강하다: 불평등이 어떻게 사회를 병들게 하는가』, 김홍수영 옮김(서울: 후마니타스, 2008).

13 Richard Florida, *The Rise of the Creative Class--Revisited: Revised and Expanded*(New York: Basic Books, 2014).

14 허우긍 외, 허우긍 외 엮음, 『네트워크의 지리학』(서울: 푸른길, 2015).

15 강기준, "구글 계약직은 2등 직원… '통근버스도 돈 내고 탄다'", ≪머니투데이≫, 2018년 7월 31일 자, 9면.

16 윌킨슨, 『평등해야 건강하다: 불평등이 어떻게 사회를 병들게 하는가』.

17 같은 책.

18 귀스타브 랑송·폴 튀프로, 『랑송불문학사』, 정기수 옮김(서울: 을유문화사, 1997).

19 가이 스탠딩, 『기본소득: 일과 삶의 새로운 패러다임』, 안효상 옮김(파주: 창비, 2018).

20 Libby Watson, "Predatory Capitalism Stole Your Data," *Splinter*, March 3, 2018, https://splinternews.com/predatory-capitalism-stole-your-data-1823927222(검색일: 2019.6.10).

21 니얼 퍼거슨, 『위대한 퇴보: 변혁의 시대에 읽는 서양 문명의 화두』, 구세희 옮김(파주: 21세기북스, 2013).

22 앤드루 에드거·피트 세즈윅, 『문화 이론 사전』, 박명진 외 옮김(서울: 한나래, 2012).

23 Sendhil Mullainathan and Eldar Shafir, *Scarcity: The New Science of Having Less and How It Defines Our Lives*(London: Picador, 2014).

24 로버트 H. 프랭크, 『사치열병: 과잉 시대의 돈과 행복』, 이한 옮김(서울: 미지북스, 2011).

25 이안 로버트슨, 『승자의 뇌: 뇌는 승리의 쾌감을 기억한다』, 이경식 옮김(서울: 알에이치코리아, 2013).

26 John G. Bruhn and Stewart G. Wolf, *The Roseto Story*(Norman, Oklahoma: University of Oklahoma Press, 1979); 리처드 G. 윌킨슨, 『평등해야 건강하다: 불평등이 어떻게 사회를 병들게 하는가』에서 재인용.

27 윌킨슨, 『평등해야 건강하다: 불평등이 어떻게 사회를 병들게 하는가』.

28 파울 페르하에허, 『우리는 어떻게 괴물이 되어가는가: 신자유주의적 인격의 탄생』, 장혜경 옮김(서울: 반비, 2015).

29 같은 책.

30 발터 샤이델, 『불평등의 역사』, 조미현 옮김(서울: 에코리브르, 2017).

31 토마 피케티, 『21세기 자본』, 장경덕·유엔제이 옮김(파주: 글항아리, 2014).

08 불균형 바로잡기

—

1 Paul Roberts, *The Impulse Society: America in the Age of Instant Gratification*(London: Bloomsbury, 2015).

2 페데리코 피스토노, 『로봇에게 일자리를 빼앗겨도 걱정말아요: 노동의 종말과 행복론』, 박영준 옮김(서울: 영림카디널, 2016).

3 이언 골딘·크리스 쿠타나, 『발견의 시대: 신 르네상스의 새로운 기회를 찾아서』, 김지연 옮김(파주: 21세기북스, 2018).

4 스티븐 존슨, 『우리는 어떻게 여기까지 왔을까: 오늘날의 세상을 만든 6가지 혁신』, 강주헌 옮김(서울: 프런티어, 2015).

5 마르셀 에나프, 『진리의 가격: 증여와 계약의 계보학, 진리와 돈의 인류학』, 김혁 옮김(서울: 눌민, 2018).

6 가 알페로비츠·루 데일리, 『독식비판: 지식 경제 시대의 부와 분배』, 원용찬 옮김(서울: 민음사, 2011).

7 존슨, 『우리는 어떻게 여기까지 왔을까: 오늘날의 세상을 만든 6가지 혁신』.

8 필리프 판 파레이스·야니크 판데르보흐트, 『21세기 기본소득: 자유로운 사회, 합리적인 경제를 향한 거대한 전환』, 홍기빈 옮김(서울: 흐름출판, 2018).

9 같은 책.

10 알페로비츠·데일리, 『독식비판: 지식 경제 시대의 부와 분배』.

11 David Brin, *The Transparent Society: Will Technology Force Us To Choose Between Privacy And Freedom?*(New York: Basic Books, 1999).

12 마크 펜·메러디스 파인만, 『마이크로 트렌드 X: 향후 10년, 거대한 지각변동을 일으킬 특별한 1%의 법칙』, 김고명 옮김(더퀘스트, 2018).

13 빅토어 마이어쇤베르거, 『잊혀질 권리: 디지털 시대의 원형감옥, 당신은 자유로운가?』, 구본권 옮김(서울: 한국방송통신대학교출판부, 2011).

14 로버트 단턴, 『책의 미래』, 성동규·고은주·김승완 옮김(파주: 교보문고, 2011).

15 마이어쇤베르거, 『잊혀질 권리: 디지털 시대의 원형감옥, 당신은 자유로운가?』.

16 Eli Pariser, *The Filter Bubble*(New York: Penguin Books, 2011).

17 Alex Pentland, *Social Physics: How Social Networks Can Make Us Smarter*(New York: Penguin Books, 2014).

18 같은 책.

19 같은 책.

20 United Nations Global Pulse, "Winning Research From The Data 4 Development Challenge," https://www.unglobalpulse.org/D4D-Winning-Research(검색일: 2019.6.10).

21 펜·파인만, 『마이크로 트렌드X: 향후 10년, 거대한 지각변동을 일으킬 특별한 1%의 법칙』.

22 Viktor Mayer-Schönberger and Thomas Ramge, *Reinventing Capitalism in the Age of Big Data*(New York: Basic Books, 2018).

23 Pentland, *Social Physics: How Social Networks Can Make Us Smarter*.

24 John C. Tang, Manuel Cebrian, Nicklaus A. Giacobe, Hyun-Woo Kim, Taemie Kim, Douglas Wickert, "Reflecting on the DARPA Red Balloon Challenge," *Communications of the ACM*, Vol. 54 No. 4(April 2011), pp. 78~85 https://cacm.acm.org/magazines/2011/4/106587-reflecting-on-the-darpa-red-balloon-challenge/fulltext(검색일: 2019.6.10).

25 Pentland, *Social Physics: How Social Networks Can Make Us Smarter*.

26 Wikipedia, "Cybernetics," https://en.wikipedia.org/wiki/Cybernetics(검색일: 2019.6.10).

27 오키나 유리·야나가와 노리유키·이와시타 나오유키 편저, 『블록체인의 미래: 금융·산업·사회는 어떻게 바뀌는가』, 이현욱 옮김(서울: 한스미디어, 2018).

28 같은 책.

29 돈 탭스콧·알렉스 탭스콧, 『블록체인혁명: 4차 산업혁명시대를 이끄는 혁신적인 패러다임』, 박지훈 옮김(서울: 을유문화사, 2018).

30 오키나 유리·야나가와 노리유키·이와시타 나오유키 편저, 『블록체인의 미래: 금융·산업·사회는 어떻게 바뀌는가』.

31 Robert Axelrod, *The Evolution of Cooperation*(New York: Basic Books, 1984).

32 오키나 유리·야나가와 노리유키·이와시타 나오유키 편저, 『블록체인의 미래: 금융·산업·사회는 어떻게 바뀌는가』.

33 같은 책.

34 Wikipedia, "Decentralized autonomous organization," https://en.wikipedia.org/wiki/Decentralized_autonomous_organization(검색일: 2019.6.10).

35 오키나 유리·야나가와 노리유키·이와시타 나오유키 편저, 『블록체인의 미래: 금융·산업·사회는 어떻게 바뀌는가』.

36 같은 책.

37 같은 책.

38 탭스콧·탭스콧, 『블록체인혁명: 4차 산업혁명시대를 이끄는 혁신적인 패러다임』.

39 "The trust machine: The promise of the blockchain," *The Economist*, October 31, 2015, https://www.economist.com/leaders/2015/10/31/the-trust-machine(검색일: 2019.6.10).

09 기본소득

—

1 Viktor Mayer-Schönberger and Thomas Ramge, *Reinventing Capitalism in the Age of Big Data*(New York: Basic Books, 2018).

2 Wikipedia, "Digital Taylorism," https://en.wikipedia.org/wiki/Digital_Taylorism(검색일: 2019.6.10).

3 리처드 왓슨, 『인공지능 시대가 두려운 사람들에게: 미래에 우리는 어떻게 살고 사랑하고 생각할 것인가』, 방진이 옮김(서울: 원더박스, 2017).

4 다나카 미치아키, 『아마존 미래전략 2022』, 류두진 옮김(서울: 반니, 2018).

5 유발 하라리, 『21세기를 위한 21가지 제언: 더 나은 오늘은 어떻게 가능한가』, 전병근 옮김(파주: 김영사, 2018).

6 페데리코 피스토노, 『로봇에게 일자리를 빼앗겨도 걱정말아요: 노동의 종말과 행복론』, 박영준 옮김(서울: 영림카디널, 2016).

7 같은 책.

8 Mike Hoefflinger, *Becoming Facebook: The 10 Challenges That Defined the Company That's Disrupting the World*(New York: AMACOM, 2017).

9 스콧 갤러웨이, 『플랫폼 제국의 미래: 구글, 아마존, 페이스북, 애플 그리고 새로운 승자』, 이경식 옮김(서울: 비즈니스북스, 2018).

10 가이 스탠딩, 『기본소득: 일과 삶의 새로운 패러다임』, 안효상 옮김(파주: 창비, 2018).

11 같은 책.

12 필리프 판 파레이스·야니크 판데르보흐트, 『21세기 기본소득: 자유로운 사회, 합리적인 경제를 향한 거대한 전환』, 홍기빈 옮김(서울: 흐름출판, 2018).

13 같은 책.

14 같은 책.

15 같은 책.

16 같은 책.

17 Steven Poole, *Rethink: The Surprising History of New Ideas*(New York: Scribner, 2016).

18 Abraham Harold Maslow, "A theory of human motivation," *Psychological Review*, 50(4) (1943), pp. 370~396, http://psychclassics.yorku.ca/Maslow/motivation.htm(검색일: 2019.6.10).

19 Oded Nov, "What motivates Wikipedians?" *Communications of the ACM*, 50(11)(2007), pp. 60~64.

20 같은 글.

21 스티븐 존슨, 『우리는 어떻게 여기까지 왔을까: 오늘날의 세상을 만든 6가지 혁신』, 강주헌 옮

김(서울: 프런티어, 2015).

22 요한 하위징아, 『호모 루덴스: 놀이하는 인간』, 이종인 옮김(고양: 연암서가, 2018).

23 Richard M. Ryan and Edward L. Deci, "Self-determination theory," In Richard M. Ryan(Ed.), *Oxford handbook of human motivation*(Oxford, UK: Oxford University Press, 2017).

24 숀 아처, 『행복의 특권』, 박세연 옮김(서울: 청림출판, 2012).

25 Tim Kasser and Richard M. Ryan, "A dark side of the American dream," *Journal of personality and social psychology*, 63(1993), pp. 410~422.

26 스탠딩, 『기본소득: 일과 삶의 새로운 패러다임』.

27 에릭 브리뇰프슨·앤드루 매커피, 『기계와의 경쟁: 진화하는 기술 사라지는 일자리 인간의 미래는?』, 정지훈·류현정 옮김(서울: 틔움출판, 2013).

28 판 파레이스·판데르보흐트, 『21세기 기본소득: 자유로운 사회, 합리적인 경제를 향한 거대한 전환』.

29 스티븐 존슨, 『원더랜드: 재미와 놀이가 어떻게 세상을 창조했을까』, 홍지수 옮김(서울: 프런티어, 2017).

30 같은 책.

31 최영, 『공유와 협력, 소셜미디어 네트워크 패러다임』(서울: 커뮤니케이션북스, 2013).

32 리처드 E. 니스벳, 『생각의 지도』, 최인철 옮김(파주: 김영사, 2004).

33 같은 책.

34 윌리엄 맥어스킬, 『냉정한 이타주의자: 세상을 바꾸는 건 열정이 아닌 냉정이다』, 전미영 옮김(서울: 부키, 2017).

35 헥터 맥도널드, 『만들어진 진실: 우리는 어떻게 팩트를 편집하고 소비하는가』, 이지연 옮김(서울: 흐름출판, 2018).

36 하라리, 『21세기를 위한 21가지 제언: 더 나은 오늘은 어떻게 가능한가』.

37 Wikipedia, "News from Nowhere," https://en.wikipedia.org/wiki/News_from_Nowhere (검색일: 2019.6.10).

10 평균을 넘어서

—

1 마이클 모부신, 『통섭과 투자: 찰리 멍거처럼 사고하고 투자하라』, 이건·오인석 옮김(서울: 에프엔미디어, 2018).

2 마거릿 A. 보든, 『창조의 순간: 새로움은 어떻게 탄생하는가』, 고빛샘 옮김(파주: 21세기북스, 2010).

3 Wikipedia, "The Three Princes of Serendip," https://en.wikipedia.org/wiki/The_Three_

Princes_of_Serendip(검색일: 2019.6.10).

4 보든, 『창조의 순간: 새로움은 어떻게 탄생하는가』.

5 에릭 R. 캔델, 『어쩐지 미술에서 뇌과학이 보인다: 환원주의의 매혹과 두 문화의 만남』, 이한음 옮김(파주: 프시케의 숲, 2016).

6 같은 책.

7 마크 뷰캐넌·그레고리 카이틴·그레이엄 로턴 외 지음, 마이클 브룩스 엮음, 『우연의 설계: 종의 탄생과 인공지능, 행운까지 불러들이는 우연의 과학』, 심성훈 옮김(서울: 반니, 2017).

8 스티븐 J. 하이네, 『유전자는 우리를 어디까지 결정할 수 있나』, 이가영 옮김(서울: 시그마북스, 2018).

9 같은 책.

10 Steven Johnson, *Where Good Ideas Come from: The Natural History of Innovation* (New York: Riverhead Books, 2011).

11 데이비드 J. 핸드, 『신은 주사위 놀이를 하지 않는다: 로또부터 진화까지, 우연한 일들의 법칙』, 전대호 옮김(서울: 더퀘스트, 2016).

12 같은 책.

13 같은 책.

14 같은 책.

15 새뮤얼 아브스만, 『지식의 반감기: 세상의 변화에는 공식이 존재한다』, 이창희 옮김(서울: 책읽는수요일, 2014).

16 Wikipedia, "Francis Galton," https://en.wikipedia.org/wiki/Francis_Galton(검색일: 2019.6.10).

17 마이클 루이스, 『생각에 관한 생각 프로젝트: 세상이 생각하는 방식을 바꾼 두 천재 심리학자의 행동경제학 탄생기』, 이창신 옮김(파주: 김영사, 2018).

18 토드 로즈, 『평균의 종말: 평균이라는 허상은 어떻게 교육을 속여왔나』, 정미나 옮김(파주: 21세기북스, 2018).

19 같은 책.

20 엠아이디출판사, "#과학의 지평3. 과학적 방법론의 사회적 접근", http://bookmid.com/bbs/board.php?bo_table=archive&wr_id=419(검색일: 2019.6.10).

21 같은 글.

22 로즈, 『평균의 종말: 평균이라는 허상은 어떻게 교육을 속여왔나』.

23 같은 책.

24 같은 책.

25 같은 책.

26 같은 책.

27 같은 책, 재인용.

28 같은 책.

29 루이스, 『생각에 관한 생각 프로젝트: 세상이 생각하는 방식을 바꾼 두 천재 심리학자의 행동경제학 탄생기』.

30 Wikipedia, "Zipf's law," https://en.wikipedia.org/wiki/Zipf%27s_law(검색일: 2019.6.10).

31 앤드루 맥아피·에릭 브린욜프슨, 『머신 플랫폼 크라우드: 트리플 레볼루션의 시대가 온다』, 이한음 옮김(서울: 청림출판, 2018).

32 같은 책.

33 캔델, 『어쩐지 미술에서 뇌과학이 보인다: 환원주의의 매혹과 두 문화의 만남』.

34 Eric R. Kandel, "The Molecular Biology of Memory Storage: A Dialogue Between Genes and Synapses," *Science*, 294(5544)(November 2, 2001), pp. 1030~1038, http://science.sciencemag.org/content/294/5544/1030/tab-figures-data(검색일: 2019.6.10).

35 캔델, 『어쩐지 미술에서 뇌과학이 보인다: 환원주의의 매혹과 두 문화의 만남』.

찾아보기

최영

한국외국어대학교 일본어과를 졸업한 후 미국 노스캐롤라이나대학교(University of North Carolina at Chapel Hill)에서 저널리즘 연구로 석사학위를, 미국 뉴욕주립대학교(State University of New York at Buffalo)에서 커뮤니케이션 연구로 박사학위를 취득했다. 사이버한국외국어대학교 학장, 한국외국어대학교 정치행정언론대학원장, 사이버커뮤니케이션학회장을 지냈으며, 현재 한국외국어대학교 미디어커뮤니케이션학부 교수로 재직 중이다. 저서로는『공유와 협력, 소셜미디어 네트워크 패러다임』(2013) 등이 있다.

한울아카데미 2165

허브와 커넥터

독점과 배제의 네트워크

지은이 최영 | **펴낸이** 김종수 | **펴낸곳** 한울엠플러스(주) | **편집책임** 최규선 | **편집** 임혜정

초판 1쇄 인쇄 2019년 7월 12일 | **초판 1쇄 발행** 2019년 7월 29일

주소 10881 경기도 파주시 광인사길 153 한울시소빌딩 3층
전화 031-955-0655 | **팩스** 031-955-0656 | **홈페이지** www.hanulmplus.kr
등록번호 제406-2015-000143호

ISBN 978-89-460-7165-0 03300(양장)
978-89-460-6672-4 03300(무선)

* 책값은 겉표지에 표시되어 있습니다.